TRAJETÓRIAS JUDAICAS

TRAJETÓRIAS JUDAICAS

História, Cultura, Educação

Sonia Kramer e Eliane Pszczol (Org.)

Editora PUC Rio

Editora

EDITORA PUC RIO

© Editora PUC-Rio
Rua Marquês de São Vicente, 225, Casa da Editora PUC-Rio
Gávea | Rio de Janeiro | RJ | CEP 22451-900
Telefone: (21)3527-1760/1838
edpucrio@puc-rio.br
www.editora.puc-rio.br

Editora Numa
www.numaeditora.com
contato@numaeditora.com

Projeto gráfico do miolo: Mari Taboada
Projeto gráfico da capa: Flávia da Matta Design

DADOS INTERNACIONAIS DE CATALOGAÇÃO NA PUBLICAÇÃO (CIP)
(CÂMARA BRASILEIRA DO LIVRO, SP, BRASIL)

Trajetórias judaicas : história, cultura, educação / Sonia Kramer e Eliane Pszczol, (org.). – Rio de Janeiro : Numa : Editora PUC-Rio, 2020.

Vários autores
Bibliografia.
ISBN 978-65-00006-18-6 (Numa)
ISBN 978-65-99019-49-4 (Editora PUC-Rio)

1. Cultura judaica 2. Judaísmo - Costumes e práticas 3. Judaísmo - Doutrinas 4. Judeus - Educação 5. Judeus - História I. Kramer, Sonia. II. Pszczol, Eliane.

20-44463 CDD-909.04924

Índices para catálogo sistemático:
1. História judaica 909.04924

Cibele Maria Dias - Bibliotecária - CRB-8/9427

SUMÁRIO

APRESENTAÇÃO

SONIA KRAMER

ELIANE PSZCZOL

Este livro foi pensado e escrito para compartilhar narrativas de diversas áreas do conhecimento que compõem o campo dos Estudos Judaicos. Trata-se de um livro feito junto. Foi concebido e elaborado por professores do curso Trajetórias judaicas, idealizado pelo Museu de Arte do Rio/MAR, organizado com a Pontifícia Universidade Católica do Rio de Janeiro, e viabilizado a partir de financiamento público e privado. O curso tem como objetivo a formação de professores das redes públicas e privadas – mas não só desses profissionais –, e visa contribuir para o conhecimento e o encontro entre culturas e religiões que marcam a história da cidade do Rio de Janeiro. Interinstitucional e interdisciplinar, o projeto reúne a direção cultural do MAR e suas gerências, o Departamento de Educação da PUC-Rio e professores – de diversos departamentos – que compõem o corpo docente do curso de Pós-Graduação em Estudos Judaicos da PUC-Rio, além de convidados e colaboradores.

A história do livro tem dois começos, um convite e vários encontros. Na PUC-Rio, a história começou em 2008, quando foi implementado o curso de Pós-Graduação em Estudos Judaicos, a convite do Vaad Hachinuch – Conselho de Educação das Escolas Judaicas – como estratégia de formação de professores que abordam no seu cotidiano temas os mais diversos referentes aos estudos judaicos. O projeto vem sendo assumido como uma iniciativa importante, por se tratar de uma universidade católica que tem o objetivo de promover educação, sem nenhum tipo de discriminação, ou seja, com forte compromisso com o conhecimento e com o diálogo inter-religioso e intercultural. Ao mesmo tempo, o projeto reúne, no corpo docente, professores de diferentes departamentos e centros da Universidade e professores convidados que atuam em instituições públicas.

No MAR, a história começou em 2014, com a preparação das comemorações dos 450 anos da Cidade do Rio de Janeiro e o reconhecimento da presença e atuação dos mais diversos grupos culturais e sociais, entre eles os judeus. Nesse contexto, tem sido estruturado o projeto "Judaica no MAR", com a proposta de organização do curso, deste livro e da formação de um acervo com conteúdos que vão de obras de arte a objetos cotidianos da tradição judaica, documentos, livros. O convite feito pelo MAR para a PUC-Rio, que resulta na realização do curso Trajetórias Judaicas anualmente, desde 2015, tem fomentado encontros instigantes com professores de redes públicas e particulares, além de profissionais de áreas e instituições diversas.

Mas os dois começos, o convite e os encontros se entrelaçam com a história da cidade e do país. O Brasil recebeu, em seus mais de 500 anos de história, imigrantes de várias partes do mundo. Dentre esses imigrantes, judeus das mais diversas origens aqui chegaram, espalhando-se, ao longo dos séculos, por todo o território nacional. Grande parte dessa imigração veio para o Rio de Janeiro.

Nas primeiras décadas do século XX, ao fazer do Rio de Janeiro o mais importante porto de entrada da imigração judaica para o Brasil, os judeus, expulsos de seus países de origem pela intolerância religiosa ou pela miséria, traziam em sua bagagem não mais do que sua cultura e uma vigorosa determinação para o trabalho. Encontraram aqui uma situação sem paralelo com o resto do país. Sede de uma Capitania, Província, Estado e da República, a cidade recebeu significativos marcos sociais, políticos e culturais que funcionaram como polo de atração e acenderam, nessa população de imigrantes, a esperança de novas oportunidades e de abrigo seguro.

Diante de diferenças étnicas e culturais que expressam a marca plural de nossa humanidade, alguns reagem com curiosidade e interesse, simpatia e apreço; outros, no entanto, com receio, rejeição, desprezo e ódio. Rejeitar ou ser hostil ao outro manifesta-se como racismo, preconceito contra características físicas ou deficiências, aversão a coletivos diferenciados por sua cultura, etnia, gênero, idade, religião ou orientação sexual. Preconceito contra negros, judeus, muçulmanos, homossexuais, mulheres, crianças, não são fatos isolados, mas atos desumanos de difamação, discriminação e – no limite – de exclusão e eliminação dirigidos a grupos ou povos diversos.

Nesse cenário, ainda hoje vivido com intensidade em muitos países, o compromisso do MAR e da PUC-Rio é dar visibilidade à presença dos mais diversos grupos culturais. Isso significa refletir sobre sua contribuição para a sociedade brasileira, como uma forma de atuar para o conhecimento, a construção de vínculos, em uma perspectiva de diálogo, ação e de transformação.

Pensar as trajetórias judaicas envolve história, tradição e língua. Do ponto de vista religioso, há judeus ortodoxos, conservacionistas e reformistas, e cada uma dessas correntes tem formas diversas de compreender e expressar o judaísmo. E judeus ateus. Do ponto de vista histórico, há judeus ashkenazis, procedentes do Leste Europeu e da Europa Central; e judeus sefaradis, que vieram da Península Ibérica, África e Ásia. Do ponto de vista político, há judeus com diferentes posições, histórias de migração e de perseguição nos seus países de origem. Nesses deslocamentos, houve encontro de línguas cuja riqueza se expressa na música, na literatura e em textos religiosos: a língua portuguesa do Brasil que os acolheu; a língua nacional do país de origem; o Yiddish, falado, cantado e escrito originalmente por judeus ashkenazis; o Ladino, por judeus sefaradis; e o Hebraico Moderno, que se tornou falado no Estado de Israel.

Estabelecer uma relação crítica com a tradição. Assim, o filósofo Walter Benjamin se refere ao papel do intelectual de pensar a realidade, a história e o cotidiano. Contar a experiência, rememorar para que a educação atue contra a barbárie. O curso se posiciona contra qualquer tipo de preconceito e valoriza o diálogo com todas as culturas e religiões. E este livro se firma e atua, nas suas linhas e entrelinhas, com esse objetivo.

O diálogo inter-religioso é uma resposta ao preconceito religioso, que continua forte no mundo atual. A formação de professores é uma ação concreta nesse contexto. O MAR, a PUC-Rio e professores/as das escolas públicas e privadas assumem aqui sua responsabilidade, sabendo que a conquista da qualidade na Educação Infantil, no Ensino Fundamental, Ensino Médio ou Superior exige reconhecer, aceitar, respeitar. Este é o compromisso do curso e do livro: lidar com a singularidade e a pluralidade que nos caracteriza e desenvolver as aulas com perguntas, estudos de textos, debates, e com momentos de experiência cultural com a literatura, a música, as artes visuais, de modo a pensar o mundo e as nossas práticas educacionais.

Ao ser realizado por instituições que lidam com memória, arte, cultura, pesquisa, ensino e extensão – o MAR e a PUC-Rio – e por professores que atuam em escolas públicas e privadas, esperamos que curso e livro consolidem um ambiente de pergunta, discussão e reflexão que favoreçam a abertura para percursos criativos nos espaços da sala de aula.

O livro visa que leitores e leitoras possam levantar perguntas, conhecer a história e a produção cultural judaica em diversos contextos, ouvir canções de vários tipos e tempos, nas diferentes línguas faladas pelos judeus nas mais diversas partes do mundo, se questionar, repensar as práticas em instituições educacionais e culturais. Nas travessias aqui relatadas se misturam o samba, a música *klezmer*, o chorinho ou *niguns* (cantos místicos repetitivos que, como os mantras, convidam à introspecção, à conexão, ao vínculo). Nas trajetórias, ouvem-se ecos de uma profunda tristeza a partir de contextos e tempos dos locais de origem, em que os judeus foram perseguidos, expulsos, tiveram suas famílias dilaceradas, pelos *pogroms* (violentos ataques contra populações judaicas em cidades da Rússia e outros países do Leste Europeu), pelo nazismo, pelo czarismo e pelo totalitarismo soviético. Mas nelas podem ser escutados também relatos de lutas, movimentos, experiências e ideias, expressando a alegria da reconstrução de suas vidas e identidades nos países em que se enraizaram.

Do ponto de vista ético – nosso compromisso maior –, os textos visam favorecer a reflexão sobre a presença dos judeus em diferentes cenários, em particular no Brasil.

O livro abre com "Judeus e cristãos-novos: os artífices da nacionalidade brasileira", de Helena Lewin, que focaliza o Brasil colonial. Apresenta a pluralidade como marca constitutiva da comunidade judaica, desde a época os cristãos-novos até hoje. A autora aborda a crise do sistema colonial, o Brasil monárquico e seus desdobramentos, a construção de comunidades judaicas e a vida religiosa judaica no Rio de Janeiro imperial.

Em seguida, "Da praça à praia: os judeus do Rio de Janeiro", de Flávio Limoncic, analisa chegadas e percursos de judeus de origens diversas (europeia, norte-africana, médio-oriental) que lidam com assimilação e identidade, desde as primeiras migrações até hoje. O foco é colocado na imigração judaica e nos desafios enfrentados do ponto de vista urbano, cultural e social.

Em "Judaísmo e religiosidade: entre a tradição e a renovação", de José London e Eliane Pszczol, a religiosidade que transborda do livro se movimenta na montagem de uma linha do tempo a partir do encontro de três agendas: bíblica, agrícola e histórica. Fruto da compreensão do judaísmo como religião e como tradição, o texto traz festas, costumes e celebrações e se abre à discussão sobre passagem e pertencimento, diversidade de práticas e diferentes correntes do judaísmo, tradição judaica e suas influências na cultura de vários povos e civilizações.

A seguir, em "Judeus e relações internacionais: questões e tensões", Monica Herz e Jana Tabak abordam as populações judaicas no processo de construção do mundo moderno. As autoras analisam a rede entre o Brasil e as diferentes comunidades judaicas, as relações com a expansão do comércio internacional e com a formação dos Estados nacionais e criação de instituições internacionais. Neste contexto são situados o movimento sionista e as relações internacionais do Estado de Israel.

Mas a linhagem dos judeus, segundo Amós Oz, mais do que de sangue, é uma linhagem de palavra. Assim, narrativa, memória e escrita são nossa marca mais autêntica, genuína. A relevância de ler e discutir textos literários de escritores judeus brasileiros contemporâneos, de pensar o que significa viver e escrever na diáspora, a memória como impulso narrativo na tradução de heranças, lembranças, reelaborações literárias do Holocausto da Segunda Guerra Mundial, a *Shoah*. Essa força da escrita se mostra à flor da pele no texto "Anne Frank, uma conversa infinita", de Rosana Kohl Bines.

"O fascínio e a força da palavra", texto de Júlio Diniz, traz a produção ficcional de escritores de origem judaica que escrevem no Brasil: Tatiana Levy, Michel Laub, Ronaldo Wrobel, no primeiro momento; Clarice Lispector, em seguida. Mas, como diz o autor, não se trata de literatura judaica. O nomadismo, a errância que marcam suas escritas, afetam diferentes povos, grupos, religiões, que cada vez mais enfrentam a diáspora. Seus personagens e objetos transitam – emblemáticos – em textos onde a chave, a queda, a caixa e a pequena flor convidam à leitura e à pergunta, à crítica e ousadia.

Também de tensões trata Marcos Gleizer. "Diálogos entre filosofia e judaísmo: crítica e renovação da tradição" parte de uma pergunta: "existe uma filosofia judaica?". O autor problematiza a caracterização de uma filosofia como judaica, bem como a diversidade da reflexão filosófica no judaísmo moderno e contemporâneo. Razão e revelação, universalismo e particularismo, tradição e modernidade, diálogo e alteridade estão presentes na reflexão sobre Baruch Espinosa e a crítica da tradição e sobre Moisés Mendelssohn e a renovação da tradição.

Em "Museu, patrimônio, memória, história e a dinamização da cultura judaica", Cristina Carvalho trata do papel social dos museus e sua posição no desenho das cidades. O texto toma a memória e a história como fios condutores da construção dos museus e da sociedade. Discute aspectos relativos à dimensão crítica e interpretativa da história em relação à memória, situa as tipologias de museus e apresenta museus judaicos no Brasil e em outros países, refletindo sobre a importância da história e da memória para a sociedade em momentos de barbárie como o Holocausto vivido pelo povo judeu, um dos mais terríveis genocídios já cometidos contra a humanidade.

"Tolerância, religião e escola, numa perspectiva da ética intercultural", de Marcelo Andrade, entrelaça cultura, religião e escola, na busca de diálogos onde estamos presentes nós e os outros. É sobre encontros, desencontros, vivências e convivências que trata o texto. O autor mostra como falar de tolerância hoje remete à diversidade religiosa, cultural, étnica, racial, de gênero e destaca como todas essas dimensões da esfera humana exigem respeito a mínimos éticos o que no cotidiano escolar significa oportunizar interações positivas.

"Religiões, religiosidade e diálogo: Martin Buber e a ética da escuta" também caminha ao encontro do reconhecimento da diversidade religiosa, por entender que a escola tem um papel fundamental na formação do ser humano para o diálogo inter-religioso. Sonia Kramer analisa conceitos de Martin Buber que contribuem para uma educação onde o diálogo inter-religioso se apresenta como resposta ao preconceito. Encontro, vínculo, reconhecimento e aceitação do outro aparecem como importantes conceitos para uma relação de presença, inteireza, abertura, para o diálogo. Além disso, o texto carrega exemplos que se relacionam ao tema, revelando situações práticas e fazendo com que a narrativa se torne ainda mais dinâmica, contextualizada e viva.

A arte de contar histórias aparece como importante para a continuidade da vida. No texto de Sonia Kramer "Crianças e adultos: entre gerações e interações, histórias que contam", a narrativa e a partilha entre diferentes gerações são centrais para a descoberta de nossas histórias. As sutilezas e detalhes trazidos nas lembranças tornam as memórias mais vivas. A rememoração faz com que as histórias se tornem experiência, sejam partilhadas, reveladas, fazendo com que a vivência se perpetue por meio da narrativa, segundo Benjamin (1987). A arte de contar histórias possibilita a visão crítica da história e a compreensão de nossas raízes.

Ao final, em "Afeto, educação, responsabilidade: a articulação entre escola e comunidade", Julia Baumann Campos apresenta as possibilidades de uma relação forte entre escola e comunidade e as decorrências dessa articulação. Os conceitos de responsabilidade, educação e comunidade são abordados como ponto de reflexão para práticas educativas. Crianças, jovens e adultos aparecem como construtores de comunidades e participantes ativos do cotidiano escolar. Nesse contexto, cabe refletir sobre as práticas atuais, o anseio pela mudança, a reinvenção e o encontro de diferentes perspectivas despertando o olhar para uma educação dialógica e responsável.

A memória é uma maneira de transmissão de saber, diz Benjamin. O livro parte das trajetórias judaicas envolvendo história e memória, entrelaçando passado e presente. Ao contar histórias criamos abertura para o reconhecimento do velho, do novo, das diferenças. O conhecimento é necessário, mas não suficiente e, por isso, o curso foi tecido de música, literatura, arte. O conhecimento, a formação estética e sensível, o agir ético e engajado são pontos importantes que permeiam a experiência de atuar contra a barbárie na direção de uma educação que envolva o diálogo, encontro, vínculo, afeto.

O compromisso com a prática, a arte, a cultura motivou a inclusão, nas turmas recentes do curso, de duas disciplinas que não estavam na concepção original: "Cultura judaica: práticas na escola" e "Ensino do Holocausto nas escolas: questões e tensões". Ambas tratam de temas que atravessam os textos reunidos neste livro, ambas se voltam para a escola e focalizam aspectos fortes que precisam ser abordados com consciência e delicadeza.

Vale ainda dizer que este enfoque cultural mobilizou o curso. As trajetórias judaicas nos diversos países e contextos por onde caminharam os judeus estiveram sempre acompanhadas de músicas de todos os tipos, nas praças, nas ruas, nas casas, festas, clubes, sinagogas. Trilhas sonoras das nossas vidas, a música judaica – em Yiddish, Hebraico e Ladino – está presente nas aulas do curso, bem como seus diálogos com a música brasileira, o samba, o chorinho. Nossos agradecimentos a Daniela Spielmann, Sheila Zagury, Netty Szpilman; Ricardo Szpilman, Leo Fucs e Rancho Praça Onze; Mauro Perelmann, Oswaldo Carvalho e Tania Apelbaum; Aline Silveira, Bruno Rian, Davi Nascimento, Thaís Goulart e Tarsila Nascimento, do Grupo Viver com Yiddish, por ter proporcionado esses momentos.

Além de ler textos acadêmicos e literários, conhecer e debater temas clássicos e novos, simples e polêmicos, é nosso objetivo – com o curso e com este livro – ouvir relatos, cantar e dançar em roda entre passos e compassos, misturando alegria e tristeza, riso e choro. O desejo é o de estudar sentindo cheiros e sabores. Aprender a história, também com as histórias. E como cada cozinha também conta uma história, a comida judaica conta a história de um povo desenraizado, migrante e de seus mundos desaparecidos, que sobrevivem na memória coletiva e se mantêm vivos por conta do que evocam e representam. Existe, portanto, uma memória culinária judaica que é contada em torno das mesas, nas refeições familiares. Durante o curso, a mesa familiar se transforma numa mesa comunal e os alunos, a cada aula, têm a oportunidade de experimentar os variados sabores dessa cozinha milenar. Esses sabores estão aqui representados nas receitas espalhadas pelo livro.

Enfim, uma homenagem e muitos agradecimentos. A homenagem é para nosso querido amigo Marcelo Andrade – professor do curso e autor deste livro – que partiu cedo demais do nosso convívio. Sua presença, amizade e força permanecem vivas na nossa saudade.

Agradecemos – na Pontifícia Universidade Católica do Rio de Janeiro/PUC-Rio – aos departamentos de Educação, Letras, ao Instituto de Relações Internacionais, ao Centro de Ciências Sociais, ao Centro de Teologia e Ciências Humanas e à Coordenação Central de Extensão, em especial a Rosineide Silva, Ricardo Felipe Matos da Silva e Renata Melo, a Paula Huf, Julia Baumann e Rosiane Brandão Siqueira, pela organização do material e ao professor Pedro Teixeira pela colaboração à versão final do texto do professor Marcelo Andrade. Agradecemos – no Museu de Arte do Rio/MAR – a Janaína Melo, Hannah Drummond, Leno Veras, Douglas Ponso, Marcello Tallone , Izabela Pucu, Bruna Camargos, Juliane Dantas, Natália Nichols, Natasha Guimarães, Thyago Corrêa e Vânia Lúcia Santos. Agradecemos, em especial, a Paulo Herkenhoff que criou este projeto sobretudo ético, que chega agora às mãos de leitores e leitoras sob forma de livro como um convite à ação.

Que o livro *Trajetórias judaicas* funcione como um referencial que estimule a curiosidade e a criatividade de cada um que, ao lê-lo, monte, desmonte e remonte seu conteúdo e faça crescer sua experiência de vida!

“ PROVÉRBIOS

אין אַ שיינעם עפּל געפֿינט מען אַ מאָל אַ וואָרעם.

In a sheynem epl gefint men a mol a vorem.

Em maçãs bonitas também se pode encontrar minhocas.

שיינקייט זייט מען, קלוגשאַפֿט הערט מען גוטסקייט פֿילט מען.

Sheinkait zeit men, Klugshaft hert men, Gutskait filt men.

A beleza se vê, a sabedoria se ouve e a bondade se sente.

”

contos

A MENOR CONSTITUIÇÃO DO MUNDO

Um grupo de sábios judeus reuniu-se para tentar criar a menor Constituição do mundo. Se alguém fosse capaz de definir – no espaço de tempo que um homem leva para equilibrar-se em um só pé – as leis que deviam reger o comportamento humano, este seria considerado o maior de todos os sábios.

– Deus pune os criminosos – disse um.

Os outros argumentaram que isto não era uma lei, mas uma ameaça; a frase não foi aceita.

– Deus é amor – comentou outro.

De novo, os sábios não aceitaram a frase, dizendo que ela não explicava direito os deveres da humanidade.

Neste momento, aproximou-se o rabino Hillel. E, colocando-se num só pé, disse:

– Não faça com seu próximo aquilo que você detestaria que fizessem com você; esta é a Lei. Todo o resto é comentário jurídico.

E o rabino Hillel foi considerado o maior sábio de seu tempo.

RECEITAS

BURECA

Pastel judaico típico da cozinha sefaradi, permite variados recheios.

Originalmente um prato turco, foi adotado pelos judeus que saíram da Espanha em 1492.

INGREDIENTES

Massa

- 1 kg farinha de trigo
- 500 g manteiga ou margarina
- 1 colher de sopa de sal
- ¾ copo de água

Recheio

- 1 kg queijo minas ralado
- ½ kg queijo parmesão ralado
- 100 g manteiga ou margarina
- 5 ovos inteiros
- Gergelim a gosto (no recheio é opcional) para cobrir as burecas

MODO DE PREPARO

Misturar todos os ingredientes da massa, até ficarem uniformes e fáceis de trabalhar. Abrir com rolo na espessura de mais ou menos 0,5 cm. Cortar em rodelas com um copo, rechear e fechar bem forte com os dedos em forma de meia lua. Usar mais uma clara ligeiramente batida, pincelar as burecas já fechadas e, em seguida, mergulhar no gergelim. Levar ao forno médio em tabuleiro sem untar até as burecas ficarem ligeiramente coradas. Se desejar congelar, antes de assar devem ser levadas ao freezer (retirar do freezer diretamente para o forno pré-aquecido).

JUDEUS E CRISTÃOS-NOVOS:

artífices da nacionalidade brasileira

HELENA LEWIN

Considerando a precariedade demográfica de Portugal e seus interesses majoritários orientados para a Índia, o efetivo povoamento da terra brasileira como política governamental metropolitana estava totalmente descartado. Restava ao rei D. João III mapear o Brasil dividindo-o em possessões – as feitorias – doadas a nobres da corte cujo cabedal lhes permitisse povoar, cultivar a terra e expandir os domínios para o interior do país. Em outras palavras, o ônus público da conquista e correspondente administração colonial foi transformado em um empreendimento privado com todos os riscos, além de prover braços para o trabalho agrícola e de defesa – "a privatização do negócio colonial", ou utilizando uma terminologia moderna, a "terceirização" do empreendimento econômico, da exploração à defesa colonial.

Na legislação concernente aos direitos e obrigações dos donatários, havia uma cláusula que afirmava poder o colono ser beneficiado com terras em sesmaria com a única condição de professar a religião católica. Paralelamente, há notícia de vários cristãos-novos, que aproveitando estar o Brasil longe da Metrópole e do braço da Inquisição retornaram às práticas judaicas, tornando-se judaizantes aos olhos da Igreja e, portanto, apóstatas, sujeitos ao julgamento e às penas inquisitoriais.

Apesar da importância do aporte dos cristãos-novos à riqueza da capitania de Pernambuco, muitos deles eram suspeitos de prática secreta do judaísmo, tornando-se objeto de vigilância e controle por parte da igreja local e da população composta por cristãos-velhos. Há notícias de que em alguns engenhos havia sinagogas residenciais que celebravam rituais judaicos de forma discreta, para os quais compareciam outros cristãos-novos das zonas urbanas. Os avisos das reuniões se faziam por códigos e sinais decodificados pelos iniciantes. Na realidade, eram vigiados, seus passos acompanhados, mas tolerados tendo em vista os interesses do governo português.

A HOLANDA E O AÇÚCAR BRASILEIRO

À luz da historiografia colonial, no que se refere à situação dos judeus e dos conversos em Pernambuco, é possível distinguir três grandes momentos: um primeiro, até a vinda do Visitador Inquisitorial, correspondendo ao período que percorre da instalação da capitania até os anos 1595. O segundo, entre 1595 e 1630, quando há um recrudescimento da intolerância religiosa devido à cristianização obrigatória imposta pela dinastia dos Filipes, oriunda da união das coroas espanhola e portuguesa. E o terceiro, de 1630 a 1654, que se caracteriza pela invasão e domínio holandês, majoritariamente de fé protestante e ávido por sua expansão capitalista (Gonsales de Mello, 1960).

Dirigida principalmente por uma burguesia florescente e comercialmente poderosa, a Holanda representava interessante exemplo, fruto de uma nova concepção econômica: o capitalismo mantido através de consórcios comerciais privados cuja acumulação de riqueza estava diretamente ligada à segurança política da Holanda.

A Companhia das Índias Ocidentais, uma empresa particular, tornou-se, no decorrer da conquista e do estabelecimento dos holandeses em Pernambuco, uma empresa política revestida de importância estratégica. Teve como governador da conquista Mauricio de Nassau Siegen, da família Orange, importante representante da estrutura administrativa de seu país. Nassau chegou investido de poderes outorgados simultaneamente pelo Estado Holandês e pela Companhia das Índias, cuja estrutura organizativa era uma reprodução da ordenação política da Holanda. Pode-se afirmar que capitalismo e política, na Holanda, eram sinônimos.

A literatura consultada afirma que a invasão do Nordeste açucareiro não foi um ato de abordagem e de pirataria, como ocorreu em diferentes episódios na costa brasileira, com navios portando bandeiras de várias nacionalidades. Foi minuciosamente planejada antes de ser executada, dentro dos moldes de um negócio, ou seja, uma empresa assentada sobre princípios de racionalidade orientada para a consecução de fins claramente definidos, a lucratividade da empresa.

E é no plano da tolerância religiosa que vamos compreender a presença dos **judeus sefaradis**, livres e abertamente praticantes, como parte do panorama socioeconômico e cultural do Brasil Holandês que ocupava parte do Nordeste brasileiro: Pernambuco, Paraíba, Rio Grande do Norte e Itamaracá. Nesse período, Pernambuco se transformou em centro propagador de uma vida cultural intensa com seus poetas e escritores, além de ter-se consagrado como o maior produtor de açúcar do país. Embora a carta de privilégios da Companhia das Índias Ocidentais concedesse liberdade de consciência aos povos submetidos, os ministros calvinistas exerciam pressão no sentido de proibir certas práticas religiosas, tendo Nassau garantido aos

JUDEUS SEFARADIS
Judeus provenientes de Portugal e Espanha.

católicos e judeus sua livre manifestação religiosa (Lipiner, 1969, p. 15).

O exemplo do exercício da fé praticada abertamente pelos judeus, a construção de sinagogas com seus rabinos conduzindo os serviços religiosos e a manutenção dos rituais levaram a que muitos dos cristãos-novos, que no Brasil praticavam secretamente seu judaísmo, adotassem de forma clara sua condição de judeus. Substituíram seus nomes de batismo cristão pelos nomes antigos judaicos e passaram a praticar com inteira liberdade suas obrigações religiosas. Calcula-se que neste período Pernambuco, e mais precisamente Recife e Olinda, contavam com um número mais elevado de judeus portugueses do que a cidade de Amsterdã. Por outro lado, estima-se que cerca de 20% da população economicamente ativa era composta por judeus que se diversificavam em várias atividades produtivas, enquanto outras fontes registravam que dos trinta mil brancos residentes em Recife, 50% eram judeus.

Duas sinagogas foram instaladas no Recife. Uma no Porto, a *Kahal Kadosh Tzur Israel* (Santa Comunidade do Rochedo de Israel), a primeira sinagoga das Américas, e a outra a *Kahal Kadosh Maguen Abraham* (Santa Comunidade Escudo de Abrahão), na ilha Antonio Vaz, alvo de forte reurbanização, que deu origem a Velha e Nova Maurícia. Ainda dentro deste período, outras sinagogas foram construídas, tendo-se notícia de uma na Paraíba e outra em Penedo, no rio São Francisco.

A conquista holandesa (protestante) criou uma situação inédita no Nordeste: sendo terra católica, passou a abrigar o exercício religioso judaico e a construção de uma atuante comunidade cuja base de sustentação repousava na estrutura sinagogal. Um corpo dirigente de rabinos-teólogos oficiavam e ao mesmo tempo recuperavam a milenar cultura religiosa judaica, embora de forma relativamente simplificada para que o reaprendizado pudesse ser assimilado.

Apesar dos esforços investidos no processo de retorno ao judaísmo no Brasil Holandês, seu sucesso foi relativo. O efeito desejado não foi plenamente alcançado, já que alguns preferiram permanecer no seio da Igreja Católica, mesmo praticando ritos judaicos, e muitos judaizantes optaram por adotar o catolicismo em sua plena acepção. Essas marchas e contramarchas estiveram presentes durante todo o período holandês, em um clima de indecisão e "conflito de identidades" com as consequentes conversões e reconversões de cristãos-novos entre judaísmo e catolicismo (Feitler, 2005, p. 30). Contudo, essas não foram as únicas consequências da influência da comunidade judaica oficial sobre o cristianismo: certas pessoas que formavam o grupo judaicamente mais envolvido, integrando-se completamente à comunidade, com a vitória final dos luso-brasileiros sobre os holandeses em 1654, decidiram partir para lugares onde o judaísmo era permitido e praticado. Outros aqui permaneceram e ficaram à margem, recebendo certas influências dos judeus, convivendo com eles, mas sem se desligar da sociedade mais ampla de modo tão radical quanto aqueles que se fizeram **circuncisar**.

O DRAMA DOS CRISTÃOS-NOVOS JUDAIZANTES: OS *ANUSSIM*

CIRCUNCISAR
Ato de circuncisão (ou *Brit-Milá*, em hebraico) da criança do sexo masculino ao oitavo dia após o nascimento.

Inúmeras ambiguidades cortam e recortam o drama dos cristãos-novos judaizantes. Situados entre os mundos cristão e judaico, o primeiro dominante e o segundo submetido e legalmente inexistente (desaparecido), os **criptojudeus** transitavam entre esses dois espaços. Sua inserção não ocorria nestes dois mundos e, sim, entre esses dois mundos (Novinsky, 1971, p. 497).

O "estar entre" significava pessoas divididas, nem judias nem cristãs, visto que para cada um desses mundos havia manifestações de comportamento singularizadas, que não se completavam porque o conflito estava na raiz desse encontro, dentro do mesmo indivíduo. De um lado, remetia à exterioridade de sua vida cotidiana, na qual deveria, a todo momento, exibir sua adesão cristã incondicional derivada do batismo a que tinha sido violentamente submetido, e por outro, referia-se à sua intimidade familiar no interior da qual processava, com cuidado e discrição, secretamente, as práticas relacionadas com sua anterior lealdade judaica.

Os criptojudeus, também denominados de *anussim*, elaboraram um processo sincrético entre as duas demandas religiosas fundamentais: entre a ideia cristã de salvação através da crença e a ideia judaica de "virtude" através da obediência à lei. Em outras palavras, fundiram a lei de Cristo, que garante a salvação da alma individual, e a lei de Moisés, que sustenta o preceito judaico da salvação da alma comunal e a responsabilidade coletiva.

Duas outras questões merecem ser discutidas para melhor situar a resistência dos judaizantes frente à imposição cristã. Uma refere-se à força do "segredo". O exercício de uma nova forma de vivência que os judaizantes introduziram refere-se ao privilegiamento do *locus* familiar. Condenada pela religião oficial vigente, será no interior da casa, de forma clandestina, que se processará a prática dos seus costumes ancestrais. Essa

CRIPTOJUDEUS
Cristãos "por fora", mas praticantes secretos do judaísmo.

clandestinidade traz como consequência a necessidade de retradução do judaísmo tradicional concorrendo para a simplificação de suas práticas; resultando na perda de suas fontes de estudo, a ausência de livros orientados para a transmissão intergeracional; e, sobretudo, concorrendo para o gradual apagamento do conhecimento das leis e das bênçãos à medida que as descendências se sucediam no tempo.

A transmissão em segredo, a portas fechadas, se perpetuava sem deixar registro. A oralidade do processo pedagógico construiu uma memória crescentemente fluida em relação a seus fundamentos comportamentais anteriores. Paralelamente, a endogamia resultava ser funcional como reforço do segredo desta cultura subterrânea que foi esquecida por séculos.

Os judaizantes produziram uma segunda metamorfose ao substituir o coletivo inerente ao conceito de comunidade e transferi-lo para a família e a casa. A impossibilidade de criar comunidades devido à sua condição secreta aumentava o risco de assimilação, visto a fragmentação individual exibir menor força para enfrentar o permanente estado de crise e de medo, concorrendo para a diluição grupal. A oposição entre o "nós" e o "outro", entre a casa e a rua, marcava os limites de circulação do conhecimento judaico acumulado pela lembrança e memória daqueles que sabiam um pouco mais, mas mesmo esse pequeno acervo ia se esgotando ao longo das gerações descendentes (Antonil, 2015).

A liberdade de expressão interna dentro da casa não era plena. Mecanismos de autocontrole a limitavam, criando códigos e sinais que se transformavam em uma nova gramática de comunicação. O segredo impedia a oxigenação e, ao mesmo tempo, aumentava a rigidez e a esclerose dos sentimentos, devido ao encolhimento do universo de contatos e parcerias externas, moldados pela desconfiança vigente. Apesar dessa alienação, esses *anussim* sabiam distinguir os perigos a que estavam submetidos, mormente em relação àqueles que se encontravam mais próximos, os parentes e a vizinhança – os delatores preferenciais.

A PARTICIPAÇÃO DOS JUDAIZANTES NO ELDORADO DAS MINAS GERAIS

Para Portugal, o Brasil representou a esperança de fabulosas riquezas minerais que a América colonial espanhola explorava com intensidade. A escolha da Bahia como sede do Governo Geral ocorreu apenas quatro anos após a descoberta da mina de Potosi, tornando-se uma ideia fixa do governador Tomé de Souza, que afirmava ser o Brasil e o Peru um único espaço, "tudo igual", baseado na "identidade de latitude" entre essas duas regiões, além de ser a Bahia a melhor via de acesso "donde está o ouro", confirmando notícias que os índios do sertão forneciam.

Sergio Buarque de Holanda afirma que "o Brasil se cuida em encontrar o Peru, não o Brasil". Mas o ouro e os diamantes só irão aparecer em abundância quase dois séculos após o descobrimento. E assim, na busca do sustento colonial, o Brasil ingressou no celeiro açucareiro – a mais antiga "plantation" tropical – que tantos proventos gerou para a coroa portuguesa e para holandeses quando aqui estiveram, na chamada "Guerra do Açúcar".

Em suas andanças pelos sertões, os bandeirantes iriam finalmente confirmar a lendária promessa de que a similaridade latitudinal seria determinante para exibição, por parte do Brasil, mesmo situado do outro lado continental, das mesmas qualidades minerais que o Peru.

O governo português, a partir do controle das atividades econômicas geradas pela crescente extração do ouro, estabeleceu medidas de combate ao contrabando criando novas formas de arrecadação de tributos – a derrama –, que suscitaram situações de grande insatisfação popular, como a Inconfidência Mineira e outras de menor porte e ressonância.

Inicialmente, os cristãos-novos nas Minas Gerais procuravam se localizar nas regiões mais afastadas, construindo os primeiros arraiais. Segundo Antonil, como citado em Neuza Fernandes, "os primeiros arraiais foram freguesias móveis como os filhos de Israel, no deserto. Há uma primeira característica nesses arraiais originais: a inexistência de capelas, o que os tornava facilmente identificados, em contraste com as fundadas pelos cristãos-velhos, onde a capela era uma das primeiras edificações, embora diminutas e cobertas de barro e sapê" (Fernandes, 2014, p. 100).

O comércio de minérios era negociado por mercadores de vários tipos, que se fixaram na região aurífera promovendo certa complementaridade entre as mercadorias, tornando-se responsáveis pela abertura de mercados, pelo estabelecimento de novas rotas comerciais, pelo alargamento dos contatos entre as áreas e formando redes comerciais que atuavam monopolisticamente em determinadas áreas produtoras.

Essas redes comerciais tinham como base de associação sua parentela cristã-nova oriunda de um mesmo tronco familiar ou proveniente de um mesmo local de origem. Envolvida por laços de amizade e confiança, essa associação lhes garantia um maior poder de barganha econômica e, simultaneamente, ampliava seus instrumentos de negociação.

Quanto ao Tribunal do Santo Ofício, sua presença nunca foi oficializada no Brasil, como foi em Portugal. Mas qualquer religioso – bispo, padre, pároco – converteu-se em vigia: todos delatavam, todos informavam – tinham permissão de desempenhar o papel de Inquisidor para fins de guarda da fé e, dessa forma, a presença do Inquisidor somente acontecia em alguns momentos de relevância política, como aconteceu com as Visitações (Gorenstein, 2005, p. 152).

A CRISE DO SISTEMA COLONIAL

O mundo colonial é afetado pela pressão das ideias francesas e inglesas quanto a extinguir a escravidão, refletindo a eclosão do pensamento ilustrado. A França revolucionária promulgou a libertação dos seus escravos em 1794, seguida da Inglaterra, em 1807.

Uma grave crise introduziu-se no conjunto das monarquias absolutas europeias e um novo pensar cresceu rápido, abalando as estruturas sociais deterioradas. Autores como Diderot, Voltaire, Montesquieu e Rousseau colocam a questão da Razão em contradição com o pensamento teológico sustentado pela Igreja.

Várias correntes do liberalismo passaram a sustentar que a história humana tende ao progresso, ao aperfeiçoamento do indivíduo e da sociedade, a partir de critérios propostos pela Razão. A felicidade constituíra-se no objetivo supremo de cada indivíduo e esse ideal deveria ser alcançado através da liberdade individual, criando-se condições para o amplo desenvolvimento das aptidões do indivíduo e sua participação na vida política. A teoria liberal vigente na Europa ilustrada defenderia a democracia e o direito da plena representação política de seus cidadãos.

Com a mudança da sede da colônia para o Rio de Janeiro cresce um novo alento político de unificação e de circulação de ideias, que se consolida com a chegada da família real para o Brasil, iniciando um novo patamar político como *locus* da monarquia portuguesa. A emissão dos decretos da realeza promove um novo significado ao anterior espaço colonial. A Abertura dos Portos às Nações Amigas (1808), ofertando tratamento especial à Inglaterra, fiadora da transferência da corte portuguesa para o Brasil, seguida do Tratado de Aliança e Amizade, em 1810, insere o país diretamente no comércio internacional, excluindo a metrópole portuguesa da operação de triangulação com a Inglaterra.

Dois caminhos paralelos se abriram na história do Brasil: o caminho da Independência política em relação a Portugal (setembro de 1822) e o caminho da dependência econômica em relação à Inglaterra, que duraria todo o século XIX e começo do XX. Este tratado conferia à Inglaterra o direito de extraterritorialidade por meio da instalação do Juiz Conservador – escolhido pelos próprios ingleses moradores no Brasil, sendo o seu poder de julgamento reconhecido pelas autoridades brasileiras, além das taxas preferenciais para mercadorias inglesas importadas.

Nos acordos de 1810, manifestou-se explicitamente o interesse inglês pela abolição do tráfico negreiro para o Brasil, que se comprometeria a acabar, gradativamente, com a importação de negros, cláusula que não foi cumprida devido à oposição da elite agrária brasileira. Somente em meados do século (1850), após várias pressões e ameaças inglesas – o *Bill of Aberdeen* – seria assinada a Lei Eusébio de Queiroz.

O BRASIL MONÁRQUICO E SEUS DESDOBRAMENTOS

O binômio "unidade política *versus* fragmentação" constituía-se em tema de debate tendo em vista o efeito de demonstração exercido pela América Espanhola com suas lutas fratricidas que a levaram ao partilhamento de sua estrutura colonial. A presença da corte no Brasil tornou possível a solução monárquica, através da unificação do país concorrendo para garantir a integridade territorial associada à estabilidade política institucional.

José Bonifácio, apesar de inimigo da escravidão, favorecia a sua manutenção, ao afirmar que esta evitava iniciativas abolicionistas nas províncias, declarando que a escravidão era o preço a pagar pela unidade nacional. Enfatizava que medidas abolicionistas radicais tomadas pelo governo central naquele momento teriam o repúdio de províncias cuja presença era altamente significativa, a começar pelo Rio de Janeiro, São Paulo e Minas Gerais, que formavam a base de sustentação de D. Pedro.

Os desdobramentos dos fatos indicavam que havia a convicção de que, mais cedo ou mais tarde, o tráfico seria extinto, dada a pressão internacional e o fato de que só o Brasil e Cuba ainda o sustentavam. Contudo, havia, paradoxalmente, a convicção de que a escravidão ainda seria, por largo tempo, crucial para a "saúde da grande lavoura" e que o fim do tráfico, além de contar com a aberta oposição dos traficantes que eram influentes no Rio de Janeiro, constituiria, a médio prazo, ameaça para os proprietários se não fosse acompanhada pela importação de imigrantes europeus.

À medida que o Brasil tornava ilegal a importação de escravos, a legitimidade do escravismo no país perdia sua força e daí a indagação: em que prazo e de que forma acabaria a escravidão no Brasil? Uma parte da resposta se encontrava na Lei das Terras, aprovada em 1850, duas semanas após a extinção do tráfico. Esta lei procurou pôr em ordem a confusão existente em matéria de propriedade rural, determinando que as terras públicas fossem vendidas e não mais doadas, como acontecera com as antigas sesmarias, estabelecendo normas para legalizar a posse das terras e procurar forçar o registro das propriedades. A Lei das Terras foi concebida como uma forma de evitar o acesso à propriedade da terra por parte dos futuros imigrantes. Estabelecia que as terras públicas deveriam ser vendidas por um preço suficientemente elevado para afastar posseiros e imigrantes pobres. Estrangeiros que tivessem passagens financiadas para vir ao Brasil ficavam proibidos de adquirir terras, antes de três anos após sua chegada (Lewin, 2016).

Em resumo, os grandes fazendeiros queriam atrair imigrantes para começar a substituir a mão de obra escrava, mas tratavam de evitar que se constituíssem em proprietários imediatamente após sua entrada no país. A opção largamente adotada pelos fazendeiros do Centro-Sul foi a de abastecer-se de escravos no mercado interno, comprando-os nas regiões em decadência, nos chamados interprovincial.

> O capítulo das relações entre senhores e escravos não é, como se tem escrito na historiografia oficial, isento de luta e sangue, ou apenas rompido, vez por outra, por movimentos de resistência e rebeldia (...). Como reação ao sistema escravocrata, a rebeldia negra, insurreição racial, foi um processo contínuo, permanente e não esporádico... A fuga e a formação de quilombos começam em 1559 e vem até a Abolição (Rodrigues, 1979, p. 45-50).

> A idealização da escravidão, a ideia romântica da suavidade da escravidão no Brasil, o retrato do escravo fiel e do senhor benevolente e amigo do escravo, que acabaram por prevalecer na literatura e na história, foram alguns dos mitos forjados pela sociedade escravista na defesa do sistema de que não julgava possível prescindir (Costa, 1966, p. 280).

A CONSTRUÇÃO DE COMUNIDADES JUDAICAS

Do Marrocos à Amazônia

O êxodo dos judeus da Península Ibérica para o Marrocos foi motivado por sua expulsão em 1492 pelos Reis da Espanha e em 1496 pelo rei D. Manoel de Portugal. No Marrocos os judeus ficaram confinados em *mellahs* (guetos) das inúmeras cidades onde se estabeleceram durante doze gerações (300 anos).

As primeiras famílias de origem judaica estabeleceram-se na Amazônia entre 1810 e 1820, quando ainda vigia o "ciclo das drogas do sertão" e o *boom* da borracha ainda não havia adquirido seu *momentum*. Atestam essa data as sepulturas nos cemitérios de Soledad de Belém e a fundação das primeiras sinagogas: *Shaar Hashamaim* (Porta do Céu) e *Eshel Abraham* (Pousada de Abrahão), nos anos de 1826 e 1828.

Os imigrantes marroquinos batizaram a Amazônia de *Gan Eden* – "o Jardim do Paraíso, ou a Terra da Promissão" – tendo como balizador desse título a referência ao Brasil como terra da liberdade e do respeito às inúmeras crenças religiosas que aqui exerciam livremente suas práticas (Benchimol, 1998, p. 15).

Esse movimento imigratório, diferente dos demais, caracterizou-se por se configurar como "migração familiar", o que assegurava o caráter doméstico e gregário da vida judaica associado ao seu perfil religioso e centralizado em torno das comunidades que procuravam criar. Inicialmente localizava-se em pequenas cidades do interior do Pará e do Amazonas, como Cametá, Almerim, Alenquer, Óbidos, Santarém, Parisin e Iquitos, no Peru.

Nos 300 anos de vivência no Marrocos, vários foram os motivos que desencadearam a onda migratória de judeus marroquinos em busca de um "novo lar". Os frequentes ***pogroms***, as medidas de indesejabilidade, o pagamento de impostos e de taxações específicas por sua condição de judeus; a obrigatoriedade de moradia em espaços apertados e miseráveis de seus guetos;

POGROMS
Ataques violentos e maciços a pessoas – historicamente voltado a judeus – com a destruição simultânea do seu ambiente: casas, negócios, centros religiosos.

fome e epidemias; pobreza e miséria caracterizavam o perfil das comunidades judaicas espalhadas pelo território marroquino.

Isaac Loredo menciona que no Marrocos o estado de pobreza era tão grande que existiam 22 entidades judias de beneficência para proporcionar roupa para vestir os quase desnudos, alimento para os pobres, leite para as crianças, cura para os doentes e para realizar enterros.

Havia também, às vésperas do ***Shabat***, a distribuição do *Pan de la Tsedacá* ("pão da caridade") que era recolhido, de porta em porta, nas casas de judeus com mais recursos econômicos. As notícias davam conta de que, durante anos seguidos, houve epidemias, alta taxa de mortalidade infantil, devido à extrema penúria dessa população, roubos, assassinatos e incitação ao apedrejamento, violação de sepulturas e destruição de suas sinagogas (Loredo, 1935, p. 30).

Medidas políticas introduzidas após a transferência da família real portuguesa para o Brasil converteram-se em força de atração para sucessivas levas de imigrantes. Assim, entre os fatores políticos que influenciaram diretamente o movimento imigratório no Brasil temos a emissão da *Carta Régia de Abertura dos Portos às Nações Amigas* em 1808 e o *Tratado de Aliança e Amizade* em 1810, inserindo o Brasil no comércio internacional e tendo reflexos imediatos na Europa, sobretudo na Inglaterra e França. O livre comércio, a abertura dos portos e o Tratado de Aliança e Amizade criaram novas perspectivas para as **judiarias** empobrecidas de Teutan e Tanger.

Fator de profundo significado para os judeus foi a extinção da Inquisição. Em 1821, D. João VI aboliu finalmente a Santa Inquisição e os Tribunais do Santo Ofício

SHABAT
Sábado, pela religião judaica, é o dia de descanso semanal que é praticado pelos judeus observantes.

JUDIARIAS
Parte de uma cidade onde os judeus eram obrigados, por lei, a residir.

em todo Reino Unido, Algarves e Brasil, abrindo-se o caminho para que os judeus pudessem vir para o Brasil munidos de um sentimento de busca e encontro com a Terra da Promissão.

A emigração de judeus do Marrocos para o Brasil foi ainda mais incentivada por conta das pressões externas quanto à necessidade de abertura do rio Amazonas à livre navegação, e também à medida que o ciclo da borracha se tornava um fato concreto e crescentemente importante para economia do país e da região.

A aceleração do movimento migratório deveu-se, em grande parte, ao governador Lauro Sodré que, em 1896, sancionou uma lei para promover a vinda de cem mil imigrantes para o Pará, no prazo de dez anos. Somente parte foi realizada, pois a crise da borracha a partir de 1911 desestimulou o movimento imigratório.

Os judeus foram os primeiros regatões da região que com suas embarcações e batelões levavam mercadorias para vender nos distantes seringais em troca de borracha, castanha, peles e couros, desafiando o monopólio dos aviadores portugueses e dos "coronéis de barranco" nordestinos, que constituíam a elite dominante e fechavam os rios para que seu monopólio fosse mantido. Malvistos pela oligarquia local, esses regatões judeus, como comerciantes ambulantes, desempenharam um papel fundamental no rompimento do monopólio português-nordestino. Reações violentas ocorreram, como o movimento "Mata Judeu" de Cametá, a ação de bandoleiros do baixo Amazonas e Parintins, além do massacre de Manés, que podem ser considerados como uma reação comercial, como querem alguns autores, embora de caráter antissemita.

A segunda geração, que correspondeu ao *boom* do ciclo da borracha, foi constituída de judeus que haviam obtido sucesso graças ao alto preço dessa matéria-prima e que conseguiram se estabelecer em Belém e Manaus, onde se tornaram grandes aviadores e comerciantes donos de empórios e armazéns exportadores de borracha. Esse período foi denominado de "anos dourados" do Ciclo da Borracha (1850-1910).

A terceira geração compreende o período da grande crise que vai de 1920 a 1950, quando ocorre uma "reversão imigratória", ou seja, os descendentes da primeira geração que se internaram nas mais longínquas vilas, povoados e pequenas cidades, apanhados pela avassaladora crise, abandonaram seus lugares e fizeram seu novo êxodo para Manaus e Belém, deixando para trás seus bens e moradias.

Durante a Segunda Guerra Mundial, os Estados Unidos ficaram impossibilitados de continuar explorando e negociando a borracha da Malásia, Indonésia, Singapura e Birmânia devido à ocupação japonesa nessas regiões. Nessa contingência, tiveram que buscar alternativas na região amazônica brasileira, na medida em que a borracha havia se convertido em importante insumo da indústria bélica norte-americana. Terminada a guerra, retiraram-se do Brasil, contribuindo para aumentar a crise derivada da decadência da produção da borracha, restando como principal produto a castanha, além de outros bens regionais. Reiniciaram-se o despovoamento e o êxodo rural rumo às "cidades grandes". Além dos patrões, vieram logo depois os peões que haviam ficado desempregados.

A chamada quarta geração pode ser caracterizada como "filhos da crise", que abalou profundamente a economia da região amazônica, empurrando as famílias para outras regiões à procura de sobrevivência física, cultural e religiosa. No entanto, a estreiteza de oportunidades de trabalho qualificado na região do Amazonas levou ao aparecimento de outro êxodo para o sudeste do país, preferentemente Rio de Janeiro e São Paulo, onde se inseriram com muito sucesso em suas profissões e também participando de entidades comunitárias sefaradis, como membros de um mesmo destino religioso.

Apesar das dificuldades geradas pelas crises e retrações da economia amazônica, os judeus remanescentes criaram florescentes comunidades que, até hoje, atuam em todos os segmentos sociais e políticos da vida local e judaica. Os dados demonstram sua plena inserção na vida política e administrativa de seus estados e municípios, sendo cidadãos altamente participativos e desenvolvendo de forma ampla as instituições judaicas.

◆ A vida religiosa judaica no Rio de Janeiro imperial

O Brasil, país católico desde sua descoberta, não oferecia alternativa religiosa aos imigrantes não católicos que aqui aportavam. Ao contrário, havia um cerceamento de práticas religiosas e tradições comunitárias diferenciadas, o que concorria para a insatisfação desses imigrantes não católicos recém-chegados.

No artigo XII do Tratado Comercial de 1810, ficou estabelecido que os vassalos de sua Majestade Britânica não seriam perturbados, perseguidos e molestados por causa de sua religião. Medidas governamentais apontavam a proibição da visibilidade pública de seus cultos, que deveriam ser obrigatoriamente processados de forma discreta e em construções domiciliares. Esses termos foram confirmados pela constituição do recém-independente Império do Brasil, que estabeleceu a liberdade religiosa e assim afirmava: "A Religião Católica Apostólica Romana continuará a ser a Religião do Império. Todas as outras Religiões serão permitidas com seu culto doméstico ou particular, em casas para isso destinadas, sem forma exterior de Templo. Ninguém poderá ser perseguido por motivo de Religião, uma vez que respeite a do Estado e não ofenda a Moral Pública".

> A legislação imperial afirmava que o Estado deve toda proteção à Igreja, o Estado deve manter a liberdade e a independência da Igreja; mas a Igreja deve saber que o Estado tem leis para ela, como tem para todos os cidadãos, e leis que são inflexíveis. Com efeito, se pela constituição todas as religiões são permitidas, como privar o cidadão de direitos políticos, porque tem outra religião que não a do Estado? Isso não é possível porque trata-se, não de tolerância de fé, mas de tolerância civil ou política (Levin, 2005, p. 291).

João do Rio, em *As religiões do Rio*, livro publicado em 1910, dedica um capítulo especial sobre as sinagogas do Rio de Janeiro. João do Rio, o cronista da cidade reformulou o exercício tradicional da profissão, ao não se comportar como um escritor recluso das redações, vivendo plenamente a condição de jornalista da rua para colher *in loco* os dados como redigia suas matérias. O autor partia da ideia de que a vida social equivaleria a um palco de teatro onde as pessoas desfilam máscaras cotidianas (João do Rio, 1904).

Esse autor, ao se dedicar à pesquisa sobre as comemorações religiosas judaicas, conta que assistiu à cerimônia do Carnaval nas sinagogas da "Sion Fluminense", que era a celebração da alegre festa judaica de *Purim*, historiando seu significado de forma sensível e emocionando o significado da vitória contra a destruição dos judeus persas.

"No Rio, também ontem, cerca de quatro mil famílias divertiam, riam e bebiam. Divertiam com discrição, é certo, beberam sem violência, riram com calma, exatamente porque a gente do país de Judá tem a tristeza na alma e a tenacidade na vida". Visitou a sinagoga na Rua da Alfândega nº 303, um sobrado, um espaço residencial que reservava a sala da frente para a prática das obrigações religiosas judaicas. Descreveu o ambiente, em sua pobre decoração, apertado, mas recebendo um grande público.

A leitura do livro da rainha Ester é um momento emocional. João do Rio observou com agudeza e a descreveu apresentando as diferenciações internas da comunidade judaica, desde sua estratificação econômica até a marginalidade social do lenocínio. Comentou suas orações tristes, a leitura emocionada e finalmente alegre e feliz ao celebrar a glória heroica da salvação dos judeus num recordatório de todas as perseguições ao longo de sua dramática história. "Trocaram presentes, cantaram, mais uma vez, a história de Ester, lida pelo ***hazan*** nos sagrados livros, e cada um recolheu um momento para pensar em Mordechai, no rei Achashverosh e na maneira como sessenta milhões de antepassados foram salvos da morte e do patíbulo. Pela vasta cidade, do Rio de Janeiro, ninguém desconfiou que tanta gente tivesse a alegria na alma".

Por presenciar a cerimônia de *Purim* e participar de seu serviço religioso, João do Rio foi capaz de descrever os diferentes tipos humanos, suas fisionomias, de origens longínquas, uma mistura de tipos sociais, irmanados na fé que lhes proporciona força para avançar em sua integração à terra brasileira.

A narrativa de João do Rio, ao descrever os ritos e personagens da comunidade judaica, nos apresenta uma série de *insights* sobre essa comunidade e suas práticas religiosas. Contudo, como cronista e atento observador da rua carioca, o autor comete alguns exageros ao enumerar o quantitativo demográfico judaico daquele tempo, variando entre vários milhares – um exagero numérico! É possível que tenha ampliado seus números reais influenciado pela visibilidade dos judeus com seus vários tipos geossociais, cuja mobilidade urbana já era intensa, quer em suas atividades profissionais como mascates, quer como comercian-

HAZAN
O cantor principal da sinagoga.

tes, pequenos e médios, negociando nas ruas centrais da cidade, nas proximidades da Praça XI e do campo de Santana. Ou talvez estivesse influenciado por ser testemunha da existência das sinagogas, tanto as "estáveis" quanto as "ambulantes", com as quais cruzava pela cidade. Relaciona as "sinagogas ambulantes" frequentadas pelas mulheres envolvidas com o lenocínio e seus companheiros exploradores, que fazem questão de se autoafirmarem judeus, obedecem a fé e celebram com fervor os dias sagrados da religião, principalmente o ***Yom Kipur***. Esses espaços de reza eram montados a cada ano e desfeitos logo após o *Yom Kipur*, e, portanto, sem endereço fixo em ruas diferentes como a do Espírito Santo, da Constituição e do Hospício. Já as outras, mencionadas como "sinagogas estáveis", eram um arranjo de domicílio da família do *hazan* ou rabino, onde a sala da frente era destinada às cerimônias e era paramentada com símbolos religiosos: as tábuas contendo os dez mandamentos, ao fundo a Arca Sagrada fechada por cortinas bordadas onde se guardam os Livros Sagrados e no centro o altar onde o *hazan* ou rabino fica de pé, rezando e cantando as músicas sinagogais. No entanto, ambos os tipos de sinagoga, embora precariamente instalados, demonstram que nesse espaço híbrido entre "domicílio" e "templo", mesmo em circunstâncias de relativa pobreza, "a gente do país de Judá" elege e reforça a oração como manifestação pública que registra seu sentido comunitário, ou seja, o coletivo é sobressaído como forma de se apresentar perante Deus como uma voz una, mas plural.

Assim foi no tempo dos cristãos novos e assim ainda é hoje: a pluralidade continua sendo a marca constitutiva da comunidade judaica no Brasil e no mundo.

YOM KIPUR
O Dia do Perdão.

“ PROVÉRBIOS

א וואָרט אַיז אַזוי ווי אַ פֿײַל - ביידע האָבן גרויסע אַיל.
A vort iz azoy vi a fayl- beyde hobn groyse ayl.
A palavra é como uma flecha: ambas voam longe.

אַ האַלבע אמת איז אַ גאַנצע ליגן.
A halbe emes iz a gantse lign.
Uma meia verdade é uma mentira inteira.

”

contos

DE PASSAGEM

Conta-se que no século passado um turista viajou a Jerusalém com o objetivo de visitar um famoso sábio.

O turista ficou surpreso ao ver que o sábio morava num quartinho muito simples e cheio de livros.

As únicas poucas peças de mobília eram uma cama, uma mesa e um banco.

– Onde estão seus móveis? – perguntou o turista.

O sábio, bem depressa, olhou ao seu redor e perguntou também:

– E onde estão os seus...?

– Os meus?! – surpreendeu-se o turista – mas estou aqui só de passagem!

– Eu também... – concluiu o sábio.

DA PRAÇA À PRAIA:

os judeus do Rio de Janeiro

FLÁVIO LIMONCIC

AS GRANDES MIGRAÇÕES INTERNACIONAIS, OS JUDEUS E O BRASIL

Ainda hoje, com a comunicação instantânea via internet e o barateamento das viagens internacionais, a decisão de deixar para trás os entes queridos, a língua materna, os temperos da infância, o clima, os sons e as paisagens do dia-a-dia continua a ser das mais difíceis. No século XIX e princípios do XX, era-o ainda mais. Com frequência, a despedida na estação de trem ou no porto significava a separação definitiva de familiares e amigos. Contatos, quando muito, apenas por cartas, e isso quando guerras ou revoluções não interrompiam o fluxo postal.

E, no entanto, entre 1850 e 1930, milhões de pessoas emigraram de suas terras natais.

Muitas eram jovens, empreendedoras e tinham espírito aventureiro. Outras, pouco práticas e destituídas de ambições, muito velhas ou tão novas que sequer sabiam o que acontecia à sua volta. A maioria, possivelmente, teria preferido permanecer em seu local de nascimento se lhe fossem dadas certas garantias básicas de segurança física, jurídica, econômica, social e espiritual. Emigraram porque foram tocadas, de uma forma que lhes foi adversa, pelas grandes transformações que deram origem ao mundo moderno.

As Revoluções Americana e Francesa do século XVIII e a Industrial do XIX são geralmente apontadas como os momentos fundantes da modernidade, por afirmarem a República como forma de governo, o indivíduo como matriz básica de organização da sociedade e a grande indústria como base técnica do capitalismo. A rigor, elas fizeram parte de processos de mais longa duração, que resultaram na erosão das autoridades e dos laços tradicionais de coesão social, como o Rei, os estamentos, a família e a religião, no aprofundamento da divisão social do trabalho e na introdução da maquinofatura, no surgimento de novas concepções de sociedade, como o liberalismo, o socialismo, o racialismo e o nacionalismo, assim como na emergência de uma nova forma de organização política de territórios e populações, o Estado-Nação. Não menos importante, a secularização das visões de mundo atribuiu à ciência primazia sobre a Revelação como forma privilegiada de acesso ao conhecimento da natureza e do mundo dos homens. A ética, a estética, a moral sexual, o direito em seus diversos ramos, a política, a família, as diferentes dimensões e instituições da vida social, enfim, emanciparam-se da tutela das organizações religiosas, tornando-se matéria de consensos ou dissensos puramente humanos. Em suma, a modernidade produziu uma dissociação entre espaço de experiência e horizonte de expectativa, passando a tradição a ser percebida menos como um guia para a ação e para a reprodução das coisas como sempre havia sido e mais como um obstáculo à construção dos muitos futuros possíveis.

Nem todos, porém, foram tocados pelo nascimento do mundo moderno da mesma forma. Se alguns o sentiram como possibilidade de permanente invenção e reinvenção de si mesmos e do mundo, para outros ele se apresentava como ameaça à segurança espiritual e material, a um lugar definido no mundo dos homens e nos planos de Deus. Não à toa, se a modernidade produziu promessas emancipatórias, produziu, também, o pensamento conservador e movimentos religiosos que reafirmavam a verdade literal da narrativa bíblica. Pois, embora o liberalismo afirmasse que todos os homens nascem livres e iguais e têm direito à busca da felicidade, como na formulação clássica da Declaração de Independência dos Estados Unidos, o acesso desigual à renda e à riqueza resultante da generalização das relações de assalariamento reproduziu, e por vezes ampliou, as diferenças de nascimento, não mais amortecidas pelos laços de reciprocidade hierárquica do Antigo Regime. Tampouco a nação foi por todos sentida como o substituto ampliado da comunidade tradicional. Para muitos, significou novas formas de exclusão e violência simbólica, jurídica e física, implementadas por Estados-Nação que buscavam impor às suas populações os monopólios da língua, da cultura, das tradições, da memória e, em alguns casos, da raça e da religião (entendida esta menos como meio de lidar com os mistérios da vida e da morte do que como elemento de identidade nacional, como nos nacionalismos católicos espanhol, irlandês e polonês). Por fim, o crescimento populacional do século XIX, resultado de melhorias nos campos sanitário, alimentar e dos cuidados médicos, pressionou estruturas fundiárias tradicionais em diversas regiões, gerando uma enorme massa de camponeses sem acesso à terra.

Foi essa legião de destituídos da modernidade que constituiu a matéria humana das grandes migrações internacionais.

Nunca tantas pessoas, mais de 40 milhões, haviam deixado para trás seus locais de nascimento para se dirigir a lugares tão distantes em tão pouco tempo, algo só possível, é bom lembrar, graças às próprias inovações técnicas que contribuíram para a erosão dos modos de vida tradicionais. Dos confins do Império Russo, da mais remota aldeia da Galícia, da Hungria, da Sicília e da Grécia, das grandes cidades alemãs e francesas, das costas do Mediterrâneo oriental, uma rede internacional de trens e transatlânticos a vapor ligou a Europa e o Oriente Médio às Américas.

Por Américas, entendia-se basicamente os Estados Unidos, com suas terras vastas, fábricas vorazes por mão-de-obra e promessas, frequentemente superestimadas, de riqueza, segurança e liberdade. Com uma população de 23 milhões de habitantes em 1850, os Estados Unidos receberam 34 milhões de imigrantes entre 1850 e 1924, ano em que o Congresso norte-americano aprovou a Lei Johnson-Reed, restringindo a imigração. Os números do Brasil foram mais modestos, mas também significativos. Para uma população de cerca de 10 milhões de habitantes em 1872, o Brasil recebeu pouco mais de 4 milhões de imigrantes entre 1884 e 1939. Entre 1872 e 1939, cerca de 65 mil de tais imigrantes eram judeus, em sua maioria ashkenazis.

Em países como França, Inglaterra, Alemanha e no Império Austro-Húngaro, a modernidade significou para os **judeus ashkenazis** não só incorporação política, econômica, social e cultural, mas também novas formas de rejeição: se na Idade Média o judeu havia sido o Outro por não ser cristão, no século XIX e princípios do XX tornou-se o Outro por ser cosmopolita, por não pertencer à comunidade nacional e, em alguns casos, à própria raça nacional. No Império Russo, cujo Antigo Regime só foi efetivamente derrubado pela Revolução de 1917, os judeus ashkenazis viviam em particular estado de insegurança jurídica, física, econômica, social e espiritual, situação agudizada pelas Leis de Maio que se seguiram ao assassinato do Czar Alexandre II, em 1881. Também os judeus sefaradis e ***mizrahis*** do Império Otomano viviam tempos de incerteza e insegurança diante da crise do sultanato, incapaz de se modernizar e

JUDEUS ASHKENAZIS
São os judeus provenientes da Europa central e da Europa Oriental.

MIZRAHIS
São os judeus provenientes das comunidades do Oriente Médio.

fazer frente à Europa. Por isso, cerca de 3,5 milhões de judeus participaram do fluxo das grandes migrações internacionais, dirigindo-se fundamentalmente para os Estados Unidos e, em menor número, para a Argentina.

Na virada do século XIX para o XX, o Brasil – que recém-abolira a escravidão e proclamara a República, cujas cidades eram poucas e acanhadas e de clima tropical – não havia se constituído em importante polo de atração para os judeus. Se na década de 1870 havia cerca de 250 mil judeus nos Estados Unidos, no Brasil eles não passavam de algumas centenas.

Os primeiros a chegar ao país foram marroquinos sefaradis. Tendo seus modos de vida e segurança ameaçados pelas guerras imperialistas da França (1844) e da Espanha (1859), tais judeus dirigiram-se para a região amazônica atraídos pelo *boom* da borracha, fundando em 1824 uma sinagoga em Belém do Pará. Logo depois, algumas famílias se transferiram para o Rio de Janeiro e fundaram, em 1840, a primeira sinagoga da cidade, *Shel Guemilut Hassadim*. No Rio, então Corte imperial, esses marroquinos encontraram alguns judeus ingleses e franceses estabelecidos como comerciantes, aos quais vieram se juntar, na década de 1870, judeus da Alsácia-Lorena refugiados da Guerra Franco-Prussiana. Ao Rio chegaram também, em princípios do século XX, judeus russos e romenos que abandonaram as experiências de colonização agrícola de Philippson e Quatro Irmãos, no Rio Grande do Sul, e judeus do Império Otomano, tanto sefaradis de cidades da atual Turquia, como Istambul e Esmirna, como sefaradis e mizrahis originários do que hoje são Líbano e Síria. Mas foi apenas depois da Lei Johnson-Reed que os judeus começaram a migrar em maior número para o Brasil. Se entre 1921 e 1924 entraram 7.500 judeus no Brasil, entre 1926 e 1930 foram 22.500.

Muitos deles fizeram do Rio de Janeiro a sua nova morada.

O RIO DE JANEIRO E O BRASIL DOS TEMPOS DA IMIGRAÇÃO

Em meados do século XIX, o Rio de Janeiro começou a deixar para trás suas feições coloniais para dar lugar a uma cidade com maior estratificação social entre bairros, especialização entre zonas residenciais, industriais, comerciais e portuárias e crescente mobilidade entre as regiões: para os subúrbios servidos por trens, acorreram as populações de baixa renda, ao passo que a Zona Sul (Glória, Flamengo, Botafogo), servida por bondes de tração animal, tornou-se região de habitação de segmentos de renda mais alta. Entre 1902 e 1906, o prefeito Pereira Passos "botou-abaixo" e reformou partes da cidade colonial – a área portuária, o centro e seu entorno – com o objetivo de transformar a capital do então novo regime republicano em uma Paris tropical.

Mas o Rio nunca foi Paris, tampouco o Brasil era França. A capital renovada não tinha como mascarar o fato de que o Brasil da Primeira República não era um grande Império, como o francês, mas continuava a ser uma economia de base agroexportadora. Enquanto a Paris de Haussmann era cortada por eixos monumentais contornados por um anel, o principal eixo viário de Pereira Passos, a avenida Central (hoje Rio Branco), expressão urbanística e arquitetônica do Rio de Janeiro da Belle Époque, ligava o novo coração da cidade, a Praça Floriano (Cinelândia), à Praça Mauá, coração da região portuária.

Foi justamente por essa praça, a Mauá, que os judeus chegaram ao Rio de Janeiro, sendo muitos deles imediatamente encaminhados para a Hospedaria dos Imigrantes da Ilha das Flores (município de São Gonçalo). Mas foi outra praça, a Onze, também na região central da cidade, que em boa parte os abrigou, principalmente os asquenazitas. Segundo Abraham Josef Schneider, um de seus moradores:

> Aos domingos, as ruas fervilhavam de gente. O falatório, em Yiddish, naturalmente, era ensurdecedor. Falava-se de tudo e de todos. Da nova máquina adquirida por Berl, dos bons fregueses da oficina de Mordechai, do mau pagador que atormentava a vida de Leizer, um dos muitos clientéltchikes [*mascates*]. Ainda sobrava tempo para comentar a beleza da jovem que acabara de chegar da Lituânia, da Polônia e da Bessarábia...
>
> Praticamente todo o comércio da Praça Onze pertencia a judeus europeus: a iídiche vende, modesto armazém de dona Sima; o açougue, que só vendia produtos kasher; pensões como a de dona Hênale, sempre lotada; a loja de meias, do Herman; a casa de aviamentos para alfaiates, de Jacob Rosenberg, além das carpintarias, alfaiatarias, barbearias. Enfim, respeitando as devidas proporções, a Praça Onze era para nós uma pequena e querida cidade. (Schneider, 1999, p. 4)

Cidade eminentemente administrativa e comercial, o Rio de Janeiro não viu nascer na geração dos imigrantes uma classe operária judaica, como aconteceu em Nova York, Chicago e mesmo Buenos Aires. Por isso, como sugere Abraham Josef Schneider, boa parte dos imigrantes ganhava o sustento de suas famílias com o pequeno comércio, fosse como mascate, o *clientéltchik*, fosse como proprietário de armarinhos, lojas de móveis, tecidos ou artigos femininos. Os imigrantes ashkenazis espalharam-se também por subúrbios como Méier, Engenho Novo, Madureira, Olaria e Nilópolis, em busca de aluguéis mais baixos. Os judeus sírios e libaneses, por seu lado, com frequência estruturados em famílias de mais posses desde suas terras de origem, concentraram-se com mais intensidade no bairro da Tijuca. Assim, no centro, Zona Norte e nos subúrbios, a paisagem carioca se viu salpicada de associações mutualistas, como a Sociedade Beneficente Israelita de Amparo aos Imigrantes e a Sociedade de Vendedores Ambulantes, clubes sociais, como o Azul e Branco e o Grêmio Stefan Zweig – que reunia jovens de Olaria e Ramos –, bibliotecas, clubes de leitura, associações teatrais, cemitérios, escolas e sinagogas, divididas por ritos e origem dos imigrantes: os marroquinos tinham o seu templo, a *Shel Guemilut Hassadim*; os sírios e libaneses, dentre outras, o Templo Sidon, na Tijuca; os alemães, a Associação Religiosa Israelita; os europeus-orientais, o Grande Templo e diversas sinagogas menores, como as de Nilópolis e Olaria.

O forte senso comunitário não escondia, no entanto, as muitas tensões vividas. Como lembra Samuel Malamud:

> As correntes políticas não viviam de amores umas pelas outras e também entre os sefaradis e os ashkenazis havia brigas. Os ashkenazis faziam questão do Yiddish e os sefaradis se revoltavam, pois não entendiam nada. Os esquerdistas não eram maioria, pois as subdivisões eram muito grandes. O que havia era uma grande diversidade, havia vários jornais, de esquerda, literários... Entre os próprios sionistas começaram a surgir as diferenças ideológicas. Havia os sionistas gerais, os reacionários que eram do Begin e do Jabotinsky, os socialistas mais avançados e a Hashomer Hatzair, de extrema-esquerda, e ainda os religiosos, que também se dividiam. (Limoncic, 1994, p. 23)

Sefaradis e mizrahis ressentiam-se da imprensa ashkenazi escrita em Yiddish, para eles incompreensível. Não por acaso, o primeiro jornal judaico escrito em português, *A Coluna*, era dirigido por um judeu brasileiro de origem marroquina, David José Pérez. Mesmo relacionamentos amorosos entre jovens sefaradis e ashkenazis eram frequentemente vistos com reserva. Mas a principal clivagem entre os judeus do Rio de Janeiro nas primeiras décadas do século XX era aquela que opunha sionistas aos chamados progressistas, em geral ligados ao Partido Comunista Brasileiro (PCB) – mas também a outros segmentos da esquerda não-sionista. Ambos os campos se dedicaram intensamente à construção de instituições culturais e políticas, como a Organização Juvenil Sionista (hoje Biblioteca Bialik), a Women's International Zionist Organization (WIZO), o Poalei Zion, partido sionista socialista, o movimento sionista religioso Mizrahi de um lado e, de outro, o Centro Obreiro Morris Wintchevski, o jornal *Iidische Vochenblat*, mais tarde *Brazilianer Iidische Presse*, o *Brazcor* (Socorro Vermelho), a Biblioteca Scholem Aleichem (Bibsa) e o *Poilisher Ferband*. Embora este último não constituísse uma *Landsmannschaften* – organização mutualista formada por pessoas originárias de uma mesma aldeia, comum em cidades de grande imigração judaica, como Nova York e Buenos Aires – o *Poilisher Ferband* indicava existirem, no Rio de Janeiro, instituições organizadas em torno da origem nacional dos imigrantes.

Foi no campo da educação que a tensão entre sionistas e progressistas ganhou escala. A entrada na escola I. L. Peretz de Madureira, criada originalmente pelos progressistas, de crianças cujos pais eram sionistas levou a um confronto de posições que degenerou em conflito aberto. Segundo Abraham Joseph Schneider:

> Uns não suportando os outros, acabaram convocando uma assembleia geral – isso foi na década de 1940 –, para decidir com qual dos dois [grupos] ficaria a escola. Os sionistas obtiveram a maioria dos votos, mas, de repente, levantou-se Moise Goldfarb. Com toda calma, disse que eles estavam enganados se pensavam que ficariam com o que os progressistas haviam construído com tanto suor. Foi a deixa para começar a pancadaria. Briga feia mesmo. Precisou até chamar o delegado de polícia. (...). Conclusão: a escola I. L. Peretz de Madureira acabou. (Schneider, 1999, p.6)

A efervecência cultural, política e social da comunidade judaica do Rio de Janeiro seria profundamente atingida, assim como as vidas de todos os brasileiros, pela Revolução de 1930.

Os anos 1930 trouxeram enormes desafios para diversos países, não apenas o Brasil. A Grande Depressão colocou em xeque a pujança da economia norte-americana, que muitos, inclusive nos Estados Unidos, julgavam irremediavelmente estagnada, e a subida de Adolf Hitler ao poder na Alemanha, em 1933, impôs ao mundo um inesperado desafio civilizatório. No Brasil, Getúlio Vargas, que chegou ao poder pela via da Revolução, via-se diante do desafio de enfrentar a crise econômica que, iniciada nos Estados Unidos, refletia-se profundamente no Brasil, dependente da exportação de um produto supérfluo, o café. Por outro lado, deveria o Brasil construir um governo forte e centralizado, de modo a superar a fragmentação política atribuída à Primeira República, como queriam intelectuais autoritários como Oliveira Vianna, ou elaborar um novo pacto federativo? E o que fazer diante de alternativas políticas à esquerda e à direita, como o comunismo e o integralismo?

O Estado Novo, regime autoritário implantado por Vargas, em 1937, buscou encaminhar essas questões pela via da centralização política, da condução estatal da economia, da organização corporativa dos interesses e, não menos importante, da construção de uma nova ideia de homem e nação brasileiros. Em tal cenário, instituições que se filiavam a correntes políticas tidas como estrangeiras, como o comunismo, ou que tinham o seu principal meio de comunicação em línguas estrangeiras, como as associações de imigrantes e seus descendentes, passaram a ser severamente controladas. São bem conhecidos os casos do Cruzeiro Esporte Clube, de Minas Gerais, e da Sociedade Esportiva Palmeiras, de São Paulo, que até a década de 1940 chamavam-se Palestra Itália. Ainda mais: diante do que à época se entendia ser o "perigo amarelo", representado pelos imigrantes japoneses e seus descendentes, e mesmo o "perigo alemão" no sul do país, as Constituições de 1934 e 1937 criaram cotas de imigração parecidas com as da Lei Johnson-Reed, restringindo a entrada no Brasil de imigrantes não católicos e não latinos.

No âmbito da comunidade judaica do Rio de Janeiro, a Bibsa recebeu seguidas visitas da polícia política e o restaurante ***Arbeter Kich*** foi denunciado como um centro de atividades comunistas, o que resultou na prisão de 30 a 40 de seus frequentadores. Entre 1935 e 1936, na repressão que se seguiu à Intentona Comunista, diversos judeus foram deportados, como Jenny Gleizer – cuja irmã, Berta, se casaria mais tarde com o antropólogo Darcy Ribeiro – e seu pai, Motl Gleizer. Ademais, circulares secretas do Ministério das Relações Exteriores restringiam a entrada no Brasil de pessoas de origem semita.

Ainda assim, o governo Vargas nunca produziu políticas discriminatórias voltadas especificamente contra os judeus que viviam no Brasil. Muito embora importantes pensadores autoritários ligados ao Estado Novo, como Oliveira Vianna, e mais ainda Gustavo Barroso, tenham sido abertamente antissemitas e a imagem do judeu fosse por vezes associada na cultura popular à agiotagem e à esperteza, como nos sambas *Cordiais saudações* e *Quem dá mais,* de Noel Rosa, o antissemitismo nunca encontrou amparo nas instituições brasileiras, tampouco se enraizou socialmente. Por isso, a experiência cotidiana da imensa maioria dos imigrantes judeus do Rio de Janeiro foi marcada por um sentimento de

ARBETER KICH
Cozinha do Trabalhador, em Yiddish.

profunda mudança em relação às suas experiências de vida anteriores. Afirma Samuel Malamud:

> Mesmo na década de 30, só com o Integralismo começou a haver antissemitismo, mas não foi um movimento de massas. Me preocupou um pouco, claro, mas a massa, politicamente, ignorava o integralismo. Nem os intelectuais, em sua maioria, nem a classe poderosa e nem a operária, a massa, aderiu ao integralismo. (Limoncic, 1994, p. 23)

Não menos importante, a Era Vargas deu início à grande transformação através da qual o Brasil deixou para trás suas feições agroexportadoras para se tornar uma sociedade e uma economia altamente complexas e diferenciadas, transformação que beneficiou largamente os imigrantes judeus e seus descendentes. Vale ressaltar, contudo, que a existência ou não de antissemitismo na Era Vargas não é consensual na historiografia brasileira. Para uma visão diferente da aqui adotada, ver Carneiro (1996).

DA PRAÇA MAUÁ ÀS PRAIAS DA ZONA SUL: A MOBILIDADE SOCIOESPACIAL DOS JUDEUS DO RIO DE JANEIRO

A partir da Era Vargas e até os anos 1980, passando pelo Plano de Metas de Juscelino Kubitscheck e pelos governos militares, o Brasil viveu um intenso processo de industrialização por substituição de importações. Para se ter uma ideia de como o Brasil mudou naquelas décadas, em 1957 foram produzidos 30.542 veículos, contra 3. 712.736 em 2013, número 121 vezes maior. Em decorrência da expansão das capacidades administrativas do Estado, da criação e instalação de grandes empresas e setores industriais, do sistema bancário e dos serviços, forjaram-se novas classes médias constituídas por engenheiros, economistas, administradores, advogados, médicos e outros profissionais liberais. Não à toa, o número de matrículas no ensino superior brasileiro passou de 87.603 em 1959 para 1.311.789 em 1979. A configuração socioespacial do Rio de Janeiro acompanhou a complexificação e diferenciação da sociedade e da economia brasileiras: a Zona Sul oceânica ganhou novos moradores, o que resultou no adensamento populacional de alguns bairros, com destaque para Copacabana, e na expansão da cidade rumo à Barra da Tijuca a partir dos anos 1970.

Os judeus do Rio de Janeiro foram muito beneficiados por tais transformações. Em parte em razão da tradicional valorização judaica do estudo, em parte como estratégia de ascensão social, a primeira geração de judeus nascida no Brasil entrou na universidade em números inversamente proporcionais à sua participação no conjunto da população. Ao passo que 1,4% dos habitantes de São Paulo tinham curso superior em fins da década de 1970, 20% dos judeus haviam freqüentado os bancos universitários. No Rio de Janeiro, não há razão para supor ter havido diferença significativa.

Uma vez formados, o emprego público foi o destino de muitos jovens judeus, que se tornaram professores universitários e pesquisadores de instituições científicas, funcionários de empresas estatais e ministérios, beneficiados pelo fato de o Rio de Janeiro continuar sendo, mesmo depois da transferência da capital da República para Brasília, sede de importantes instituições e agênciasfederais. Outros jovens, frequentemente com o auxílio financeiro dos pais comerciantes, abriram consultórios médicos e escritórios de advocacia. Os que preferiram continuar a trabalhar no comércio acabaram se voltando para o atendimento a um público de mais alta renda, ainda que lojas de judeus em subúrbios como Madureira e nas zonas centrais da cidade, como a Saara, não tenham desaparecido. O resultado é que, de acordo com o censo realizado pela Federação Israelita do Estado do Rio de Janeiro, em 2002, os judeus do Rio possuíam então uma renda média mensal superior à média estadual, 13,4 salários mínimos contra 3,5, ainda que cerca de 15% das famílias judias cariocas possuíssem uma renda mensal que não chegava a 2 salários mínimos.

Ao ascenderem socialmente, muitos judeus não apenas se mudaram dos subúrbios para Copacabana, como participaram ativamente do processo de verticalização do bairro, pois jovens judeus recém-formados abriram pequenas firmas de engenharia, frequentemente com a ajuda de seus pais comerciantes, e construíram dezenas de edifícios residenciais no bairro. Posteriormente, Ipanema, Leblon e Barra da Tijuca também começaram a se verticalizar com rapidez, mas de acordo com um zoneamento que evitava prédios altos ou exigia construção em centro de terreno e garagens para todos os apartamentos (o que não acontecera em Copacabana, cujas calçadas se tornaramdisputadas vagas de automóveis depois da nacionalização da indústria automotiva por JK). Em tais bairros, os judeus passaram a incoporar novas atividades de lazer, como a praia nos fins de semana, e, com mais dinheiro no bolso, restaurantes, cinemas e teatros tornaram-se parte de seus hábitos culturais e de consumo.

O resultado não poderia ser diferente: Nilópolis, que contava com importante comunidade judaica até os anos 1970, abrigava apenas 34 judeus em 2010, segundo o Censo do IBGE. A sinagoga de Olaria encontra-se praticamente desativada e o Grande Templo, principal sinagoga da geração dos imigrantes, funciona basicamente no Ano Novo Judaico e no *Yom Kipur*. Situado na Praça da Cruz Vermelha, teve sua sorte selada com a demolição da Praça Onze, na década de 1940, para a abertura da Avenida Presidente Vargas. Com o fim da Praça Onze, os judeus do Rio perderam sua principal referência espacial e afetiva, como as que ainda têm paulistas e gaúchos nos bairros do Bom Retiro e Bom Fim, nova-iorquinos no Lower East Side e no Brooklyn, parisienses no Marais e portenhos no Once.

Dados do censo da Federação Israelita do Estado do Rio de Janeiro de 2002 apontam que cerca de um terço dos judeus do Rio mora em Copacabana e os demais distribuem-se por Tijuca, Ipanema, Leblon, Flamengo, Botafogo e Barra da Tijuca.

Nas últimas décadas, essa dinâmica socioespacial passou a encerrar também uma dimensão etária. Mesmo após a mudança de muitos judeus para a Zona Sul, a partir dos anos 1950, um aspectoda vida familiar permaneceu frequentemente inalterado: diferentes gerações de uma família morando próximas umas das outras, por vezes nos mesmos prédios (quando construídos pelas firmas dos jovens engenheiros judeus). Tal tendência começou a se alterar com o crescimento da cidade rumo à Barra da Tijuca. A Barra, emulação da alta modernidade norte-americana, com suas vias expressas, condomínios fechados e shopping centers, é um bairro de pessoas mais jovens, de casais com filhos em idade escolar, ao passo que Copacabana, com suas esquinas, praças, bancas de jornal e pequeno comércio familiar, é o bairro com maior percentual de idosos do Brasil. No âmbito da comunidade judaica não é diferente, como indica o censo de 2002: os judeus da Barra são mais jovens do que os de Copacabana.

OS JUDEUS DO RIO DE JANEIRO HOJE

Entre 1991 e 2010, o número de habitantes do Rio de Janeiro que se autoidentificam como judeus caiu de 24.754 para 21.800 segundo o IBGE, ao passo que a população da cidade cresceu em quase um milhão de moradores. Tal decréscimo pode ser explicado, ao menos em parte, pelo fato de que um número tão reduzido de judeus restringe o leque de alternativas religiosas, culturais, políticas, sociais e econômicas que a comunidade tem a oferecer a seus membros. Por outro lado, o Rio é uma cidade dotada de imensos espaços públicos, clima tropical, forte cultura do corpo e uma sociabilidade aberta, na qual os judeus abraçaram valores e aspirações modernos, como a de que cada geração deve superar a anterior em termos de saber e bem-estar, o sucesso profissional, o individualismo, a realização afetiva e sexual em detrimento das hierarquias familiares na escolha do parceiro. Como uma tradição comunitária, com suas normas e restrições, pode resistir à sedução desse verdadeiro Mundo Novo?

A questão da realização sexual e afetiva é, sem dúvida, um aspecto central de tal cenário, não apenas por ser o judaísmo uma tradição profundamente vinculada ao espaço familiar, como porque talvez nenhuma instituição social tenha sofrido o peso da modernidade com tanta força e intensidade quanto a família. As configurações familiares patriarcais (nas quais o marido exerce o poder sobre a mulher e o pai sobre os filhos) têm dado lugar a novos tipos de famílias: casais homoafetivos, segundos e terceiros casamentos, uniões estáveis e outras nem tanto, casais com e sem filhos, as chamadas produções independentes, lares com filhos de diferentes casamentos. Em suas vidas familiares, homens e mulheres do século XXI buscam, acima de tudo, a felicidade, não a manutenção e reprodução de tradições comunitárias e religiosas. Não por outra razão, em 2002 cerca de 40% dos casamentos de judeus do Rio de Janeiro eram interconfessionais. No entanto, mesmo nos casamentos intraconfessionais as mudanças nas configurações familiares contribuíram para redefinir o padrão de relacionamento entre as gerações, os mais novos colocando em questão hábitos e normas tidos como dados pelos mais velhos, como a frequência à sinagoga, a manutenção da dieta ***kasher***, e a comunidade como fronteira de relacionamentos afetivos, profissionais e de amizade. Para usar como metáfora a distribuição socioespacial dos judeus pelo Rio de Janeiro, pode-se dizer que os avós de Copacabana não exercem a influência na educação dos netos da Barra da Tijuca que exerciam quando moravam todos, avós, filhos e netos, em vilas suburbanas, na Praça Onze ou em prédios nos arredores da Praça do Lido.

Em suma, aos judeus cariocas de hoje está recolocado, e talvez de forma ainda mais aguda do que para as gerações anteriores, o desafio moderno da dissociação entre espaço de experiência e horizonte de expectativa.

E, no entanto, cerca de 20 mil habitantes do Rio de Janeiro continuam a se autoidentificar como judeus. Alguns o fazem por busca espiritual, outros por respeito à tradição e experiência histórica de seus antepassados (ainda que tais tradição e experiência possam informar pouco ou nada sobre a sua maneira de estar e agir no mundo), outros como elemento de identidade e diferenciação em um mundo a cada dia mais fragmentado e homogêneo, ou ainda como busca de pertencimento a uma comunidade. Porque a comunidade, é importante salientar, se significa constrangimento e perda de liberdade para uns, significa para outros proteção e acolhimento, o universo institucional e a rede de relacionamentos e afetos que proporcionam segurança e sentido e ajudam a enfrentar a solidão e o inesperado.

Seja qual for a razão, tais judeus vão, de forma inequivocamente moderna, inventando novos judaísmos, alguns dos quais possivelmente irreconhecíveis para seus antepassados.

KASHER
Designa os alimentos preparados de acordo com as leis judaicas de alimentação (kashrut), de origem bíblica.

Mesmo no campo estritamente religioso, o panorama do judaísmo carioca do século XXI é bastante diverso do das primeiras gerações. Ainda que sinagogas tradicionais, como a *Shel Guemilut Hassadim*, tenham mantido inalterados seus perfis, a Associação Religiosa Israelita (ARI) não é mais frequentada apenas por descendentes de seus fundadores alemães, mas por judeus de origem sefaradi e do leste europeu que buscam no rito reformado a satisfação de suas necessidades espirituais. Recente, também, é a influência do judaísmo norte-americano, presente tanto através da Congregação Judaica do Brasil (CJB), de rito conservacionista, como do *hasssidismo* do *Beit Chabad*. O conservacionismo prega a conservação, a manutenção, de determinados rituais característicos do judaísmo ao mesmo tempo em que incorpora algumas reformas que seus fundadores julgaram necessárias para torná-lo aceitável aos judeus de sua época. Já o *hassidismo* foi um movimento religioso surgido na Europa Oriental no século XVIII que pregava uma relação mais direta entre os homens e Deus e que mantém inalterado o rito ortodoxo.

A ARI e a CJB têm envidado esforços também no sentido da construção de espaços culturais que atraiam os que buscam vivenciar o judaísmo para além da dimensão religiosa, e por vezes no lugar dela. Essa tendência, de forma institucionalizada ou não, pode ser observada em numerosas comunidades judaicas modernas, em que o sentimento de judaicidade ganha a dimensão de uma experiência histórica compartilhada, de uma certa sensibilidade e forma de estar no mundo. O interesse pela história, cultura, culinária, cinema, música e literatura produzidos por judeus e que de alguma forma se refiram a essa experiência atestam a vitalidade de tal tendência.

O sionismo é outra forma, desta vez a partir de uma dimensão política, de vivência da identidade judaica moderna. Desde a revelação da extensão do genocídio de judeus pela Alemanha nazista, da criação do Estado de Israel, em 1948, do recrudescimento do antissemitismo na União Soviética e da revelação dos crimes de Stalin no XX Congresso do Partido Comunista da União Soviética, em 1956, a clivagem entre sionistas e progressistas, tão forte na geração dos imigrantes, tendeu a esmaecer, dando lugar a um grande consenso sionista. Para muitos judeus cariocas, ser judeu significa, basicamente, apoiar o Estado de Israel (ainda que eventualmente possam criticar políticas de governos israelenses), enviar os filhos a movimentos juvenis de orientação sionista, como o *Habonim Dror*, a *Hashomer Hatzair* e a *Chazit Hanoar*, ou, simplesmente, defender Israel em rodas familiares, de amigos ou profissionais.

A educação é um outro âmbito da expressão judaica. Das diversas escolas comunitárias fundadas pela geração dos imigrantes, algumas desaparareceram, como a I. L. Peretz, de Madureira, outras fundiram-se, como o Max Nordau com o Eliezer Steinbarg, o Scholem Aleichem com o A. Liessin, e o Talmud Torah com o Bar Ilan. Outras, ainda, ampliaram significativamente seu quadro de alunos para além da comunidade judaica, como o Instituto de Tecnologia ORT. Nos dias que correm, muitos casais, inclusive interconfessionais, atribuem ao espaço escolar judaico a tarefa de proporcionar aos filhos um ambiente cultural e/ou religioso não mais vivenciado no âmbito familiar.

Ser judeu no Rio de Janeiro do século XXI pode significar, portanto, a frequência, assídua ou não, à sinagoga ou mandar os filhos para uma escola judaica, religiosa ou não; apoiar o Estado de Israel ou circular preferenciamente em ambientes comunitários; gostar de *guefilte-fish* [bolinho de peixe, tradicional alimento dos judeus ashkenazis] ou não perder os filmes de Woody Allen; ouvir Itzhak Perlman ou a música klezmer acariocada do Rancho Carnavalesco Praça Onze.

Pode ser só uma dessas coisas, como todas elas juntas e misturadas.

Qualquer que seja a forma da expressão judaica, algo une todos os judeus do Rio de Janeiro: o primeiro edifício por que passaram seus avós ou bisavós ao desembarcarem na Praça Mauá foi o Palacete Dom João VI, sede da Inspetoria de Portos, Rios e Canais.

Hoje, o Palacete Dom João VI é a sede do MAR.

BEIGALE DE BATATA COM MASSA FOLHADA

Pastel judaico da cozinha ashkenazi, também pode ser recheado com queijo, embora o tradicional seja com batata.

INGREDIENTES

- ½ kg batatas
- 250 g cebola picada
- 1 colher de chá sal
- Azeite a gosto
- 1 pitada de pimenta do reino
- 50 g de gergelim branco
- ½ kg massa folhada

MODO DE PREPARO

Cozinhe a batata e frite a cebola até dourar.

Quando a batata estiver cozida, esprema como se fosse para purê e coloque em uma vasilha junto com a cebola frita, pimenta, sal e misture.

Em seguida corte a massa com a boca de um copo, coloque o recheio no meio de cada disco de massa e feche em forma de triângulo ou trouxinha.

Bata uma gema de ovo, pincele o beigale e finalize com o gergelim por cima.

Asse em forno quente por 40 minutos ou até dourar.

PROVÉRBIOS

דער מענטש טראַכט און גאָט לאַכט.

Der mentsh trakht un got lakht.

O homem faz planos e Deus ri.

contos

UMA VACA EM CASA

Um homem muito pobre vai até o rabino para pedir um conselho e relata que não aguenta mais as condições nas quais sua família vive. Com dez filhos, morando em um pequeno casebre composto de um único cômodo, o homem fala de seu desespero ao ter crianças por todo lado e viver sem nenhum espaço.

O rabino ouve silenciosamente todas as mazelas do homem e, então, pergunta:

– Acaso vocês possuem uma vaca?

– Vaca?, perguntou o homem, não compreendendo a conexão. – Sim, dispomos de uma vaca leiteira que nos supre de leite e derivados!

– Muito bem. Isso é o que você vai fazer...", disse o rabino resoluto. Pegue a vaca e coloque-a para dentro da casa. Faça isso pelo período de uma semana e, então, retorne.

Incrédulo, o homem obedeceu. Passada a semana, ele retornou ainda mais desesperado.

– Como está tudo? – o rabino perguntou.

– Tudo que me faltava era aquela vaca fazendo necessidades na casa e ocupando o pouco espaço que tanto disputávamos.

– Muito bem. Pois tire a vaca de agora em diante e retorne em uma semana – disse o rabino, em tom sábio.

Finda a semana, o homem aparece com ar irreconhecível. Estava descansado e eufórico. O rabino perguntou:

– Como anda tudo? – o rabino perguntou.

– Nunca esteve tão bem. Desde o dia em que aquela vaca saiu de nossa casa a vida mudou. Temos lugar para todos e descobrimos quão espaçosa é nossa casa!

JUDAÍSMO E RELIGIOSIDADE:

entre a tradição e a renovação

JOSÉ LONDON

ELIANE PSZCZOL

DEFINIÇÕES INTRODUTÓRIAS

Diversas estruturas da tradição judaica fazem referência a tripés que sustentam o universo. Como um primeiro exemplo temos uma expressão bastante conhecida, citada no ***Talmud***: *Al shloshá devarim le olam omed: al haTorá, al haAvodá veal Guemilut Hassadim* (Sobre essas três coisas o mundo se sustenta: sobre a Torá, sobre o Serviço e sobre a Bondade Absoluta). É profundamente judaica a ideia da necessidade de uma estrutura de três pontos para que o universo funcione em harmonia, para que o mundo "fique de pé" e esse conceito acaba por se transformar em uma das essências do judaísmo, indicando a busca permanente por um equilíbrio que é conseguido quando os três pontos de apoio de um tripé têm a mesma dimensão e o mesmo valor.

TALMUD
Compilação da Lei Oral, que foi transmitida por D'us a Moisés, no Monte Sinai, tendo sido estudado e dissecado, através dos séculos, pelos sábios que viviam em Israel e na Babilônia, até o início da Idade Média. O Talmud tem dois componentes principais: a Mishná, um livro sobre a lei judaica, escrito em hebraico, e a Guemará, comentário e elucidação do primeiro, escrita no jargão hebraico-aramaico.

A leitura do *Talmud* nos mostra que existe uma escala muito interessante de *Tzedaká* (doação). *Guemilut Hassadim* (bondade absoluta) é a *Tzedaká* em que não se espera nada em troca. Praticar a *Tzedaká* é nobre e bonito, mas em geral as pessoas esperam alguma coisa em troca. Um exemplo da culminância de *Guemilut Hassadim* é o ritual de lavagem do corpo quando alguém falece (*Tahará*), talvez a única situação em que não esperamos nada em troca, porque a pessoa que recebe a *Tzedaká* não tem como retribuir. Fazer *Tahará* é, portanto, o máximo de *Guemilut Hassadim*.

Vários outros tripés serão comentados ao longo do presente texto. No ***Pirkei Avot*** várias das discussões são feitas a partir de tripés que sustentam uma ideia, uma conduta ou um comportamento. Isso é interessante porque nos instiga a refletir sobre a genialidade dessa sabedoria. O tripé aparece não só como estrutura física de sustentação arquitetônica, estética, como também de sustentação das ideias, no sentido de um equilíbrio entre dois pensamentos, às vezes antagônicos, mas que só se sustentam quando ambos existem e com a proposta de uma linha do meio.

Até mesmo na Cabala autêntica, o pensamento místico judaico, encontramos tripés. A começar pela própria estrutura gráfica da Árvore da Vida, que é toda feita de três pontos: temos as três ***Sefirot*** espirituais (ou intelectuais) na parte de cima da árvore e a seguir, as sete de baixo, que são as emocionais, atributos humanos, mas distribuídas de três em três também, nessa mesma estrutura já citada como exemplo: algo à direita, algo à esquerda e algo no meio, propondo um caminho de equilíbrio, mas com total entendimento que precisa dos dois lados.

Outro exemplo retirado da Cabala: temos *Chessed* (misericórdia, compaixão) de um lado e *Guevurá* do outro. *Chessed* é bom? Sim, mas possuir apenas *Chessed* é bom? Não, não adianta ter só compaixão, *Chessed*, o mundo não funciona assim. *Guevurá* é bom? Sim. É bom ter *Guevurá*? Com certeza! Mas o mundo também não funciona apenas com *Guevurá*. O que aparece no meio? Aparece *Tiferet* (harmonia).

PIRKEI AVOT
(Ética dos Pais) Tratado composto de máximas éticas dos rabinos que viveram no período mishnáico. Talvez seja um dos textos mais conhecidos e citados da tradição judaica.

SEFIROT
(Atributos) A alma do homem possui esses atributos e isto explica o significado da afirmação de que o ser humano foi criado à imagem de D'us.

O que é *Guevurá*? É força, coragem, disciplina. É restrição, jejum, poder jejuar. Entender a essência de um jejum é *Guevurá*. Mas não funciona bem se não tiver *Chessed*, se não tiver misericórdia, compaixão. E como linha do meio, completando o tripé, tem *Tiferet* que é harmonia, também no sentido estético. Outra tradução para *Tiferet* é beleza. Há que haver algo de belo nessa composição para que funcione bem.

O tripé inicial, citado na abertura desse texto, gerou, por sua vez, a frase que encontramos no *Pirkei Avot*: "*Al shloshá devarim le olam omed: al haDin, al haHemet veal haShalom*" (Sobre essas três coisas o mundo se sustenta: Julgamento, Verdade e Paz). É importante ressaltar que paz, nesse contexto, tem um sentido muito mais abrangente, carrega em si uma dimensão de completude mais profunda do que a utilização corriqueira da palavra *Shalom*. Além das sugestões de leitura feitas nas referências finais, os trabalhos de Oz e Oz- Salzberger (2015), Gorodovits (2008), Bonder (2000), Becker e Felzen (2016) contribuem para essas reflexões.

CALENDÁRIO JUDAICO
O calendário judaico é lunissolar: ele se baseia nos movimentos tanto da Terra em relação ao Sol quanto da Lua em relação a Terra. A partir disso estabelece-se o mês, com duração de 29 ou 30 dias. Algumas datas importantes no calendário estão relacionadas às estações do ano. Estabeleceu-se um ciclo que faz com que a cada 19 anos existam 7 anos com um mês extra,e desse modo os meses se mantêm bastante fixos em suas estações. O começo de um dia é marcado pelo nascer da primeira estrela. Assim, o dia começa com o nascer da primeira estrela e termina com o pôr do sol seguinte.

O CALENDÁRIO JUDAICO E SEU TRIPÉ

A ideia central que esse texto irá desenvolver é a de que uma melhor compreensão do **calendário judaico** também pressupõe a utilização do conceito de tripé. Esse calendário, que é tecnicamente lunar, na verdade reúne três agendas em sua estrutura: Agenda Agrícola, Agenda Bíblica ou Religiosa, Agenda Histórica. Essas agendas, que se interconectam, serão analisadas a partir do marco fundamental que determina, na linha de tempo, o ponto de partida de cada uma delas.

Para oferecer mais elementos que ajudem na compreensão desse conceito, ressaltamos que tudo o que praticamos na vida e em toda a liturgia judaica tem sua base em um tripé: em *Rosh haShaná* (Ano Novo judaico) temos *Zichronot, Malchuiot, Shofarot* (Lembranças, Nobreza, Convocação); já em *Yom Kipur* (Dia do Perdão) encontramos outra trilogia: *Tzedaká*, *Tefilá*, *Teshuvá* (Justiça, Oração, Arrependimento)

A Agenda Bíblica tem como marco a criação do mundo, e mais especificamente a criação do homem. Na abertura da Agenda Bíblica, temos o momento de *Rosh Hashaná*, o Ano Novo judaico. A sequência dessa agenda é justamente a tentativa de entender a ***Torá***, sendo esse o seu foco.

Paralelamente temos a Agenda Histórica cujo marco é a saída do Egito. Até o momento da saída do Egito – que está mais na agenda Bíblica do que na Histórica – há uma sucessão de fatos que geram bastante controvérsia, uma vez que não dispomos de informações precisas sobre os acontecimentos, ocupando alguns desses fatos um lugar mais poético do que factual.

A Agenda Agrícola tem sua essência ligada aos fenômenos da natureza, ao sol e à lua. Não é possível entender o texto bíblico – que, na verdade, é a fonte das três agendas – sem perceber que ele passa pelo viés da questão agrícola. O texto bíblico conta a história desse povo que viveu deslocando-se pelo deserto por muito tempo, mas que basicamente dependia das informações da agenda agrícola, e é nela que acaba baseando sua linha de tempo.

Para compreender o judaísmo, precisamos das três agendas e tentativas de desvinculá-las acabam por gerar tensões e conflitos. Assim, ainda que saibamos

TORÁ
A Torá (Pentateuco) corresponde aos primeiros 5 livros da Bíblia: Breshit (Gênesis), Shemot (Êxodo), Vaicrá (Levítico), Bamidbar (Números) e Devarim (Deuteronômio).

que é da natureza humana valorizar uma mais do que outra, elas só fazem sentido quando andam juntas. As agendas são conciliáveis, não excludentes e só funcionam bem na medida em que conseguimos compreender a importância de cada uma delas. Temos, portanto, mais um tripé e quem só aceita o viés bíblico pende para um lado complicado; quem só usa o viés histórico cai em um campo cético demais, que trouxe problemas para o judaísmo ao longo do tempo. Contudo, se tender apenas para o viés agrícola a importância da religiosidade e da história se perdem. Então, o desafio é justamente colocar as três agendas em equilíbrio para poder sustentar esse universo.

Esse modo de compreender, que é bastante judaico, funciona muito bem porque, como seres humanos, somos sujeitos da natureza, estamos ligados à natureza, mas também somos históricos, pois as condições históricas nos determinam, nos transformam. No entanto, sem a espiritualidade caímos em uma armadilha, pois ficamos presos a um dos dois pilares desse tripé. Particularmente, gostamos desse modo de compreender que as três agendas se articulam, se conectam e devem ser combinadas porque assim contemplamos as ligações com a história, com a vida e com a religiosidade. Porque sem a dimensão de espiritualidade ficamos reduzidos ao animal ou à determinação histórica.

Isso é muito interessante e confirma o marco da Agenda Bíblica – a criação do ser humano. Apesar de nos cinco primeiros dias da Gênesis terem sido criadas ferramentas importantes, que acabaram sendo utilizadas nas outras agendas, somos esses seres humanos criados pelo Criador no sexto dia, centro da lógica que procuramos expor aqui, ou seja, o ser humano foi criado no último dia da criação para poder usufruir de tudo o que foi criado antes dele.

A AGENDA AGRÍCOLA

A Agenda Agrícola é a base. A *Torá* é muito preocupada com essa agenda, porque ela determina toda a nossa trajetória de sustento, e isso é fundamental. Apesar de estarmos enfatizando a questão do equilíbrio, do tripé, é fundamental não deixar que as outras agendas – que são extremamente sedutoras, principalmente a espiritual – ganhem uma dimensão maior do que a agenda da sustentabilidade, em todos os sentidos. Precisamos sobreviver e a agenda da sustentabilidade, a agenda agrícola, está totalmente voltada para isso. Ou seja, há uma preocupação permanente com o ciclo agrícola e com o fato de que ele serve de diretriz para as outras agendas.

Tudo envolve a agenda agrícola. E se quisermos associar um tripé a essa agenda, ele aparece claramente, pois temos: o plantio; o início da colheita e o final da colheita. Plantar, começar a colher, terminar a colheita, que automaticamente está associada a um novo ciclo de plantio, já que tão logo a colheita termina, a terra é preparada e o processo recomeça. Essas são as três informações importantes para se trabalhar com a Agenda Agrícola, embora esse movimento de acabar e recomeçar funcione para todas as agendas.

Como não somos mais um povo agrícola, a Agenda Agrícola, na prática, perde valor. Para contornar isso, o que nossos sábios fizeram, ao longo dos anos, foi tentar vincular à base da Agenda Agrícola as três festas de peregrinação existentes no calendário judaico: *Pessach*, *Shavuot* e *Sucot* (as quais voltaremos mais adiante). Essas festas estão associadas, respectivamente, ao ciclo de plantio, início de colheita e conclusão da colheita. E a todas essas três festas foi agregado algum desenvolvimento espiritual.

Temos que usar esse viés da espiritualidade como uma proposta universal de sabedoria e conhecimento, sem privilegiar nenhum pensamento específico, qualquer que seja sua ordem. Se começarmos a considerar que o pensamento tal ou o pensamento qual tem mais espiritualidade, acabamos entrando em uma área muito perigosa e delicada. A ideia é respeitar todas as formas de espiritualidade dentro do judaísmo e em todas as religiões, uma vez que o objetivo central é tornar o ser humano um indivíduo melhor, usando a ferramenta espiritual como aprimoramento.

As escolas judaicas fazem a aproximação com a Agenda Agrícola de forma lúdica, principalmente com as crianças: utilizam cestas, tentam encontrar algumas frutas que sejam parecidas com as citadas na *Torá*, e como elas não mais existem, fazem de cartolina ou outros materiais. Nesse contexto menos empírico, ganha espaço a analogia com o desenvolvimento do ser humano, usando isso como ferramenta, ou seja, que é importante plantar, cuidar do que plantamos e qual é a hora certa de colher. E há textos muito interessantes, como por exemplo o ***Shemá Yisrael*** – sobre a chuva de antes, a chuva de depois e a chuva de durante.

Na tradição judaica existem três palavras diferentes para cada uma dessas chuvas, o que, espiritualmente, é muito instigante. Se o que é para chover depois, chove antes, isso quer dizer que alguma coisa não está correta. Se o que é para chover antes, chove depois, alguma coisa também não está correta. E se o que é para chover durante não chove durante, alguma coisa igualmente não está correta e a semeadura não vinga.

Em vários momentos da *Torá* encontramos repreensões que o Criador dirige ao povo e um exemplo é o da chuva, pois está escrito que condutas errôneas farão com que o que seria para chover depois, chova antes; o que era para chover antes, choverá depois; e o que era

SHEMÁ YISRAEL
É a prece mais importante dos judeus. É uma afirmação da fé e confiança em um D'us único e verdadeiro a quem devemos todas as bênçãos recebidas, desde o momento do despertar, ao deitar, bem como nos momentos finais da vida.

para chover durante, nem choverá. Isso não significa que a interferência divina impede que as chuvas caiam, mas que se não soubermos aproveitar as chuvas nos seus devidos lugares e momentos, as coisas não irão funcionar bem, algo vai falhar; haverá inundação ou seca. E isso vale para a nossa vida.

A partir dessa concepção, a sabedoria judaica transforma esse ciclo meramente agrícola em lições de comportamento. Se a vida cotidiana não é mais diretamente ligada à produção agrícola, uma vez que a maioria das pessoas não ocupa seu tempo plantando e colhendo, a espiritualidade tem como dar conta desse ciclo. Ao mesmo tempo, este é um tema importante na contemporaneidade: a natureza. De um lado, não estamos plantando e colhendo; de outro, é fundamental cuidar da natureza, sob o risco de perder a possibilidade de sermos humanos. É importante ter em mente que a Agenda Agrícola foi criada durante a passagem, o trânsito no deserto, onde nem sequer havia tempo para um ciclo agrícola. É, pois, profético: constitui um ensinamento do que ainda estava por vir. É como se **D'us** estivesse dizendo: "Querem sobreviver lá na frente como um povo, como uma civilização? Então, aprendam aqui, agora, na seca, no deserto".

Colocadas essas questões, cabe agora mencionar cada uma das três festas que compõem a Agenda Agrícola: *Pessach*, *Shavuot* e *Sucot*.

D'US
É uma das formas utilizadas por alguns judeus lusófonos para se referirem a Deus sem citar seu nome completo, em respeito ao terceiro mandamento recebido por Moisés pelo qual Deus ordena que seu nome não fosse invocado em vão. Neste capítulo, os autores usam essa grafia.

Pessach

Esta festa comemora a transição dos hebreus da escravidão para a liberdade e o nascimento do povo judeu como nação, já que celebra a libertação dos filhos de Israel da escravidão do Egito. Lá os hebreus eram uma família – filhos de Abrahão, Isaac e Jacó. Quando chegaram ao Monte Sinai, 50 dias após o Êxodo do Egito, tornaram-se uma Nação. Embora a liberdade seja o tema principal, para entender *Pessach* e compreender o que é liberdade, é preciso falar de uma *liberdade com ordem*. É fundamental reforçar essa ideia porque não se trata simplesmente de uma liberdade do tipo "saímos da escravidão e fomos embora", até porque o povo, durante o longo tempo de travessia do deserto, reclamava incessantemente dessa liberdade. *Pessach* tem a ver com *liberdade com ordem*, caso contrário ela não é consistente; liberdade com responsabilidade, senão não há solidez.

Liberdade com ordem significa que a liberdade passa muito mais pelo *não* do que pelo *sim*. É o que acontece logo depois da saída do Egito: os hebreus não saem da escravidão e vão para um lugar onde se pode tudo, mas para um lugar onde *não se pode* muito mais do que aquilo que *se pode*. Também vale considerar que há contestação sobre o quanto eram escravos ou não, existem dúvidas sobre o padrão dessa escravidão. Como regulamentar isso? Com *Torá*, que marca o grande momento após a saída do Egito, e que decreta diretamente: não roubarás, não matarás. A liberdade pelo não: essa é a única liberdade consistente que existe.

Essa *liberdade com ordem* é encontrada, em um primeiro momento, no Decálogo – os Dez Mandamentos. Mas depois ela surge em outras formas ou situações e em todas as discussões ao longo do deserto. Se existia uma tentativa de gerar uma civilização consolidada e duradoura, ela só funcionaria se suas bases se assentassem numa *liberdade com ordem*. E na prática, como isso aconteceu? Perambulando 40 anos no deserto. Mas como era muito difícil entender, de uma hora para outra, esse conceito de liberdade com ordem e com responsabilidade, foi preciso caminhar por 40 anos no deserto até que essa compreensão fosse assimilada pelo povo. É fundamental compreendermos que foi a construção dessa ordem que nos fez andar 40 anos no deserto: não foi castigo, foi amadurecimento e 40 anos foi o período necessário a esse amadurecimento.

E só se entra na Terra Prometida aprendendo como funciona a ideia de liberdade com ordem. Nós, os judeus, colocamos isso em prática como civilização. Somos o que somos porque investimos em educação e no ensinamento das três agendas para os nossos filhos: o tempo todo aprendemos a dizer não. Essa poderosíssima ferramenta pedagógica – dizer não – nós a aprendemos no deserto, e isso permaneceu como base. O que nos remete ao início desse texto, pois tem a ver com *Chessed* e *Guevurá*. Mais do que um "não" de oposição, trata-se de um "não" de equilíbrio.

O *Seder* de *Pessach* normalmente é conhecido como um jantar comemorativo, em família, com um ritual realizado geração após geração, onde toda essa história é recontada através da leitura da ***Hagadá*** e de diversos símbolos e canções que relembram os tempos da escravidão, a saída do Egito e os 40 anos de peregrinação no deserto. No entanto, o nome escolhido para esse ritual é justamente *Seder*, que em hebraico quer dizer *ordem*. Isso significa que, desde sua preparação, que começa dias antes, o jantar segue uma ordem, deve ser realizado de acordo com suas leis que estabelecem a razão de ser de cada detalhe da mesa, repleto de lembranças e significados. Realizar o ritual de *Pessach* significa encadear esses detalhes numa *ordem* que lhes dá sentido e que repete, a cada geração, os atos de nossos pais e transmite aos nossos filhos

HAGADÁ ("narração") É o texto utilizado para os serviços das noites do Pessach, contendo a leitura da história da libertação do povo de Israel do Egito, conforme é descrito no Livro do Êxodo. Por celebrar esta libertação, Pessach é a mais importante das festas judaicas, e cada judeu tem por mandamento narrar às futuras gerações esta libertação.

que eles são parte de uma antiga corrente histórica de três milênios.

Durante os oito dias da festa é proibido ingerir ou possuir qualquer alimento feito de cereal levedado ou fermentado. Um dos seus principais símbolos é a *matzá*, o pão ázimo.

◆ *Shavuot*

Shavuot marca o momento da entrega dos Dez Mandamentos ao povo judeu no Monte Sinai. Por ser o dia em que D'us entregou Sua *Torá* ao povo judeu, este dia se constitui como o marco mais importante na história de nosso povo, e mesmo talvez o mais importante na história do mundo ocidental, uma vez que os princípios da *Torá* foram adotados, ainda que de diferentes formas, por outros povos e outras religiões dessa parte do mundo. Foi lá mesmo, no Monte Sinai, que D'us se dirigiu ao seu povo e fez a grande revelação. Moisés, líder dos hebreus, recebia no topo do monte, grafados em duas tábuas de pedra, os Dez Mandamentos, que constituíram a essência legislativa da *Torá* e também da ética judaica. Os Dez Mandamentos compõem os princípios fundamentais da fé judaica. Celebrada nos dias 6 e 7 do mês de ***Sivan***, a Festa das Semanas (tradução de Shavuot) ocorre exatamente sete semanas após *Pessach*, e indica também o final da ***Sefirat haÔmer***, o início do período de colheita das frutas. *Shavuot* é conhecida também por *Zman Matan Torá*, que significa época da entrega da *Torá*. Devido ao significado agrícola, a data é conhecida ainda por outros dois nomes: *Chag Hakatzir* (Festa da Safra), já que é celebrada na época da colheita

SIVAN
É o nono mês do ano civil, e o terceiro mês do ano eclesiástico, no calendário hebraico. É um mês de primavera em Israel e geralmente cai em maio-junho no calendário gregoriano.

SEFIRAT HA ÔMER
A contagem do Ômer ou Sefirat Ômer tem início no segundo dia de Pessach: é o nome dado à contagem dos 49 dias entre Pessach e Shavuot. Na antiga Israel, esse era o dia em que os judeus levavam uma oferenda dos novos grãos ao Templo de Jerusalém. Após isso, iniciava-se a Contagem do Ômer e no 50º dia, celebrava-se Shavuot.

do trigo, e *Chag Habikurim* (Festa das Primícias), por marcar o início da colheita das primeiras frutas, levadas ao Templo de Jerusalém como oferenda de gratidão a D'us.

Em termos de celebração, em *Shavuot* não há um jantar, a liturgia é pouco mais do que a de *Shabat*. Em termos de tamanho, *Shavuot* não tem, como *Pessach*, oito dias. Então, o grande ensinamento de *Shavuot* é a humildade. A própria forma de celebrar o recebimento da *Torá* é um momento de humildade, de pé no chão, um momento sem festa, sem euforia. *Pessach* é lindo e cheio de comemorações, assim como *Sucot*. *Shavuot* não. E nas comemorações existe a tendência de se concentrar na festa, de só celebrar, cantar, e esquecer o conteúdo.

Sem diminuir a importância das outras festas, *Shavuot* é o momento em que se para e pensa, nesse lugar de humildade. *Shavuot* é a entrega da primeira edição da *Torá*, momento de fracasso, em que os Dez Mandamentos foram destruídos e jogados ao chão. Na tradição judaica não é muito comum falar-se em fracasso e quando se fala, muitas vezes é em voz baixa. Mas, na verdade, deveríamos falar do fracasso em voz alta, porque foi aquela quebra dos Dez Mandamentos e depois o perdão do Criador que geraram a possibilidade da segunda edição da *Torá*, recebida em *Yom Kipur*. A única razão para esse dia se chamar Dia do Perdão é o povo estar sendo perdoado pelo que é considerado seu maior pecado coletivo: a construção e adoração do Bezerro de Ouro. E o povo é perdoado até hoje por esse pecado coletivo que cometemos permanentemente.

Em nossa vida cotidiana temos, todos, uma tendência a construir "bezerros de ouro" com tudo o que estes representam e simbolizam. O dia de *Shavuot* surge, então, como um alerta e como um momento de reflexão: a quebra do Código de Leis não foi apenas um episódio infeliz na história de nosso povo; foi uma lição para todos os tempos: sofremos o impacto dessa quebra, mas o perdão só veio em *Yom Kipur*, o dia em que D'us finalmente perdoou o povo judeu pelo pecado do Bezerro de Ouro e outorgou um novo Decálogo, provavelmente mais humano. Inclusive, na contagem do Ômer, a combinação das *Sefirot* do dia de *Shavuot* é ***Malchut de Malchut***, é pé no chão do pé no chão, é zero festa. Para receber a *Torá* o lugar que temos que estar é de realidade na realidade. Não recebemos o texto bíblico no lugar mais espiritual, e sim com os pés plantados na realidade.

Sucot

Sucot (cabanas) também é conhecida como Festa dos Tabernáculos, Festa das Cabanas, Festa das Tendas ou, ainda, Festa das Colheitas, tendo em vista que coincide com a estação das colheitas em Israel, no começo do outono – é uma das três maiores festas, conhecidas como *Shalosh Regalim*, durante as quais o povo de Israel peregrinava em direção ao Templo de Jerusalém. *Sucot* relembra os 40 anos de êxodo dos hebreus no deserto. É uma cerimônia religiosa como agradecimento a D'us por ele haver suprido os israelitas no deserto e não ter deixado faltar água. No deserto o povo judeu vivia em pequenas tendas ou cabanas frágeis e temporárias. Como forma de simbolizar este período, durante a celebração de *Sucot*, os judeus fazem suas refeições em uma *Sucá* (cabana), que deve ser erguida ao ar livre e com o teto constituído de palha ou folhagem, que possibilite a visão do céu. Também faz parte do ritual o uso de um ramo com quatro plantas (*arbaá minim*, em hebraico) mencionadas na *Torá* como relevantes para *Sucot*. São

MALCHUT DE MALCHUT
É a combinação das Sefirot (atributos) do 49º dia da Contagem do Ômer, dia que antecede o recebimento da Torá (Shavuot). Malchut significa realidade.

elas: *lulav* (palma), *etrog* (fruto cítrico), *hadass* (murta) e *aravah* (salgueiro).

Um dos ensinamentos mais importantes de *Sucot* é a *permeabilidade* e a *Sucá*, portanto, é o ensinamento do que é permeável. As tendências impermeáveis que existem no judaísmo, assim como em todas as religiões, transtornam nossas vidas. Nem a tenda nem o teto podem ser totalmente fechados, a estrutura não pode ser sólida. Nesse sentido, *Sucot* nos ensina a deixar sair o que é para sair, entrar o que é para entrar. Ser permeável implica em estar disponível para plantar juntos uma semente. Essa é a verdadeira mensagem de *Sucot*, mais do que a conclusão da colheita propriamente dita.

Ao detalhar a Agenda Agrícola acabamos por demonstrar como as três agendas vão se interconectando, embora cada uma delas apresentem marcos específicos, como veremos a seguir.

A AGENDA HISTÓRICA

O marco da Agenda Histórica é a saída do Egito. Portanto, dentre os três *Chaguim* (festas) explicados acima como sendo os pilares da Agenda Agrícola, *Pessach* é, entre eles, o que remete à Agenda Histórica.

O mérito da Agenda Histórica é mostrar que a história não termina com a *Torá*. Esta agenda nos sinaliza a existência de uma continuidade e nos convida a fazer uma espécie de índice dos acontecimentos pós-*Torá*. Isso significa que a Agenda Histórica pode ser observada não só no ***Tanach*** como também através dos livros que se seguem ao Pentateuco e que contam sobre o período dos Juízes, Reis e Profetas. Da mesma forma,

TANACH
Conjunto de 24 obras composto pelos 5 livros da Torá, os 8 livros de Neviim (Profetas) e os 11 livros de Ktuvim (Escrituras Sagradas).

CHANUKÁ
(Inauguração)
É chamada Festa das Luzes, quando se comemora a reconquista de Jerusalém pelos Macabeus, após vencerem uma longa luta com os exércitos gregos. O principal símbolo de Chanuká é o candelabro de 8 braços em que se acende uma vela a cada uma das 8 noites de duração da festa.

PURIM
Comemora a salvação dos judeus persas do plano de Haman, o primeiro-ministro do Rei Achashverosh da Pérsia, para exterminá-los, tal como está escrito no Livro de Ester.

O nome "Purim" vem da palavra hebraica "pur", que significa "sorteio", método usado por Haman para escolher a data em que ele pretendia massacrar os judeus do país.

TIKUN
Traduzido frequentemente como reparo. Mas na Bíblia em hebraico e no código da Lei Judaica chamado Mishná, tem uma gama de significados: melhorar, consertar, preparar, arrumar. Frequentemente é usada a expressão *Tikun Olam*.

esta Agenda incorpora, ainda, outras escrituras, que vão falar sobre a destruição dos Templos, ***Chanuká, Purim*** e outros eventos da antiguidade. Mais contemporâneos, mas não menos importantes, vários eventos, como a Inquisição, os vários *pogroms* e o Holocausto foram se somando a essa Agenda. A criação do Estado de Israel surge, profética e milagrosamente, como uma quebra nessa trajetória de perseguições e expulsões.

Uma característica da Agenda Histórica é que os fatos, os momentos, os movimentos que aconteceram podem ser comprovados, há registros que confirmam a dinâmica da trajetória da civilização judaica e é na Agenda Histórica que isso pode ser encontrado.

Essa estrutura da Agenda Histórica é que contextualiza e fundamenta o nosso ponto de vista, que alguns críticos contestam. Não é a Agenda Religiosa ou Bíblica que irá garantir a continuidade do nosso povo, são os acontecimentos da Agenda Histórica.

O interessante é que esses fatos, como por exemplo o *Yom Haatzmaut* (Dia da Independência do Estado de Israel) e o *Yom HaShoá* (Dia da Celebração da Memória do Holocausto) vêm ganhado um espaço cada vez maior na Agenda Religiosa, assim como *Chanuká* e *Purim*. Há uma volta, um ***Tikun***, que faz com que esses novos acontecimentos retornem e ganhem importância em uma nova Agenda Bíblica, a qual se incorporam.

A AGENDA BÍBLICA

Chegamos, então, à Agenda Religiosa ou Bíblica. Assim, da Agenda Agrícola, atravessando a Agenda Histórica, chegamos ao início, à Agenda Bíblica onde o ponto de partida é Abraão e a quebra da tradição, seu grande *não*. Essa narrativa se encontra na 3ª Parashá (porção semanal) do 1º Livro da *Torá* – Gênesis. Nesse trecho, intitulado *Lech Lechá*, Abraão atende a um comando do Criador para partir em direção a uma terra desconhecida, deixando para trás suas raízes e sua família.

Olam no hebraico bíblico denota o tempo todo. No hebraico posterior, veio a significar o mundo. Portanto, *Tikun Olam* literalmente significa fazer algo com o mundo que não apenas vai consertar qualquer dano, mas também melhorá-lo, preparando-o para entrar no estado supremo para o qual foi criado.

Tecnicamente bastaria a palavra *Lech* (vá, ande) para expressar esse comando. A inclusão da palavra *Lechá* (para ti) sugere que se tratava, antes de tudo, de uma proposta de um grande projeto espiritual que começava com uma viagem interior de Abraão, de revisão dos conceitos pagãos e politeístas que ele conhecia. As duas palavras de *Lech lechá* se escrevem com as mesmas duas letras, só mudando a vocalização. Isso significa que elas também poderiam ser lidas como *Lech Lech* (vá, vá, ande logo). Mas não é esse o sentido.

E o projeto pedia urgência. Deixe a sua terra, sua parentela e vá em direção à terra que Eu te darei. Cada um, indo em direção a si próprio, rompe, quebra, vai buscando outros lugares. A possibilidade de um povo é também a possibilidade de cada um construir sua identidade, é assim que compreendemos esse comando.

Entendido dessa forma, esse projeto deixa de ser apenas pessoal e ganha um caráter coletivo. E isso é demonstrado pela leitura cuidadosa desse comentário *Lech Lechá*: devemos tomar cuidado em achar a medida certa dessa ordem porque se você só vai *para você*, este é um ato egoísta, e não é essa a proposta. O sentido é duplo, e por vezes pode parecer contraditório. Mas esse duplo entendimento é importante porque se trata de um projeto que é para o indivíduo e ao mesmo tempo para a comunidade, para o coletivo. Se você não o perceber desse modo duplo, perderá o equilíbrio, e se você interpretar só como "vá, vá, você, rápido" é sintoma de puro egoísmo.

E a continuação do comando é muito interessante, porque nela também encontramos uma ordem de desobediência. Vá, vá para você e deixe a terra de seus pais, deixe a sua parentela, deixe a sua terra, aquilo que você construiu, e parta em direção a uma terra que não importa onde fique. Essa é a lógica contrariada, porque normalmente não saímos da comodidade onde estamos, da casa dos pais, da lógica das nossas raízes, para um lugar desconhecido. Não se faz isso sem uma enorme dose de desobediência.

A Agenda Bíblica ou Religiosa nos propõe uma discussão interessante, que merece atenção: é o tema do milagre, presente em grande quantidade em toda essa Agenda. No entanto, os milagres dos acontecimentos pós-bíblicos não são menores do que os milagres da *Torá*, e nem que os milagres do dia a dia. Na contemporaneidade podemos citar como um milagre a criação do Estado de Israel, ganhando existência na ONU em uma votação muito apertada. Da mesma forma como a sobrevivência do povo judeu em *Purim* (citado na Agenda Histórica), no ano de 680, foi absolutamente um milagre. Haman, um louco, entre os vários que povoam a História, quis aniquilar o povo judeu e por uma intervenção humano-divina – por inspiração divina e por atitudes do homem – a situação totalmente prejudicial foi revertida.

Em nossa opinião, daqui a mil e quinhentos anos o *Yom Haatzmaut* será comemorado como o é hoje o milagre de *Chanuká* (citada na Agenda Histórica): com liturgia, com leitura de *Parashá* (porção semanal da *Torá*) e como um milagre, um dos novos milagres.

Em toda essa trajetória, onde, em vários momentos, as três Agendas se acoplam, se amarram para depois se desamarrarem e seguirem trilhas específicas, vimos que a garantia da sobrevivência, a continuidade do povo judeu é dada pelo *não*, pelo desvio, passa pelo desobedecer. Historicamente isso pode ser observado na educação religiosa que era/é dada desde a infância, onde professores e discípulos debatem, criticam, contestam uns aos outros e, assim, avançam. O avanço se dá por conta da não conformidade. Somos um povo desobediente. O autor israelense Amos Oz fala isso em seu livro *Os judeus e as palavras*: desde os três anos de idade, quando os judeus começam a cursar o *Cheider* (escola elementar rabínica) aprendemos a desobedecer com respeito.

E nós somos, principalmente, desobedientes à lógica. Contrariamos, como povo, como civilização, tudo que é lógico, já que pela lógica não estaríamos aqui escrevendo ou lendo. Pela lógica do universo a história do povo judeu provavelmente acabaria com a primeira quebra dos Dez Mandamentos. Ali acabava o pensamento judaico. Não parece lógico sobrevivermos naquele estreito pedacinho de terra no meio de poderosos e milionários países cheios de petróleo, isso é desobediência total à lógica. Mas sobrevivemos porque, como disse David Ben-Gurion, primeiro Primeiro Ministro de Israel, "um judeu que não acredita em milagres não é realista".

Nossa realidade, cheia de milagres, indica que se tivermos que pensar num elo entre as três Agendas aqui expostas, a Fé e a crença em um D'us único seria esse ponto de encontro. Todos esses tripés serviriam então de suporte a essa unicidade e de reconhecimento de um Criador que está no controle, mas que entregou o protagonismo do funcionamento desse *uni-verso* à principal obra de sua criação – o ser humano.

Essa fé e essa crença, no entanto, não podem ser teóricas, têm que estar baseadas em ações, em comportamentos, que na tradição judaica chamamos de *Mitzvot*, palavra muitas vezes traduzida apenas como comando ou mandamento. Todas as vezes que fomos apenas teóricos e abandonamos a prática, a humanidade se viu diante de problemas e acabou dando espaço para que humanos se apresentassem como deuses em nossas vidas. Assim surgiram os grandes faraós, os grandes ditadores e outras figuras tão conhecidas da nossa história que, em suas fantasias de grandeza, acreditavam ser os controladores do universo. E nunca são.

RECEITAS

CHALÁ

Consagrado como o mais tradicional pão judaico, é feito em forma de trança. Adotado pelos judeus ashkenazis para o ritual do Shabat e também comido em outras ocasiões festivas, como os dias santificados, *bar-mitzvahs* e casamentos.

INGREDIENTES

- 1 pacote de fermento seco biológico
- ½ xícara (chá) de açúcar
- 5 ovos
- ½ xícara (chá) de óleo
- ½ xícara (chá) de uvas-passas (opcional)
- 9 xícaras (chá) de farinha de trigo
- 1 ¾ xícaras (chá) de água morna
- 1 pitada de sal
- gergelim branco e preto para polvilhar

MODO DE PREPARO

Em um refratário, coloque a água morna, o fermento e o açúcar. Misture com a mão ou com uma espátula. Junte uma pitada de sal, quatro ovos (em temperatura ambiente) e o óleo. Adicione a farinha aos poucos. Coloque as uvas-passas quando a mistura estiver quase a ponto de soltar das mãos. Deixe a massa crescer por cerca de uma hora em um recipiente untado com óleo. Divida a massa em seis pedaços, molde-os e depois basta trançá-los. Leve ao forno (180°C) por 30 minutos.

TRANÇANDO A MASSA:

1. Dividir em dois pedaços
2. Pegue um pedaço e divida em 3
3. Amasse cada um como se estivesse fazendo "minhoca". O tamanho que tem que ficar é pouco menos que a metade do seu braço
4. Trance os três pedaços
5. Faça o mesmo com a outra metade
6. Pincele com gema de ovo e salpique gergelim por cima

JUDEUS E RELAÇÕES INTERNACIONAIS:

questões e tensões

MONICA HERZ

JANA TABAK

A independência de Israel é comemorada anualmente no quinto dia do mês de *Iyar*, data que corresponde no calendário lunar judaico ao dia do estabelecimento formal do Estado, quando membros do governo provisório assinaram a Declaração de Independência em Tel Aviv em 14 de maio de 1948. Um dia antes, celebra-se o "Dia da Lembrança em Homenagem aos Soldados Caídos e Vítimas de Terrorismo" (*Yom HaZikaron*, em hebraico): duas sirenes soam para recordar essas mortes. Ao som das sirenes, o país para. Motoristas interrompem suas viagens, saem dos carros e se põem de pé. Os passos dos pedestres desaceleram, operários desligam as máquinas e os profissionais nos escritórios adiam as reuniões e suas decisões tão urgentes. Todos em pé, em silêncio, lembram as vítimas dos inúmeros conflitos ocorridos durante a (ainda breve) história do Estado de Israel. As redes de televisão interrompem suas programações. Locais de diversão fecham suas portas. É um momento de contemplação. Mas, à noite, o silêncio é quebrado pela música das festas, realizadas em todo país em paralelo aos atos oficiais do governo. As lágrimas são substituídas por sorrisos estampados nos rostos de crianças, adultos, idosos que se reúnem em churrascos em parques públicos para comemorar mais um ano do Estado israelense. O vazio da saudade daqueles que perderam suas vidas em guerras é preenchido, então, pela esperança diante do Estado de Israel que persiste.

Ao refletir sobre o encontro entre sentimentos tão distintos, que permeiam e constituem não apenas esses dois dias no calendário israelense, mas histórias, atitudes e dinâmicas políticas que envolvem os judeus e Israel, esse texto busca explorar e compreender a formação do Estado israelense e seu funcionamento no âmbito da política internacional moderna. A partir de uma breve análise sobre o papel dos judeus na Idade Média, é feita uma discussão sobre a transição para a Modernidade e seu impacto na formação dos Estados-Nação com ênfase, por um lado, na exclusão dos judeus como estrangeiros por excelência, e, por outro lado, nas ideias iluministas que permitem a incorporação dos judeus em determinados contextos. Em seguida, são apresentadas a emergência do movimento sionista e a formação do Estado de Israel no século XIX. Por fim, exploramos as tensões e questões relativas à participação de Israel na política internacional por meio de uma análise dos conflitos entre Israel, palestinos e os países árabes na região do Oriente Médio após a independência de Israel. Em suma, a análise aqui proposta é atravessada e, ao mesmo tempo, produzida, por três temas centrais que se inter-relacionam: (i) judeus, na condição de povo migrante e a construção de um Estado judeu; (ii) os inúmeros conflitos armados e a possibilidade de paz; e (iii) as fronteiras não apenas geográficas que são traçadas com tanta elegância e violência, (re)produzindo processos de inclusão/exclusão entre Israel e o internacional.

DA IDADE MÉDIA À MODERNIDADE: OS JUDEUS (ENTRE)ESPAÇOS

Em um mundo medieval eminentemente rural, não era permitido aos judeus possuírem terras. Assim, estes assumiram funções comerciais e financeiras, profissões essas que poderiam ser relevantes para a sociedade como um todo e, principalmente, possibilitavam a esse grupo de pessoas certa mobilidade. Não obstante o predomínio da paisagem rural, pontuavam aqui e acolá cidades, cujas comunidades urbanas forneciam uma miríade de serviços especializados ao mundo rural. Em especial, nas cidades, o conhecimento dos judeus acerca da escrita e da matemática permitiu que exercessem profissões artesanais e construíssem uma importante rede de relações com pontos de contato nos continentes europeu e asiático. Somado a isso, o fato de o exercício do judaísmo rabínico adaptar as leis judaicas às diferentes realidades locais facilitou o desenvolvimento de formas de argumentação e construção de um discurso com nível de abstração que favorecia a participação dos judeus em atividades econômicas que iam além dos encontros interpessoais.

Isto é, se o mundo medieval era caracterizado por uma pluralidade de espaços bem definidos, em que os trabalhadores podem ser compreendidos como "encaixados em suas localidades" (Giddens, 1991), os judeus, por sua vez, por meio do controle da escrita e da prática da comunicação através de cartas, atravessavam as fronteiras com suas relações que incluíam pontos de contatos na Europa e na Ásia.

Nesse período, se por um lado as comunidades judaicas apresentavam o direito de gerar as próprias regras sociais diante da ausência de regras de convivência universais, por outro lado, os judeus precisaram lidar com circunstâncias de vida precárias impostas por mudanças políticas que estabeleceram práticas de expulsão da população judaica e desapropriação de suas terras ou sua conversão, somadas, em alguns casos, a ondas de opressão e violência, como aquelas documentadas nas regiões da Espanha, Portugal, Polônia, Rússia, Alemanha, França e Inglaterra. Nesse contexto, as comunidades judaicas estavam organizadas a partir do eixo sinagoga-escola, sendo o estudo considerado central à vida do grupo. As fronteiras delineadas entre as comunidades judaicas e a cristandade medieval não advinham apenas do fato de os judeus não aceitarem Jesus como messias, mas fundamentalmente porque em uma sociedade pautada por regras de interação e convivência definidas pela Igreja, os judeus se distanciavam – e eram excluídos – ao adotar os próprios costumes em relação à alimentação, incluindo a forma de matar e cozinhar os animais, circuncisão dos homens e o descanso (*Shabat*), dentre outros. Em consequência dessas diferenças – seja no âmbito religioso ou das atividades profissionais –, ondas de antissemitismo, violência e expulsões de judeus foram recorrentes durante todo o período medieval.

No entanto, a partir do século XV, com a transição para a Modernidade, houve uma mudança significativa na relação dos judeus com o novo espaço, o Estado moderno. Duas características são cruciais para compreensão dessa nova forma de comunidade política: o processo de centralização e de territorialização do poder. A Guerra dos Trinta Anos (1618-1648), que devastou a Europa, foi um marco inicial para formação dos Estados modernos, e, portanto, para a diplomacia moderna e relações internacionais. O Tratado de Vestfália, que encerrou o conflito, reconheceu pela primeira vez a soberania de cada Estado envolvido. Assim, o moderno sistema internacional não é apenas formado a partir da definição das fronteiras geográficas que distinguem as comunidades políticas independentes, mas é caracterizado e produzido por meio da noção de soberania que conecta autoridade governamental, território, população em um espaço particular geográfico, o Estado (Biersteker e Weber, 1996).

Nesse processo de transição para a Modernidade, em que o Estado moderno foi reconhecido como o espaço da política por excelência, a noção do "estrangeiro" se constitui. Isto é, a partir do processo de territorialização do Estado moderno, foi definido ao mesmo tempo o membro da comunidade política (inicialmente um súdito) que está *dentro* das fronteiras territoriais estatais e detém direitos e deveres relacionados à máquina estatal, e o estrangeiro, aquele que está *fora* das fronteiras territoriais. Os membros da comunidade política passam a ser pensados como indivíduos, e não mais como membros de diferentes comunidades como na Idade Média. Na condição de indivíduos podem ser súditos e estabelecer uma relação política com o Estado. Nesse contexto, o tratamento dado aos estrangeiros não é homogêneo, mas, definitivamente, a identificação desses indivíduos enquanto o "outro que está fora" é crucial para constituição dos Estados modernos.

Os judeus são sistematicamente definidos como estrangeiros nessas sociedades modernas, onde a religião ainda está vinculada à política, embora o processo de separação desses dois campos já aconteça, mesmo que lentamente. Inclusive, a distinção entre religião e política na organização do Estado moderno é objeto da análise do historiador e diplomata Nicolau Maquiavel, que, em sua famosa obra *O Príncipe*, escrita em 1513, busca pensar a administração do poder e a construção do governo estatal de forma destacada dos debates morais e religiosos. Especificamente, a manutenção e o cultivo do vínculo com a comunidade judaica como questões prioritárias dificultam o próprio processo de inclusão dos judeus como indivíduos na nova comunidade política territorial. Tal fronteira entre judeus "estrangeiros" e os indivíduos das comunidades políticas fica ainda mais evidente, uma vez que as regras produzidas pelo rabinato, responsáveis por organizar a vida das comunidades judaicas de forma insulada da sociedade cristã, distanciam ainda mais os judeus da ideia e da possibilidade de participação como indivíduos da sociedade estatal europeia.

Somado ao isolamento cultural, é importante mencionar a relação dos judeus com a nova dinâmica dos mercados domésticos nesse processo de transição para a Modernidade. O desenvolvimento desses mercados, com regras específicas de circulação e produção de bens materiais, é um dos pilares essenciais na construção e organização dos Estados modernos. Isto é, na medida em que se formam os mercados e burocracias nacionais, o papel econômico dos judeus, que atravessa as fronteiras continentais, muda significativamente e, em alguns casos, como na Espanha em 1492, a expulsão – ou exclusão – dos judeus está vinculada às políticas estatais de centralização do poder e criação dessas regras de mercado.

Ao mesmo tempo que o processo de formação dos Estados modernos produz a noção do "estrangeiro" a partir da territorialização do poder e constituição do governo central, é na Modernidade, especificamente a partir do século XVIII, com a Revolução Francesa (1789-1799), que os ideais iluministas trouxeram novas possibilidades de incorporação dos judeus às sociedades europeias. A lenta democratização das sociedades e Estados modernos e a constituição de direitos de cidadania universais – especialmente a igualdade civil – permitiram aos judeus serem potencialmente incluídos como cidadãos nacionais em cada uma dessas experiências. Essa possibilidade não se realizou de forma universal e ondas de antissemitismo continuaram a serem deflagradas. Contudo, de fato, hoje a maior parte dos judeus vive em sociedades liberal-democráticas, onde exercem sem limitações seus direitos de cidadania. Porém, o processo de democratização das sociedades europeias foi extremamente conturbado e grupos privilegiados buscaram de diversas formas limitar a inclusão mais universal dos diferentes grupos de indivíduos. Assim, a afirmação de identidades nacionais baseadas em características étnicas ou culturais foi um traço da história europeia nos séculos XIX e XX. Nesse contexto, os judeus sofreram diferentes formas de discriminação e perseguição, as quais culminaram com o holocausto nazista entre 1939 e 1945, que resultou no assassinato de cerca de 6 milhões de judeus e na desestruturação de comunidades judaicas em grande parte do continente, bem como da língua falada por eles, o Yiddish.

DENTRO DO ESPAÇO: MOVIMENTO SIONISTA E A FORMAÇÃO DO ESTADO DE ISRAEL

O conceito de nação e os movimentos para formação de Estados-Nação são um traço crucial da modernidade. Tais processos de formação de Estados-Nação são muito variados podendo ter como referência para a identidade coletiva a história comum, a língua, a religião, uma concepção de vida coletiva, a ascendência ou a relação com determinado território. No caso brasileiro, o Estado é um agente central desse processo; já nos casos italiano e grego, houve a organização e o desenvolvimento de um movimento social que reivindica a formação de um Estado como meio para garantir a autonomia política de um determinado grupo. A nação é uma comunidade política formada por indivíduos que, mesmo nunca conhecendo integralmente uns aos outros, compartilham signos e símbolos comuns, que os fazem reconhecer-se como pertencentes a uma mesma coletividade. Essa seção tem como foco a formação do Estado-Nação de Israel e para isso a análise do movimento nacionalista judaico, o sionismo, é fundamental para a compreensão desse processo de construção do Estado.

O sionismo surge no final do século XIX num contexto marcado pelo desenvolvimento de diversos movimentos nacionais e pela articulação por parte das elites e de movimentos sociais de formas de identidade coletiva e "comunidades imaginárias nacionais" (Anderson, 2008), que reivindicam a formação de novos Estados como forma de autonomização desses grupos. O sionismo político idealizado por Theodor Herzl, nome fundamental do movimento sionista e da luta contra o antissemitismo europeu, partia do princípio de que os judeus são uma nação, e não apenas uma comunidade religiosa, e que a fundação de um Estado judeu poderia evitar as já repetidas perseguições e desvantagens sofridas por esse povo na Europa. Desde o início do movimento, as disputas entre diferentes concepções de nacionalismo e de Estados estiveram presentes expressando a diversidade das populações judaicas na Europa e a influência de distintos movimentos nacionalistas e socialistas no continente.

Assim, especificamente, em 1897, é realizado o primeiro Congresso Sionista Mundial na Basileia, Suíça, expressando, claramente, o grau de institucionalização do movimento e seu caráter trans-europeu. O evento reuniu cerca de 200 participantes e seus principais resultados foram a formulação da plataforma sionista e a fundação da Organização Sionista Mundial, sob a presidência de Herzl. O Congresso Sionista Mundial continua sendo a mais importante reunião democrática de sionistas de todo o mundo. Elege os oficiais e decide acerca da política da Organização Sionista Mundial e da Agência Judaica. No período entre 1897 e 1901, o Congresso Sionista reuniu-se todos os anos, e a partir daí até 1946, passou a ser um encontro bienal, que era realizado em alguma cidade europeia. Atualmente, o Congresso Sionista Mundial acontece de quatro em quatro anos em Jerusalém.

Desde o início do movimento sionista, houve uma disputa acirrada sobre como seria o projeto do Estado judeu. Durante a reunião, discutiu-se onde deveria ser construído o Estado Judeu, dividindo os congressistas entre a Palestina ou algum território que seria cedido aos sionistas, como a Patagônia argentina ou Uganda, que na época era colônia britânica. Os judeus ortodoxos, por sua vez, não admitiram a existência de um movimento nacionalista judaico. Ao fim da reunião, venceram os partidários da Palestina, com o argumento de que aquela era a região de origem de toda identidade judaica na Antiguidade. As comunidades judaicas da Europa ocidental – dispondo de recursos materiais e bem integradas às nações onde estavam – contribuíram para levar o projeto adiante.

A fim de garantir a participação formal e política da comunidade judaica no sistema internacional, o movimento sionista adotou a lógica europeia, isto é, a formação do Estado-Nação moderno enquanto prerrequisito para participação nesse sistema. Assim, da mesma forma que elites locais europeias partiram dessa lógica em busca de autonomia e forma de emancipação, os judeus que já haviam migrado para Palestina no final do século XIX visaram caminhar em direção à construção de um Estado judeu. Nesse contexto foi possível para as lideranças do movimento sionista realizar uma série de negociações com a elite e o governo britânicos, que transferiu direitos de ocupação e governo para os judeus no território que integrava o então império britânico na medida em que o Império Otomano seguia seu longo curso de decadência.

Judeus no mundo: de estrangeiros a cidadãos israelenses

Em função das conquistas coloniais, grande parte da área do Oriente Médio esteve sob controle do Império Otomano entre o período de 1516-1917. Desde o século XIX, a Grã-Bretanha havia adquirido o controle sobre o Oriente Médio, mas, com o fim da Primeira Guerra Mundial, o império britânico, vitorioso, impôs seu poder sob uma área ainda mais extensa, que foi formalizado, em 1916, com o acordo Sykes-Picot, um ajuste secreto entre os governos do Reino Unido e a França que definiu uma divisão de zonas de influência entre os dois países. Vale ressaltar que esse acordo é um marco para a história do Oriente Médio, sendo considerado uma explicação crucial para a crise política que observamos hoje em diversos países da região.

Em 2 de novembro de 1917, a chamada Declaração Balfour, emitida pelo governo britânico, garante aos representantes do judaísmo sionista apoio para constituição de um "lar nacional judaico" na Palestina:

> Caro Lorde Rothschild, alegro-me em poder comunicar-lhe, em nome do governo de Sua Majestade, a seguinte declaração de simpatia pelo movimento judaico-sionista, apresentada e aprovada pelo gabinete oficial: A construção de uma pátria para os judeus na Palestina é vista pelo governo de Sua Majestade com bons olhos.
> Sua Majestade fará tudo o que for de seu alcance para facilitar os caminhos rumo a esse objetivo. Deve-se ressaltar, no entanto, que nada deve ser feito no sentido de prejudicar os direitos civis e religiosos dos povos não judeus que vivem na Palestina, ou de prejudicar os direitos e a situação política de judeus em algum outro país (Fonte: BBC, 2001).

Mas dirigentes da comunidade judaica, entre eles principalmente os sionistas no Reino Unido, esperavam ainda mais, isto é, buscavam uma promessa do governo britânico que assegurasse aos judeus o direito de um Estado próprio na Palestina. Apesar de a Declaração Balfour ter sido oficialmente confirmada pelo Tratado de Versalhes, em 1920, conferindo-lhe legitimidade perante a sociedade internacional europeia, a responsabilidade sobre o território palestino foi transferida para o Reino Unido somente no dia 24 de julho de 1922, sob a forma de um mandato da Liga das Nações. Uma vez que parte da Declaração de Balfour pertencia ao preâmbulo do contrato que regia o mandato, a administração da região foi dificultada diante da resistência dos palestinos árabes à imigração de judeus que já havia começado há algum tempo.

Apesar do ambiente hostil, o domínio britânico no Oriente Médio foi marcado pelo desenvolvimento da economia e da infraestrutura da região (ferrovias, rodovias, sistemas de abastecimento de água, etc.), atraindo novas levas de imigrantes judeus. Inclusive desde o final do século XIX, já se observava o desenvolvimento de projetos agrícolas e industriais, e de processos de financiamentos internacionais para a compra de terras pela população judaica naquela região. Certamente, tais instituições contribuíram para a formação de uma comunidade política moderna judaica.

Enquanto a liderança do movimento sionista estava reunida, discutindo como seria o Estado judeu, a primeira onda de migração de judeus para a Palestina, ou ***Aliyah***, já acontecia. A primeira migração ocorreu no final do século XVIII, quando judeus da Rússia e do Iêmen migraram para Israel. Ainda antes da formação de Israel, quatro ondas de migração de judeus para Palestina foram identificadas: antes do início da Primeira Guerra Mundial, migrantes russos chegaram à Palestina, fugindo do antissemitismo em seu país de origem. Inspirado pelo socialismo, esse grupo de judeus fundou o primeiro ***kibutz*** na Palestina. Subsequentemente ou-

ALIYAH
Literalmente, "subida"ou äscensão", em hebraico. Palavra usada para definir o ato de imigração a Israel.

KIBUTZ
É uma forma de comunidade coletivista única de Israel.

tras ondas de migração ocorreram estimuladas pelo antissemitismo, em particular o massacre nazista.

Nesse contexto, a adoção da língua hebraica como idioma nacional foi um dos marcos da formação dessa nova comunidade política. Eliezer BenYehuda (1858-1922), que emigrou para a Palestina em 1881, foi um dos empreendedores desse projeto. O Comitê da Língua Hebraica, criado em 1905, depois Academia da Língua Hebraica, executou um trabalho de construção de uma língua moderna a partir do hebraico bíblico, a qual é a língua dos textos sagrados judaicos e aquela utilizada nas práticas religiosas. Apesar de o hebraico na época ter sido uma língua utilizada apenas para práticas religiosas, o fato de tais práticas incluírem instruções sobre o dia a dia facilitou a reconstrução do hebraico como uma língua moderna.

A definição do judaísmo como base cultural e étnica da nova comunidade política foi negociada já no início do movimento sionista e estabelecida em lei logo após a formação do Estado em 1948. Nesse sentido, o direito de retorno, que garante o direito automático à cidadania israelense tanto aos judeus nascidos de mãe judia quanto àqueles convertidos ao judaísmo que não eram previamente membros de outra religião, tornou-se lei em 1950.

Somada à questão religiosa, a formação de uma força armada nacional foi um dos pilares da construção dessa nova comunidade política. Enquanto as populações judias na Europa não praticavam o uso da força como forma de resistência e organização (embora importantes exceções devam ser lembradas, como as milícias de resistência aos ataques aos judeus na Rússia na passagem do século XIX ao XX e o levante do Gueto de Varsóvia durante a Segunda Guerra Mundial e os grupos de partisans judeus nas florestas soviéticas), ao longo do processo de formação da comunidade política israelense, a relação com o uso da força muda dramaticamente.

Nesse contexto, dois nomes são de grande importância: **Joseph Trumpeldor** (1880-1920) e **Vladimir Jabotinsky** (1880-1940). Ambos foram empreendedores da formação de uma força armada judaica. De fato, já durante a primeira Guerra Mundial foram constituídos os batalhões judaicos, cujos combatentes foram recrutados na Palestina. Posteriormente, uma brigada judaica, composta por 25 mil combatentes, foi formada no período da Segunda Guerra Mundial pelas autoridades britânicas.

Finalmente, tendo em vista esses desenvolvimentos, em 1947, a Organização das Nações Unidas (ONU), no contexto do processo de criação de novos Estados nas áreas coloniais ao final da Segunda Guerra Mundial, determinou, por meio da Resolução 181, a partilha da Palestina entre dois Estados: um Judeu, que cobria 56,47% do território do Mandato Britânico (já com 823 mil habitantes) e um Árabe-Palestino, que ocupava 43,53% do território do Mandato Britânico (com 817 mil habitantes), ambos excluíam Jerusalém que seria controlada por um regime internacional (Fonte: BBC, 2001). No dia 14 de maio de 1948, seis horas antes do término oficial do Mandato britânico, **David Ben-Gurion**, que assumiria o posto de primeiro Primeiro-Ministro israelense, leu a declaração de Independência de Israel. Os Estados Unidos e a União Soviética, as potências do pós-Segunda Guerra Mundial, reconheceram rapidamente o novo Estado. No entanto, a partilha foi rejeitada por árabes e palestinos e, no dia seguinte à declaração da independência israelense, os países árabes vizinhos a Israel se uniram para atacar o novo Estado judeu. Israel resistiu e conquistou, nessa guerra, 78% do antigo território palestino, o que equivalia a 22%

JOSEPH TRUMPELDOR
Nascido na Rússia, foi um ativista sionista e ajudou a levar judeus da Europa para Palestina.

VLADIMIR JABOTINSKY
Nascido em Odessa (atual Ucrânia), foi um filósofo, líder sionista, escritor, poeta, jornalista e militar judeu.

DAVID BEN-GURION
Nascido na Polônia, imigrou para a Palestina em 1906, mas foi expulso pelo Império Otomano em 1915 em virtude de suas atividades políticas. Após o fim da Primeira Guerra Mundial, regressou à Palestina. Foi um dos líderes do sionismo socialista.

a mais do que previa o plano de partilha da ONU. Em 1949, estabeleceu-se um primeiro acordo de paz entre os árabes e o Estado de Israel, já reconhecido pelos demais membros do sistema internacional.

Entretanto, como testemunhamos hoje, a paz e a convivência harmoniosa entre os povos da região do Oriente Médio ainda não foram alcançadas. A próxima – e última – seção, analisa essa ainda breve história de Israel com foco na relação desse Estado com o sistema internacional, marcada, por um lado, por conflitos armados (ou não) motivados em sua maioria por uma afirmação *por espaço* – tanto geográfico quanto político no sistema internacional – e, por outro lado, por sua impressionante inserção no mercado globalizado.

POR ESPAÇO: ISRAEL E AS TENSÕES DA POLÍTICA INTERNACIONAL

Em um mundo cada vez mais globalizado, caracterizado pelo desenvolvimento tecnológico e consequente avanço das indústrias do transporte e da comunicação, as fronteiras entre o âmbito interno dos Estados e o internacional se tornam nebulosas. Nesse sentido, a interdependência internacional, isto é, o fato de atores e/ou eventos em diferentes partes do globo impactarem seus membros independentemente de onde estão localizados geograficamente, pode ser considerado um marco do sistema internacional contemporâneo. Essas transformações provocaram um progressivo processo de construção de normas e regras que contribuem para melhor convivência entre os diferentes atores internacionais, incluindo não apenas os Estados, mas também as organizações internacionais, empresas multinacionais e organizações da sociedade civil. A partir da implementação desses arranjos coletivos institucionalizados, argumenta-se que é possível reduzir a incerteza na relação entre tais atores, determinar os princípios aceitáveis das ações desses no âmbito internacional, fazer os atores cumprirem os acordos estabelecidos e, assim, ajudá-los a moldar suas expectativas em relação aos demais atores na arena internacional. No entanto, tal resultado depende fundamentalmente da participação dos atores centrais do sistema internacional, os Estados, nessa dinâmica. A mensagem, portanto, é clara: a fim de garantir a estabilidade e boa convivência no contexto internacional, os Estados, embora soberanos, devem participar do jogo cumprindo tais regras e normas internacionais.

É nesse contexto de interdependência internacional que essa última seção do capítulo visa compreender a relação entre Israel e o internacional. A análise está estruturada a partir de três pilares que se inter-relacionam e se correproduzem na busca e afirmação de Israel *por espaço*. As duas seções anteriores discorreram sobre o papel e desafios dos judeus *entre* os espaços no continente europeu e, depois, sobre os judeus *dentro* do espaço estatal. Aqui, por outro lado, é analisada criticamente a política externa israelense pautada por uma constante afirmação (e, em muitos casos, expansão) do espaço não apenas territorial, mas também político e econômico. Os três pilares são: (1) a inserção de Israel no mercado globalizado; (2) o conturbado processo de adequação da política israelense às normas e regras internacionais, especificamente no âmbito da segurança internacional; e (3) a produção de um território em expansão. Com base nesses três pilares, é possível compreender os processos de inclusão/exclusão entre Israel e o internacional produzidos a partir do delineamento de fronteiras –geográficas e não geográficas – definidas ao longo dessa busca por espaço. Vejamos brevemente os dados acerca da participação de Israel na dinâmica econômica internacional para, então, focar na análise dos dois outros pilares que serão discutidos conjuntamente.

Desde a independência de Israel, em 1948, sua economia esteve aberta aos mercados internacionais. Apesar de ser um Estado relativamente jovem, Israel é reconhecido como um mercado desenvolvido por muitos índices internacionais. Nesse processo de inserção internacional, em 2010, Israel se tornou membro da Organização para Cooperação e Desenvolvimento Econômico (OCDE). Já, em 2011, Israel apresentou o terceiro maior número de companhias listadas na NASDAQ (mercado de ações norte-americano) depois dos Estados Unidos e da China e mais de 60 empresas israelenses têm ações nas bolsas europeias. Ao longo das últimas décadas, percebe-se uma mudança significativa na indústria israelense: desde pequenos estabelecimentos com foco no processamento de produtos agrícolas e vestuário a uma indústria aberta altamente desenvolvida com destaque para a produção de alta tecnologia. Grande parte do desenvolvimento econômico israelense se deve a sua participação em acordos comerciais internacionais em um contexto marcadamente interdependente. Esse contraste entre a inclusão israelense na economia internacional e sua relação com os demais atores internacionais no âmbito da segurança internacional que será discutido abaixo.

Durante sua história, Israel esteve envolvido em pelo menos 10 guerras sem contabilizar os inúmeros confrontos e atentados terroristas que, infelizmente, são parte do dia a dia de israelenses e palestinos. Como vimos, em 1949, Israel vence a guerra contra os países árabes vizinhos e expande as fronteiras, enquanto a Jordânia passa a controlar a Cisjordânia e Jerusalém Oriental e o Egito anexa Gaza. Desde então, outros conflitos armados ocorreram entre Israel e os árabes e palestinos tendo como objeto de disputa o *espaço*. No que concerne à conquista de terras, é importante destacar mudanças ocorridas a partir de três guerras: a Guerra do Suez, em 1956, quando as tropas israelenses, com apoio da França e Reino Unido, declararam guerra ao Egito por ter nacionalizado o canal de Suez, cujo controle ainda pertencia à Inglaterra; a Guerra dos Seis Dias, em 1967, quando Israel conquistou o deserto do Sinai, a faixa de Gaza (Egito), a Cisjordânia, Jerusalém Oriental (Jordânia) e as colinas do Golã (Síria); e a Guerra do Yom Kipur, em 1973, quando a coalizão de Estados árabes liderados por Síria, Jordânia e Egito, que buscava retomar o Sinai e Golã, intervieram em Israel, que conseguiu manter as fronteiras estabelecidas ao final da Guerra de Seis Dias.

Embora ainda estejamos longe de testemunhar a convivência pacífica entre os povos da região do Oriente Médio, houve diversos esforços internacionais para construção da paz. Em termos da doutrina de segurança nacional israelense, é possível perceber um movimento em direção à troca de territórios por acordos de paz formais (por exemplo, como Egito e Jordânia, como será analisado a seguir) ou entendimentos informais (por exemplo, com o Líbano), acompanhados por garantias de segurança aceitáveis, incluindo, entre outras, monitoramento internacional, zonas desmilitarizadas, estações de alerta e coordenação de segurança bilateral. A Resolução 242 da ONU, em particular, aprovada pelo Conselho de Segurança em 1968, é considerada uma referência para a solução do conflito árabe-israelense. Ela prevê o reconhecimento do Estado de Israel e o retorno às fronteiras de 1967, liberdade de navegação, uma solução "justa" para a questão dos refugiados palestinos e a criação de zonas desmilitarizadas. Em 1993, a Organização para Libertação da Palestina (OLP) aceitou os pressupostos deste documento.

O primeiro acordo de paz estabelecido foi assinado em 1979 entre os governos israelense e egípcio. Os principais pontos dos chamados acordos de Camp David eram o reconhecimento mútuo de ambos os Estados, a cessação do estado de guerra que existia desde a guerra árabe-israelense de 1948 e a completa retirada por Israel da Península do Sinai, que havia sido capturada na Guerra dos Seis Dias. E, finalmente, os acordos também garantiam a passagem livre dos navios israelenses através do Canal de Suez e o reconhecimento do Estreito de Tiran e do Golfo de Aqba como águas internacionais. Assim, com os acordos de Camp David, o Egito tornou-se o primeiro país árabe a reconhecer oficialmente o Estado de Israel.

No entanto, o conflito com a população palestina, que ainda não constituiu o próprio Estado nacional, é o mais intenso e difícil de ser resolvido. Observa-se, contudo, que a constituição de dois Estados é largamente aceita como a única solução para a violência que marca a relação entre as duas populações. A temporalidade distinta dos movimentos nacionais palestino e judaico deve ser considerada na análise desse conflito. Enquanto os judeus desenvolveram um movimento nacional a partir da realidade europeia no século XIX e da construção das instituições de um Estado democrático no século XX, o movimento nacional palestino se consolidou nos anos 1960, quando uma identidade coletiva nacional palestina se torna a base do movimento de libertação e a OLP, que levaria adiante essa luta, se constituiu. A resistência palestina ao projeto nacional judaico já pode ser observada nas primeiras décadas do século XX, sendo a revolta de 1936 seu momento de maior impacto. Entretanto, somente algumas décadas depois foi possível às lideranças palestinas assumir um papel mais significativo e de maior autonomia em sua luta de resistência.

Em 1987, novamente, um intenso conflito armado se inicia: os palestinos começam uma revolta popular contra Israel, que ficou conhecida como Intifada. Munidos com meios de violência precários, os palestinos buscaram resistir à ocupação israelense. Em 1993, ao final da Intifada, foram assinados os Acordos de Oslo entre Israel, representado pelo então primeiro ministro, **Yitzhak Rabin**, e o presidente da Organização para Libertação da Palestina (OLP), Yasser Arafat, que previam o fim dos conflitos, a abertura das negociações sobre os territórios ocupados, a retirada de Israel do sul do Líbano e a definição acerca do status de Jerusalém, conforme descrito na Resolução 242 da ONU. Tais acordos criam a Autoridade Nacional Palestina (ANP), que seria uma entidade supostamente temporária com poder para negociar com Israel e para governar as áreas de Gaza e Cisjordânia. Embora os acordos de Oslo previssem um acordo final até maio de 1999, o prazo foi adiado devido aos impasses sobre Jerusalém, o retorno de **refugiados palestinos**, a permanência (e expansão) dos assentamentos israelenses e da continuidade dos atentados terroristas cometidos por palestinos.

Em 1994, 15 anos após o primeiro acordo de paz entre Israel e um país árabe, Jordânia e Israel assinaram tratado com vistas a normalizar a relação entre os Estados e compreende seis pontos principais: a demarcação da fronteira Israel-Jordânia, questões referentes aos recursos hídricos, à segurança, à liberdade de movimentos, aos lugares com significado histórico e religioso e, por último, à questão dos refugiados e pessoas deslocadas.

Em 1998, pelo acordo de Wye Plantation novos territórios foram transferidos para a jurisdição palestina. Em 2000, as negociações entre Israel e palestinos chegaram a um impasse. Por um lado, os palestinos insistiram que os refugiados deveriam ter o direito de retornar para Israel, o que resultaria em uma maioria árabe em Israel. Por outro lado, Israel insistiu na anexação de

YITZHAK RABIN
O processo de negociação e diálogo entre Israel e palestinos não foi bem recebido por todos em Israel, principalmente pela extrema-direita. Em 4 de novembro de 1995, Yitzhak Rabin foi assassinado pelo estudante judeu ortodoxo Yigal Amir, quando o primeiro ministro participava de um comício pela paz na Praça dos Reis, em Tel Aviv.

REFUGIADOS PALESTINOS
Os refugiados palestinos são definidos pela Agência das Nações Unidas de Assistência aos Refugiados da Palestina (UNRWA) enquanto aqueles que residiram na Palestina entre junho de 1946 e maio de 1948, que perderam suas casas e meios de subsistência em consequência do conflito árabe-israelense de 1948, e seus descendentes. Hoje, a UNRWA estima cerca de 5 milhões de refugiados palestinos, sendo que quando a Agência foi estabelecida, em 1950, esse número equivalia a 750 mil indivíduos.

áreas palestinas e em não interferir nos assentamentos, aceitando então apenas uma forma limitada do Estado palestino. Nesse mesmo ano, é iniciada a Segunda Intifada. Dentre os fatores que dificultam a retomada do diálogo entre as partes em conflito, estão os atentados terroristas palestinos realizados em Israel, a expansão dos assentamentos israelenses em zonas palestinas e o bloqueio militar israelense a cidades palestinas.

Além disso, os atentados terroristas ao World Trade Center, nos EUA, em 2001, impactaram diretamente o conflito israelense-palestino. Os países árabes buscaram, a partir da sua potencial contribuição na guerra contra o terror, conseguir concessões para os palestinos. Muitos americanos, por sua vez, começaram a reagir de forma distinta em relação às ações terroristas no Oriente Médio, uma vez que grupos como Hamas e Hezbollah foram categorizados como organizações terroristas, tal como a Al-Qaeda, grupo liderado por Osama Bin-Laden.

Em 2002, um enviado dos EUA apresentou pela primeira vez um esboço do Plano de Paz Internacional elaborado pelo Quarteto (EUA, Rússia, União Europeia e ONU). O acordo, oficializado em 2003, é denominado Mapa da Paz. Seu texto propõe um cessar-fogo bilateral, a retirada israelense das cidades palestinas e a criação de um Estado palestino provisório em partes da Cisjordânia e da faixa de Gaza. Em uma última fase, seria negociado o futuro de Jerusalém, os assentamentos israelenses, o destino dos refugiados palestinos e as fronteiras de ambos os Estados. Também em 2002, os países árabes pela primeira vez apresentaram uma proposta de caminho para paz, na qual oferecem a Israel o reconhecimento diplomático em troca de um acordo para um Estado palestino. A chamada **Iniciativa de Paz Árabe**,

INICIATIVA DE PAZ ÁRABE
É uma proposta composta por apenas 10 linhas, que busca a resolução do conflito entre árabes e israelenses. A iniciativa exige a normalização das relações entre Israel e a região árabe em troca da retirada total de Israel dos territórios ocupados.

endossada pela Liga Árabe, exige que Israel abra mão de todo território ocupado na Guerra dos Seis Dias, em 1967, e que defina uma solução justa para os refugiados palestinos.

No entanto, a política israelense de expansão dos assentamentos nos territórios ocupados em 1967, impediu que as negociações seguissem em frente. A forma como Israel administra tais territórios é considerada desrespeitosa ao regime de direitos humanos e ao Direito Humanitário Internacional. Inclusive, inicia-se em 2002 a construção do chamado "Muro de Israel", para formar uma barreira entre o território da Cisjordânia e Israel. O objetivo da construção do muro, idealizado pelo então primeiro-ministro israelense (já falecido) Ariel Sharon, foi a de estabelecer uma zona de segurança para os judeus, sobretudo após a Segunda Intifada. No entanto, o muro é alvo de críticas dentro e fora de Israel: especificamente, em 2004, o Tribunal de Justiça Internacional, em resposta a uma solicitação da Assembleia Geral da ONU para avaliar a legalidade da barreira, acusou a obra de ser ilegal e de separar e isolar aproximadamente 450 mil pessoas. Além disso, segundo o Tribunal, algumas partes do muro invadem territórios palestinos. O muro também dificulta o acesso dos palestinos a serviços médicos e prejudicou o desenvolvimento de atividades agrícolas nos territórios ocupados.

Somada à tensão entre Israel e palestinos permeada por negociações sobre um possível caminho para paz, começou, em 2006, a Guerra do Líbano, que envolveu as forças armadas israelenses, o Hezbollah e o exército libanês. O estopim da guerra foi a morte de três soldados e o sequestro de outros dois durante um ataque contra bases israelenses por integrantes do Hezbollah no sul do Líbano. Israel respondeu com a chamada Operação Justa Recompensa, sua maior ação militar no Líbano desde a guerra em 1982. Somente um mês depois do começo do conflito, o Conselho de Segurança da ONU aprovou a Resolução 1701, que determinava, entre outros pontos, a cessação das hostilidades, a retirada das tropas israelenses do território libanês, o desarmamento do Hezbollah e o reforço das forças armadas libanesas por uma operação de paz internacional (a Força Interina das Nações Unidas no Líbano – FINUL, ou UNIFIL em inglês) para monitorar a fronteira, no sul do Líbano.

Grupos internacionais de defesa dos direitos humanos e a própria ONU condenaram as forças israelenses por terem usado a chamada "bomba de cacho" (*cluster bomb*) no Sul do Líbano e acusaram Israel de ter propositalmente atacado civis, desrespeitando assim o Direito Internacional Humanitário. Por outro lado, organizações internacionais, incluindo a *Human Rights Watch* e a Anistia Internacional, condenaram o Hezbollah por disparo indiscriminado de foguetes. Já o Conselho de Direitos Humanos da ONU, apesar das claras violações cometidas pelo Hezbollah durante o conflito, emitiu apenas as 8 condenações contra Israel em 2006 sem citar os crimes cometidos pelo Hezbollah.

Finalmente, o último conflito armado em que Israel esteve envolvido até o momento da escrita desse texto ocorreu em 2014 contra o Hamas na Faixa de Gaza. A escalada de violência que começou em junho daquele ano entre Israel e palestinos foi o terceiro conflito do tipo desde a tomada da Faixa de Gaza pelo grupo islâmico Hamas, em 2007. O conflito começou com o desaparecimento de três adolescentes israelenses na Cisjordânia. Israel acusou o Hamas, que controla a Faixa de Gaza, do sequestro, mas o grupo não confirmou nem negou responsabilidade. Em consequência disso, Israel deslocou soldados para a área da Cisjordânia e dezenas de membros do Hamas foram detidos. Como resposta, o disparo de foguetes, que já vinha ocorrendo desde 2000, foi intensificado nesse período. Entre 8 de julho e 5 de agosto, quando foi decretada uma trégua humanitária de três dias, o conflito já havia causado a morte de 2.251 pessoas do lado palestino e de 67 soldados e seis civis do lado israelense, segundo dados do Relatório da ONU produzido pela Comissão Independente para investigação do conflito em Gaza, em resposta à solicitação do Conselho de Direitos Humanos da ONU.

Ao longo desses anos, permeados por muitos conflitos e tentativas de construção da paz, a ONU esteve envolvida num contexto de interdependência internacional, exercendo o papel de negociar acordos de cessação de hostilidades, constituição de operações de paz, reconhecimentos dos Estados nacionais e construção e monitoramento das normas de relação entre os atores internacionais. Aliado aos tratados internacionais que visam a construção da paz, as resoluções do Conselho de Segurança da ONU estabelecem um quadro de referência com legitimidade internacional para o tratamento e compreensão do conflito árabe-israelense narrado acima.

Enquanto de uma forma geral o governo israelense compreende a relevância das regras de convivência internacional e adere às mesmas em áreas como o comércio e a proteção do meio ambiente, no campo dos Direitos Humanos Israel tem sido frequentemente acusado de violação de certas normas, como aquelas que tratam da prática de tortura e da discriminação de setores da população. Israel é acusado de desrespeito ao direito humanitário, que trata do comportamento no contexto de conflitos armados. Em particular, no último confronto na Faixa de Gaza em 2014, Israel foi condenado internacionalmente por atacar alvos civis, como hospitais e escolas. Nesse contexto, é fundamental ressaltar que o Hamas também foi acusado de violar normas internacionais por lançar foguetes contra o território israelense. Tais violações foram amplamente rejeitadas no âmbito internacional e estão descritas em resoluções da ONU. Em um contexto internacional, no qual as fronteiras entre público/privado, combatente/civil, estatal/não-estatal e, fundamentalmente, guerra/paz tornaram-se tão nebulosas, questões como proporcionalidade na guerra e normas do sistema internacional são colocadas em xeque e julgamentos acerca da legitimidade das ações de cada lado do conflito demandam, no mínimo, uma reflexão cuidadosa e bem fundamentada.

Enfim, esse texto buscou refletir sobre a inserção de Israel no sistema internacional, considerando tanto o seu destaque no âmbito econômico quanto o turbulento processo de proteção, afirmação e expansão territorial em uma região onde seus vizinhos são vistos como ameaças constantes. Nesse contexto, a manutenção de uma aliança estratégica com os EUA, na condição de potência global, e a destruição dos recursos dos potenciais inimigos são dois pilares fundamentais da política externa israelense. Em outras palavras, o unilateralismo em detrimento da diplomacia e do cumprimento das normas internacionais é cada vez mais a estratégia adotada por Israel, como testemunhamos nas práticas empreendidas pelo atual governo israelense, liderado pelo primeiro-ministro Benjamin Netanyahu. No entanto, vale ressaltar que depois do acordo de paz firmado entre Israel e Egito em 1979 não houve mais nenhum confronto militar entre os Estados da região. Trata-se então de mudar as relações com a população palestina e com as populações árabes em diferentes países. Para tanto, o investimento de organizações não governamentais que buscam o contato direto e a humanização mútua tem um papel crucial a desempenhar. Os países que tem recursos e legitimidade para contribuir para negociações que visem a estabilização das regras de convivência na região também são peças fundamentais. Sabemos que rivalidades de longa duração já tiveram desfechos positivos em outros tempos e lugares e esta é certamente a perspectiva que faz desse texto apenas um pedaço da história dos judeus no universo internacional.

“ PROVÉRBIOS

אַפֿילו דער רײַכסטער זייגער האָט ניט מער ווי זעכציק מינוט.
Afile der raykhster zeyger hot nit mer vi zekhtsik minut.
Até o mais caro dos relógios não tem mais do que 60 minutos.

גנבֿים און פֿאַרליבטע האָבן ליב פֿינצטערניש.
Ganovim un farlibte hobn lib fintsternish.
Ladrões e amantes gostam do escuro.

”

contos

A OBRA DO ALFAIATE E A DE DEUS

Um rabino encomendou um par de calças. Seu alfaiate prometeu:

– Eu lhe entregarei a encomenda dentro de uma semana, na próxima sexta-feira.

O alfaiate, porém, não cumpriu sua promessa e trouxe as calças três dias depois do prometido.

O rabino experimentou-as e ficou satisfeito, pois não apresentavam nenhum defeito. Pagou ao alfaiate e perguntou:

– Explique-me por que Deus levou somente seis dias para criar o mundo e você, para fazer um par de calças, demorou dez.

O alfaiate levantou a cabeça e respondeu seriamente:

– Meu Rabi! Olhe para a minha obra! Não possui um defeito sequer. Agora olhe para o mundo, a obra do Altíssimo, louvado seja!

RECEITAS

PASTA DE HUMMUS TAHINE

Originalmente uma alimentação característica dos sefaradis, é uma das comidas mais típicas de Israel.

INGREDIENTES

- ½ kg de grão de bico
- 2 colheres (sopa) de tahine (pasta de semente de gergelim)
- 1 dente de alho
- Sal a gosto
- Limão a gosto
- Caldo do cozimento do grão de bico

MODO DE PREPARO

Cozinhe o grão de bico na panela de pressão e tire a casca. Bata no liquidificador o grão de bico, o tahine, o alho até ficar bem homogêneo. Se ficar muito grosso, vá acrescentando, aos poucos, a água do cozimento do grão de bico. Tempere com sal e limão a gosto. Na hora de servir, jogue por cima azeite e salsinha picada.

ANNE FRANK,

uma conversa infinita

ROSANA KOHL BINES

Em 21 de junho de 1942, a estudante Anne Frank anota em seu diário ter medo de ser reprovada em matemática. O professor Keesing, "o velho turrão", havia ficado furioso porque a jovem conversava demais durante as aulas. Como punição, manda Anne escrever uma redação sobre o tema "Uma tagarela". Como a aluna continuou a falar na aula seguinte, ele exige uma nova redação com o título de "Uma tagarela incorrigível". O professor nada tem a reclamar por duas aulas seguidas, mas na terceira "ele se encheu" com o comportamento reincidente: "- Anne Frank, como castigo por falar na aula, escreva uma redação chamada 'Quac, quac, quac, tagarelou a dona pata'". A tentativa de ridicularizar a aluna rende muitas gargalhadas na turma, contudo a jovem não se acanha. Se o professor tentava fazer piada com ela, ela iria garantir "que a piada se voltasse contra ele". Escrever a famigerada redação se torna então uma demonstração de força. Com espírito combativo, mas não menos zombeteiro, Anne Frank produz um texto todo em versos sobre três patinhos que foram bicados até a morte pelo pai-cisne, porque grasnavam muito. A engenhosidade da composição encanta o professor, que se curva ao revide bem-humorado e homenageia a estudante, recitando o poema em voz alta, não apenas diante dos colegas de Anne Frank, mas também em várias outras turmas da escola. O pequeno relato desse duelo acadêmico termina assim:

"Desde então ele me deixa falar e não passou deveres extras. Pelo contrário, hoje em dia Keesing vive fazendo piadas" (entrada de 21 de junho de 1942).

A conclusão do episódio evidencia o notável poder de ação do poema, capaz de criar cumplicidade entre mestre e aluna, onde antes imperava a hierarquia disciplinadora. Trata-se sobretudo de uma cumplicidade firmada discursivamente, já que o professor abandona a língua do mando e da intimidação e adota a língua tagarela e bem-humorada de Anne Frank. Ele não apenas passa a fazer piadas regularmente, mas se torna também um recitador das palavras que a estudante produziu, entoando-as com a própria voz e referendando-as em dimensão pública no espaço escolar. Nessa queda de braço com as palavras, não há dúvida de que a estudante sai vitoriosa. De fato, Anne Frank parece ter compreendido muito cedo que o campo discursivo é zona de conflito e que o manejo criativo da escrita pode ser um fator decisivo nessa batalha. Afinal, o poema dos patinhos *age* de forma incisiva no mundo, ao alterar o campo de forças existente, reconfigurar as interações humanas, embaralhar os lugares habituais de fala e expandir, com rebeldia, as formas de dizer do professor. O poema devém ato insurgente, que desloca o interlocutor sisudo de sua posição professoral, propondo-lhe a aquisição de uma nova língua – um *qua, qua, qua* renitente que desabilita a voz impostada do mestre, conferindo-lhe um novo registro, menos controlado e mais visceral. Afinal, quem aprende a grasnar como os patos abre-se a uma experiência de metamorfose, que afeta a própria autoridade do falante. Já não se pode supor que o professor seja "dono" exclusivo de seu discurso. Porque falam ali outras vozes, insidiosas, infiltradas. Vozes sobreviventes?

Os patinhos não querem morrer e grasnam alto para chamar a vida. A escrita de Anne Frank amplifica esse canto vital, aumenta a voltagem das palavras, fazendo uma aposta alta em seu poder de propagação e impregnação. Pela escrita, fazer valer a tagarelice, tomada aqui como sinônimo de uma língua desimpedida. No sufoco, tornar a escrita, mesmo a mais solitária e confinada, num local superpopuloso e de grande circulação, que chama os leitores para uma conversa infinita.

Segundo o escritor italiano Ítalo Calvino, "um clássico é um livro que nunca terminou de dizer aquilo que tinha para dizer" (Calvino, 2007, p.11). Esta feição "tagarela" não se mede pelo número de páginas da obra, mas por sua qualidade germinativa. A obra não se esgota na primeira leitura e mantém viva a capacidade de gerar inquietude. Se *O Diário de Anne Frank* "fala ainda hoje", é porque continua a proliferar perguntas e a encorajar leitores de diversos tempos e lugares a imaginar o mundo diferentemente. E tal poder de mobilização da obra conecta-se certamente à presença de uma narradora talentosa e bastante atenta à construção do texto e aos seus potenciais efeitos de leitura. Em geral, costuma-se valorizar no diário o seu caráter espontâneo, destituído de preocupações literárias, como se o teor de verdade da obra fosse incompatível com a criação artística. Ou bem testemunho da guerra, ou bem obra literária. Esta dicotomia só enfraquece a complexidade do diário. Qualquer experiência transformada em escrita é reinventada. Quando a pessoa de carne e osso se converte em narradora de si mesma e sua vida passa a ser contada com palavras, seria ingênuo supor que a linguagem refletisse de modo integral e transparente o "mundo real". A passagem do mundo à página produz necessariamente reconfigurações do vivido, mesmo porque escrever implica mobilizar uma série de convenções, ainda que muitas vezes estas nos pareçam invisíveis.

É possível que sequer reparemos na alternância inteligente no texto entre "mostrar" e "contar", ou seja, entre apresentar a cena em discurso direto, utilizando travessões para indicar a fala dos personagens, e comentar a cena em discurso indireto pela interferência da narradora, mas trata-se de expedientes narrativos que interferem de maneira expressiva na experiência de leitura do diário. Por exemplo, na entrada de 10 de março de 1943, a jovem escritora relata a reação de uma das ocupantes do anexo secreto aos disparos incessantes de canhões vindos de fora, utilizando com mordacidade o jogo entre discurso direto e indireto. A interferência da narradora produz comentários ácidos à fala da Sra. Beaverbrook e faz pouco de seu pavor, construindo assim uma lente crítica para "ver" a cena:

> Os canhões que atacam fazem tanto barulho que você não consegue ouvir a própria voz. A Sra. Beaverbrook, a fatalista, praticamente caiu no choro e disse, numa vozinha tímida:
> – Ah, é tão horrível. Ah, os canhões fazem tanto barulho! – O que é outra maneira de dizer: "Estou tão apavorada!" (entrada de 10 de março de 1943)

A forma como nos aproximamos da situação descrita acima e de tudo aquilo que nos é dado a ver e sentir a cada página do diário é um efeito de certos modos de dizer. A escrita cria mediações, produz perspectivas de aproximação e distanciamento das situações narradas, faz recortes, filtra, amplia ou reduz cenas, varia o ritmo do relato, demorando-se mais ou menos tempo neste ou naquele episódio, destaca um detalhe expressivo e também nos cega para a percepção de outros tantos.

A mobilização destas estratégias não torna o diário menos autêntico ou verdadeiro, e sim amplia nossa experiência imaginária, permitindo-nos intensificar nosso contato com a história de Anne Frank. Ao fim e ao cabo, não estamos diante de um registro informativo da guerra. O diário não nos pede que simplesmente *constatemos* o ocorrido, mas que façamos algo muito mais ousado e contundente: *imaginar* a vida que vibra naquelas páginas. "O diarista que ergue uma caneta em tempos de guerra começa a contra-atacar a amputação da imaginação que ameaça nossas capacidades de empatia e compaixão" (Challenger, 2008, p. 25). A frase faz parte do texto de apresentação do livro *Vozes roubadas: diários de guerra*, significativa antologia que reúne quatorze diários escritos por crianças e jovens em meio a conflitos ao redor do mundo. Em todos os diários compilados no livro, as organizadoras Melanie Challenger e Zlata Filipovic observam um denominador comum, também flagrante nas páginas de Anne Frank: a determinação em sobreviver está conectada à obstinação da escrita. Contra o imperativo nazista "é preciso que tu não sejas", as palavras martelam afirmativamente "nossa obsessão em ser", para retomar os termos usados por Robert Antelme, no assombroso livro *A espécie humana*, em que reconta sua experiência nos campos de Gandersheim e Dachau (Antelme, 2013, p. 85). É deste embate feroz que se alimenta a escrita testemunhal. Cria-se um campo de ação para o exercício da subjetividade, mantendo ativa a capacidade de fabular, de projetar enredos e emoções, de perspectivar o vivido, de ensaiar sentidos para experiências silenciadoras, que empurram o humano, literalmente, para a combustão. Criam-se com palavras zonas de respiro em meio a universos irrespiráveis, por onde a experiência sensível possa circular e expandir-se.

Soprar vida na linguagem, fazer da linguagem um espaço vital: "Para quem não tem mais pátria, é bem possível que o escrever se torne a sua morada" (Adorno, 1992, p. 75). A frase do filósofo alemão Theodor Adorno, extraída do livro *Minima Moralia*, ecoa e desloca a proverbial associação do povo judeu como povo do livro, para quem a Torá é uma tenda portátil, que pode ser transportada em momentos de perigo, para acompanhar e suster o povo em sua longa história de nomadismos e desterros. No contexto da *Shoah*, a frase de Adorno já não mais imagina uma comunidade reunida ao abrigo do livro, sob a proteção divina. A relação com a palavra escrita ganha uma dimensão agônica, desamparada dos elos comunitários e religiosos. Acentua-se a sensação de isolamento do indivíduo diante da tarefa de erguer solitariamente, de próprio punho, uma casa-palavra onde possa vir a habitar. E por habitável, entende-se aqui a possibilidade de estabelecer, pela via da escrita, um local em que se possa existir, em que se possa manifestar a vida, e não apenas em sua dimensão subjetiva, mas também em sua dimensão mais corpórea e elementar. Pois ao correr o lápis sobre o papel, letra a letra, o que vai ali impresso, para além do conteúdo narrado, é o próprio gestual do corpo, empenhado em prolongar as linhas da vida pelas linhas do texto. Cada nova página do diário testemunha a conquista de mais um dia de vida. Pois onde há escrita, há corpo, há mãos, há gesto, há respiração. É esta dimensão palpável das experiências de guerra que se torna também perceptível no diário de Anne Frank. Encontramos ali um texto "quente", em que se pode sentir a "impressão digital da carne", como expressou com precisão a escritora sul-africana Nadine Gordimer, citada no prefácio à coletânea de diários de guerra, *Vozes roubadas*.

Nesta perspectiva, podemos ler o recurso à datação no diário como impressão digital de um esforço – subjetivo e corpóreo – de estabelecimento de uma cronologia de vida que faça frente às rupturas e descontinuidades da experiência sofrida. Como registrar no tempo sucessivo das datas uma experiência de exceção, que interrompe violentamente o fio da vida, cancelando o futuro num sótão apertado? Esta tensão estirada marca o diário. Ali, inscreve-se um embate entre a condição absolutamente excepcional da diarista e os registros "cotidianos" de uma adolescente "típica". O uso de aspas marca a impertinência desses termos, que soam deslocados, fora de lugar, frente a uma situação de vida e escrita que nada tem de típica ou rotineira. As datas no diário expõem um contrassenso. Delas, se pode dizer aquilo que Guimarães Rosa, em contexto muito diverso, prefaciou sobre seu livro *Tutameia*: "O livro pode valer pelo muito que nele não deveu caber" (Rosa, 2001, p. 40). De forma análoga, a força do texto de Anne Frank está também no muito que ali não deveu caber. As datas que antecipam cada entrada no diário evidenciam um desencaixe acentuado, posto que o teor indomável da experiência rivaliza com as tentativas de encadeamento temporal. Ali está um material que pressiona, excede e rasura os dispositivos de contenção e organização próprios ao gênero-diário:

> Sexta-feira, 10 de março de 1944.
> Minha querida Kitty, O provérbio "A desgraça nunca vem sozinha" definitivamente se aplica ao dia de hoje. Peter acabou de dizer isso. Deixe-me contar todas as coisas horríveis que aconteceram e que ainda estão pairando sobre nossas cabeças.

O que as datas marcam com aterradora regularidade, entrecortando a banalidade dos dias, é o agravamento das privações. À medida que o tempo passa, as possibilidades de vida ali se tornam mais tênues. E, no entanto, paradoxalmente, *algo* persiste. Dentre os dispositivos de resistência que Anne Frank ativa para manifestar a vida em espaço exíguo, impõe-se a relação cotidiana e desmedida com a escrita, *apesar de tudo*. Por isso as datas marcam também o ritmo de uma renovação incessante desta conexão com as palavras, o que confere ao diário uma energia pulsional fortíssima. Afinal, tudo ali está por um fio, sempre na iminência do gesto interrompido. A narrativa concentra esse sentido de urgência. É preciso anotar mais uma vez, porque o silêncio ameaça se impor a todo momento.

Tal investimento contundente no ato de escrever transparece em diversas passagens do diário, em que Anne Frank expressa consciência autoral e avalia a qualidade de seus escritos, projetando a auto-imagem de uma escritora ciosa de suas práticas:

> Sou minha crítica melhor e mais feroz. Sei o que é bom e o que não é. A não ser que você escreva, não saberá como é maravilhoso; eu sempre reclamava de não conseguir desenhar, mas agora me sinto felicíssima por saber escrever. E se não tiver talento para escrever livros ou artigos de jornal, sempre posso escrever para mim mesma. (entrada de 5 abril de 1944)

Desde a abertura do diário, Anne Frank demonstra também preocupação em tornar seu relato envolvente para futuros leitores, projetando uma sobrevida aos seus escritos: "Quero continuar vivendo depois da morte! E é por isso que agradeço tanto a Deus por ter me dado este dom, que possa usar para me desenvolver e para exprimir tudo o que existe dentro de mim" (entrada de 5 de abril de 1944). Ela se coloca constantemente na posição de leitora de seus próprios registros e assim antecipa reações possíveis ao relato, ajustando a estrutura do texto para capturar a atenção de quem lê. Preocupada em não deixar os leitores no escuro, procura situá-los na trama e no formato epistolar, já que o diário é composto por uma série de cartas a "Kitty", interlocutora imaginária que dá nome ao diário. Para tanto, produz uma pequena e esclarecedora introdução:

> Foi por isso que comecei o diário. Para melhorar a imagem do amigo há muito tempo esperado em minha imaginação, não que-

ro jogar os fatos neste diário do jeito que a maioria das pessoas faria; quero que o diário seja como uma amiga, e vou chamar esta amiga de Kitty. Como ninguém entenderia uma palavra de minhas histórias contadas a Kitty se eu mergulhasse direto nelas, é melhor dar um breve resumo de minha vida, *por mais que eu não goste de fazer isso*. (entrada de 20 de junho de 1942, grifo meu)

O que significa escrever sem gostar "de fazer isso", escrever "contra a vontade"? Não seria resistir à escrita espontânea em favor de uma estrutura narrativa mais atenta aos leitores? Anne Frank manifesta diversas vezes ao longo do diário as suas tomadas de decisão, bem como as suas dúvidas acerca do que relevar, sempre tendo como horizonte um leitorado em potencial. Daí o empenho em descrever cada detalhe da arquitetura do sótão, num minucioso esquadrinhar que em nada serve à própria diarista, que certamente conhecia tão bem aquele espaço, mas que atende às lacunas de quem lê, provendo o mobiliário necessário para que imaginemos o lugar:

> Uma escada de madeira liga o corredor de baixo ao terceiro andar. No topo da escada há um patamar com portas dos dois lados. A porta da esquerda leva à área de depósito de temperos e aos sótãos na parte frontal da casa. Um lance de escadas tipicamente holandês, muito íngreme, também leva da parte da frente da casa até outra porta que se abre para a rua. A porta à direita do patamar leva ao Anexo Secreto nos fundos da casa. Ninguém jamais suspeitaria da existência de tantos cômodos por trás daquela porta cinza e lisa (...). Aí está. Agora já apresentei a você todo o nosso adorável Anexo! (entrada de 9 de julho de 1942)

No dia seguinte, Anne Frank reavalia o excesso descritivo e apresenta sua justificativa: "Provavelmente deixei você chateada com minha longa descrição da casa, mas ainda acho que você deveria saber onde fomos parar" (entrada de 10 de julho de 1942). Assim a escrita vai calibrando habilmente porções mais objetivas, dedicadas a sondar o ambiente físico, a outras de maior densidade introspectiva, de sondagem interior, criando um texto dinâmico, numa estrutura que a crítica literária norte--americana Francine Prose chamou de "composição sinfônica":

> Parte do que nos mantém lendo com tão embevecida atenção são as mudanças regulares, mas imprevisíveis, entre opostos de tom e conteúdo – entre domesticidade e perigo, entre o privado e o histórico, entre metafísica e alta comédia. Uma das mais intrigantes dessas oposições é a tensão entre o extraordinário e o banal, o extremo e o normal, o jovem gênio e a adolescente típica. (Prose, 2010, p. 95)

A crítica corrobora a tese de que o diário é uma obra-prima literária, e não apenas uma compilação de efusões espontâneas de uma adolescente de 13 anos. Suas páginas não seriam simplesmente escritas, mas *pensadas* por uma escritora consciente de seus recursos estilísticos e empenhada em autoeditar-se para atingir de forma mais vívida a sensibilidade dos leitores.

Com base na *Edição Crítica do Diário*, publicada pelo Instituto Holandês para Documentação de Guerra em 1986, Francine Prose chama a atenção para o fato de que o *Diário* publicado por Otto Frank, pai de Anne, foi, na verdade, uma compilação de duas versões: Anne Frank escreveu o primeiro rascunho aos 13 anos, em um caderno de capa dura, e a segunda versão foi reescrita aos 15, em folhas avulsas, que trazem evidências de seu processo criativo, contendo revisões das páginas originais.

Nas semanas que precederam sua prisão, Anne dedicara--se a reescrever porções significativas de seu rascunho inicial, além de produzir uma lista de pseudônimos que pensava utilizar em substituição aos nomes dos companheiros do Anexo Secreto, preocupada que estava em não ferir as pessoas com que convivera, caso o livro chegasse a ser lido na posteridade.

Como nos mostra Prose, estudos comparando a evolução da caligrafia de Anne Frank, ao longo dos dois anos em que ficou escondida, atestam que algumas entradas com data de 1942 foram de fato reescritas por Anne em 1944. Graças aos seus méritos como escritora, Anne consegue reencenar, aos 15 anos, de uma perspectiva mais madura, a menina tagarela e impetuosa que ela fora aos 13 e que seguramente já não era mais no momento em que reescreve o original.

Ademais, quando Anne escreve na anotação de 20 de junho de 1942 – "não estou planejando deixar que ninguém mais leia esse caderno de capa dura que geralmente chamamos de diário" –, ela já não está mais de fato escrevendo naquele caderno e sim nas folhas avulsas. Suas revisões indicam que pretende publicar o material, na esperança de estar contando uma história que responderá ao apelo do ministro da Educação da Holanda no exílio, como nos explica mais detalhadamente Francine Prose:

> Em 29 de março de 1944, os moradores do anexo secreto se reuniram em volta do rádio clandestino para ouvir um programa de notícias da Holanda transmitido de Londres. No decorrer do programa, Gerrit Bokestein, o ministro de Educação, Arte e Ciência do governo holandês no exílio, reivindicou o estabelecimento de um arquivo nacional para abrigar "os documentos comuns", diários, cartas, sermões e assim por diante – escritos por cidadãos holandeses durante a guerra. Esses papéis, disse o ministro, ajudariam gerações futuras a compreender o que o povo da Holanda havia sofrido e superado. (Prose, 2010, p. 18)

Anne Frank relata esta audição de rádio e comenta como no anexo "todo mundo lembrou imediatamente do meu diário" (entrada de 29 de março de 1944). Fica evidente que os escritos de Anne Frank parecem a todos e a ela própria um material relevante para o almejado arquivo nacional holandês, a ser produzido com os diários e cartas escritos por pessoas comuns durante a guerra. A partir da primavera de 1944, Anne começa então a editar o caderno de capa dura, buscando aperfeiçoar o livro que pretendia ver divulgado no pós-guerra. Em suas reelaborações do original, Anne discursa sobre ela mesma, desdobrando-se em dois para refletir-se "como se fosse uma estranha":

> Tenho uma característica notável que pode ser óbvia para qualquer pessoa que conviva comigo há algum tempo: eu me conheço bastante. Em tudo que faço, *posso me ver como se fosse uma estranha*. Posso me afastar da Anne de todos os dias e, sem preconceitos ou sem me desculpar, ver o que ela está fazendo, tanto as coisas boas quanto as ruins. Essa autoconsciência nunca me abandona, e todas vez que abro a boca, penso: "Você deveria ter dito isso de um modo diferente", ou "Está ótimo assim." (entrada de 15 de julho de 1944, grifo meu)

Tal disposição para observar-se "de fora" é responsável por momentos de grande força imaginativa, porque nos desdobramentos da voz narrativa está o princípio ativo da produção ficcional. Dito de outra forma, o exercício de "ser mais de um" abre caminhos para que as coisas descritas pela diarista possam se transformar em "outras". Um exemplo cômico deste desdobramento inventivo está no trecho em que Anne Frank imagina um "duplo" para o seu diário, na figura de uma vaca entediada:

> Querida Kitty,
>
> Hoje de manhã me perguntei se você já sentiu como uma vaca, tendo de ruminar minhas notícias velhas sempre e sempre, até ficar tão cheia dessas monotonias a ponto de bocejar e desejar secretamente que Anne descubra alguma coisa nova. (entrada de 28 de janeiro de 1944)

A ironia é um dos benefícios deste dispositivo de duplicação e deslocamento metafórico, por meio do qual renovamos o olhar para o mundo e para nós mesmos, reinventando assim a paisagem do possível, com senso crítico e imaginação. Não há nada de trivial nesta atitude de desencaminhar as coisas de seu habitat "natural" e de transferi-las para novas e inusitadas paragens. O diário-como-vaca é uma imagem potente e ousada, espécie de imaginação extrema, nas raias do *nonsense*. Ao arrastar o diário para a paisagem do pasto não se está a afirmar também que mesmo a cena mais implausível pode ganhar uma forma? Por mais sombrias as condições de produção do diário, a ação de escrever parece manter acesa a possibilidade de que nada se mantenha em definitivo, de que tudo possa vir a ser diferente.

Na derradeira entrada do dia 1º de agosto de 1944, Anne desdobra-se uma última vez: "... e tento achar um modo de me transformar no que gostaria de ser e no que poderia ser se..." Sabemos que a imaginação de Anne Frank foi radicalmente suprimida três dias depois, quando a *Grüne Polizei* arrombou o Anexo Secreto. Há mais de setenta anos, leitores de todo o mundo têm respondido ao silêncio imposto, ao abrirem o *Diário* para deixar falar o que ainda não terminou de falar.

PROVÉRBIOS

איין אויג האָט מער גלויבן ווי צוויי אויערן.
Eyn oyg hot mer gloybn vi tsvey oyern.
Acredite mais em um olho do que em dois ouvidos.

אַז דאָס האַרץ איז פֿול, גייען די אויגן איבער.
Az dos harts iz ful, geyen di oygn iber.
Quando o coração está cheio os olhos transbordam.

contos

A PRECE DOS REBANHOS

A tradição judaica conta a história de um pastor que sempre dizia ao Senhor: "Mestre do Universo, se tiveres um rebanho, eu o guardarei de graça, pois Te amo".

Certo dia, um sábio ouviu a estranha prece. Preocupado com uma ofensa a Deus, ensinou ao pastor as rezas que conhecia. Mas, assim que se separaram, o pastor esqueceu as orações; entretanto, com medo de ofender a Deus pedindo para guardar rebanhos, resolveu abandonar por completo qualquer conversa com Ele.

Naquela mesma noite o sábio teve um sonho: "Quem guardará os rebanhos do Senhor?", dizia um anjo. "O pastor rezava com seu coração, e você ensinou-o a rezar com a boca".

No dia seguinte o sábio voltou ao campo, pediu perdão ao pastor, e incluiu a Prece do Rebanho em seu livro de salmos.

– Eu também... – concluiu o sábio.

O FASCÍNIO E A FORÇA DA PALAVRA

JÚLIO CESAR VALLADÃO DINIZ

> A continuidade judaica sempre se articulou em palavras proferidas ou escritas (...).
> A nossa não é uma linhagem de sangue, mas uma linhagem de texto.
>
> (Amos Oz e Fania Oz-Salzberger, *Os judeus e as palavras*)

Este texto não tem como objetivo buscar possíveis definições para o improvável verbete "literatura judaica". Parte-se do princípio de que rotular autores e obras, insistir em definições fechadas e conceitos absolutos, impor mais uma vez às manifestações culturais identidades regionais e nacionais intransitivas não fazem parte das discussões mais férteis e plurais sobre a cultura contemporânea e, em particular, as produções artísticas.

De acordo com Joseph Lowin:

> O que faz com que uma narrativa seja judaica? Seu tema? Poderia alguém escrever uma narrativa não-judaica sobre um tema judaico do mesmo modo que é possível pintar um quadro cristão sobre um tópico do Velho Testamento? O que faz uma narrativa ser judaica: será a religião, a nacionalidade ou a etnicidade? O judaico da narrativa seria determinado pelo idioma – iídiche, hebraico ou ladino? Talvez a intenção do escritor ou escritora possa determinar o teor judaico do seu discurso literário (...) talvez

sejam os leitores que façam com que uma história seja judaica. Há bastante verdade nesta afirmação. Mas não a verdade inteira. (Lowin, 1986, p. 195-196)

O desejo deste curto ensaio é tentar falar do fascínio e do poder que a palavra escrita provoca na produção ficcional de escritores de origem judaica no Brasil, pertencentes a uma genealogia do nomadismo e da errância. O desejo é falar de narrativas, de histórias de vida e de sofrimento, de traumas e afetos, das memórias familiares, dos estranhos estrangeiros que nos habitam.

O primeiro movimento deste texto é dedicado a três autores que iniciaram com muito sucesso a sua trajetória literária neste século: Tatiana Salem Levy, Michel Laub e Ronaldo Wrobel. A segunda parte consiste na leitura do conto *A menor mulher do mundo* de Clarice Lispector, cuja obra não apresenta personagens, traços culturais e questões filosóficas diretamente ligados ao judaísmo, mas é atravessada pela ambiência e inquietação da milenar história dos hebreus.

◆ ◆

Há uma significativa transformação da cena literária no Brasil nos primeiros anos do século XXI. Surgem novos e talentosos escritores que representam uma renovação tanto nos aspectos formais, construção da linguagem e escolha das mídias, quanto na renovação de determinados campos de interesse temático e na sua abordagem estética e política. Dentre esses inúmeros escritores que despontaram recentemente, três romancistas que podem ser localizados num campo específico e inovador da literatura brasileira contemporânea, merecem destaque, como já foi indicado anteriormente: Tatiana Salem

Levy, autora de *A chave de casa* (2007); Michel Laub, cujo premiadíssimo trabalho intitula-se *Diário da queda* (2011); e Ronaldo Wrobel, autor de *Traduzindo Hannah* (2011).

Os três autores publicaram as suas obras, independentemente da idade de cada um, nesse interessante e problemático momento pós-utópico marcado pelo ocaso das vanguardas e pelo esgotamento do projeto da modernidade. Entre prefixos que se perdem no vazio da retórica midiática de nosso tempo, os escritores citados demonstram, sem dúvida, duas características essenciais: a qualidade de sua escrita e domínio das ferramentas e dispositivos da ficção; e a afirmação do valor do "comum" como matéria do nosso tempo. São autores que lidam, na contemporaneidade, com questões ligadas aos novos cenários da escrita no campo das *tradições* e *traduções* da cultura judaica no Brasil.

Apesar da inquestionável diferença de abordagem, as obras de Tatiana, Laub e Wrobel se aproximam a partir de três eixos formadores de uma singular potência narrativa: 1. O lugar da memória como invenção e ficção; 2. A tensão entre individualidade e coletividade; e 3. O fascínio pela força da palavra.

A memória é aqui compreendida como a partilha possível de uma escrita que busca em sua precariedade deslizar no campo da sensibilidade e do afeto. Não há, propositalmente, como em outros momentos da literatura na modernidade, a monumentalização e a fetichização da memória como possível acerto de contas com a história, muito comum nas narrativas centradas no testemunho e/ou na ideia de reparação da verdade. O holocausto, a ditadura Vargas e o golpe de 64, referências históricas presentes nos três romances aqui citados, não estão no lugar do trauma que tem que ser lembrado sem reflexão crítica e aprofundamento conceitual, mas no espaço de constituição e construção de novas narrativas, de produção de instigantes subjetividades.

São narrativas-fotogramas, jogo especular de imagens que circulam entre o ocultamento e a revelação de histórias vividas e inventadas, de quedas, traições e traumas, de personagens do presente-passado que, sob o olhar lusco-fusco dos fantasmas, atormentam os narradores do presente. São narrativas que contam boa parte da história das vozes errantes da diáspora judaica que ajudaram a inventar o Brasil. Antes das narrativas-fotogramas de Tatiana, Laud e Wrobel representarem alguma ideia ou motivo, elas se tornam *puzzle*, caleidoscópio, escrita possível de outras vidas, outros grupos, outras quedas, traumas, dores, paixões, resistência, memória. O álbum de família dos judeus que chegaram ao cais da América é o testemunho vivo do *mal do arquivo* que desbota as fotos, faz amarelar os corpos, congela o tempo histórico. É na escrita, e somente na escrita, que a potência da rememoração se faz vida, existe como laço de presente e de família. Nas palavras do poeta judeu egípcio Edmond Jabès, "dificuldade de ser Judeu, que se confunde com a dificuldade de escrever; pois o judaísmo e a escritura constituem uma única espera, uma única esperança, uma única usura" (apud Derrida, 1971, p. 54).

No romance de Tatiana Levy, a personagem-narradora recebe do avô a chave de/da casa da família em Esmirna, na Turquia, e resolve reconstruir a trajetória da imigração para tentar dar conta do seu próprio presente. Em *Diário da queda,* o narrador se depara com o diário secreto do avô, sobrevivente de Auschwitz, e o livro de memórias do pai, e passa a ser ele mesmo o narrador em abismo das memórias das três gerações. No texto de Ronaldo Wrobel, o sapateiro polonês Max Kutner, diante da convocação da polícia política do Estado Novo para cooperar na vigilância dos judeus no Rio de Janeiro, recorre à sabedoria do avô Shlomo, espectro que habita o quartinho onde mora. A voz do *zêide,* presente nas três obras, constitui-se, ela mesma, o lugar da tradição que será traduzida (em hebraico, iídiche e português) por outras vozes narrativas. Os romances citados apontam para a escrita como a memória possível e legível do contemporâneo, atos performáticos que resistem à cegueira pelo excesso de luz e vai buscar na escuridão a capacidade "de escrever mergulhando a pena nas trevas do presente", como afirma Agamben.

A busca da narrativa ficcional *na* e *com* a linguagem, exorcizada da gramática, despida de significados, rasurada do dicionário, mostra-se nos três autores como um dispositivo que tenta capturar uma matéria viva que se revela incompleta, obscura, deslizante e indizível. O fracasso de entendimento das vozes que precedem às dos narradores é, ele mesmo, o que de mais poderoso e latente essas escritas de invenção de memórias têm a nos oferecer, leitores que também vivem na diáspora multicultural e multiétnica de nosso presente. Como nos diz Clarice Lispector:

> Eu tenho à medida que designo – e este é o esplendor de se ter uma linguagem. Mas eu tenho muito mais à medida que não consigo designar. A realidade é a matéria-prima, a linguagem é o modo como vou buscá-la – e como não acho. Mas é do buscar e não achar que nasce o que eu não conhecia, e que instantaneamente reconheço. A linguagem é o meu esforço humano. Por destino tenho que ir buscar e por destino volto com as mãos vazias. Mas – volto com o indizível. (Lispector, 1974, p. 49)

Os três romances debruçam sobre o esforço humano de contar uma, talvez duas, inúmeras histórias. Narrativas que entrelaçam as tradições familiares com os fatos históricos, as viagens de ida e de volta, o ocaso da potência corporal, o esquecimento que impõe novas versões à vida, a necessidade de afirmar o *sim* da existência diante do *não* do extermínio. As vozes narrativas são ora dos protagonistas ora dos ventríloquos que fazem de *A chave de casa, Diário da queda* e *Traduzindo Hannah* constelações polifônicas. A literatura torna-se um lugar incapturável como essência transcendente, ideologia política, sectarismo ideológico, reducionismo estético ou solução pragmática para os males do humano. Como sentencia Clarice, "por destino tenho que ir buscar e por destino volto com as mãos vazias. Mas – volto com o indizível".

Em *O livro por vir*, Maurice Blanchot (2005, p. 294) afirma:

> Mas, precisamente, a essência da literatura escapa a toda determinação essencial, a toda afirmação que a estabilize ou mesmo que a realize; ela nunca está ali previamente, ela deve ser sempre reencontrada ou reinventada. Nem é mesmo certo que a palavra "literatura" ou a palavra "arte" correspondam a algo de real, de possível ou de importante. Isto já foi dito: ser artista é nunca saber que já existe uma arte, nem que já existe um mundo.

Clarice Lispector
Chaya Pinkhasovna Lispector
Хая Пинхасовна Лиспектор

Clarice Lispector é hoje uma das mais conhecidas, respeitadas e importantes escritoras em todo o mundo. Apesar de não ser um dos objetivos deste texto comentar a fortuna crítica e a recepção de sua obra, faz-se necessário registrar que os livros de Clarice, traduzidos em dezenas de línguas, são muito lidos no mundo ibero-americano, nos espaços francófonos e, mais recentemente, nos países anglo-saxões.

Pode-se afirmar que esta judia de origem ucraniana, nascida em Tchechelnik em 10 de dezembro de 1920, que chegou criança ao Brasil, naturalizou-se brasileira, foi casada com um diplomata, viajou e morou em diversos países, teve dois filhos e no Rio de Janeiro faleceu em 9 de dezembro de 1977, pode-se com certeza afirmar que a sua literatura tematiza, reflete ou problematiza questões da etnicidade judaica?

Segundo o físico Rafael Bán Jacobsen:

> É evidente que as narrativas de Clarice Lispector não apresentam personagens judeus ou elementos da tradição judaica, seja ela considerada em sua vertente tradicional-popular (com a culinária, as vestimentas, as lendas e superstições, os usos e costumes no lar) ou religiosa (por meio das rezas, dos rituais e das festividades). Todavia, algumas interfaces podem ser estabelecidas entre a literatura de Clarice e a herança cultural judaica. (Jacobsen, 2016)

De acordo com a professora e ensaísta Bertha Waldman:

> A escritura segundo Clarice Lispector permanece, talvez inconscientemente, fiel à interdição bíblica judaica de delimitar o que não tem limite, de representar o absoluto. Um dos grandes "temas" da obra da escritora é, a meu ver, o movimento de sua linguagem, análogo àquele próprio da tradição dos comentários exegéticos presos ao Pentateuco, que remetem ao desejo de se achegar à divindade, tarefa de antemão fadada ao fracasso, dada a particularidade do Deus judaico de ser uma inscrição na linguagem, onde deve ser buscado, mas não apreendido, obrigando a retornar sempre. (Waldman, 2014, p. 14)

A questão que se coloca, e que já estava presente na primeira parte deste ensaio, é muito menos buscar traços do judaísmo na obra dos escritores aqui elencados e tentar inseri-los no rótulo "literatura judaica", sendo muito mais potente pensar as suas narrativas como lugares de fala (e de escrita, obviamente) de escritores judeus que se movimentam na diversidade, singularidade e multiplicidade das tradições culturais e artísticas de uma genealogia da errância e, paradoxalmente, da fixação. Neste sentido, o conto "A menor mulher do mundo", publicado em *Laços de família*, livro de 1960, é um belíssimo exemplo deste lugar que a escritura de Clarice ocupa no fértil diálogo entre distintas tradições e traduções estéticas e culturais.

A história transcorre num dia como qualquer outro "nas profundezas da África Equatorial". O explorador francês Marcel Pretre, "caçador e homem do mundo", descobre a tribo dos menores pigmeus da face da terra e entre eles, "uma mulher de quarenta e cinco centímetros, madura, negra, calada". A menor das menores criaturas que um homem já viu era "escura como um macaco", vivia em árvores no Congo Central e estava grávida.

O enredo é focado no encontro inusitado entre o pesquisador (civilizado, branco, europeu, francês, homem e de estatura normal) e uma criatura *ex-ótica* (bárbara, negra, africana, da tribo dos Likoualas, mulher e pigmeia). Como não sabia exatamente, segundo os seus parâmetros antropológicos, se a nativa era "gente" ou "bicho", batizou-a Pequena Flor, adjetivo e substantivo comum que remetem ao mundo natural, jamais à ordem da cultura. Mesmo nomeando-a Pequena Flor, pois "sentia necessidade imediata de ordem, e de dar nome ao que existe", Pretre estava diante de algo estrangeiro ao seu repertório de civilizado, apesar de parecer ser ele o estranho naquele mundo. Munido de seu instrumental teórico, simbolizado no caderno de anotações, observou que aquela tribo possuía uma linguagem simples, composta por sons que pareciam de animais e gestos largos; que viviam sob ameaça constante dos bantos, que os caçavam e os comiam; que eram alguma coisa solta, algum elo perdido na cadeia evolutiva dos seres vivos. A estranheza do objeto descoberto não foi suficiente para fazê-lo entender a sua trágica preciosidade. Era um mundo exótico para a sua visão de explorador. A natureza não poderia ser mais surpreendente que a cultura, postulava ele em silêncio a sua dúvida.

Há no conto a enumeração das diferentes reações dos leitores depois da descoberta de Pretre ter sido divulgada pela imprensa. Percebe-se um proposital apelo ao clichê e às frases-feitas em expressões como: "dá aflição"; "desgraça não tem limite"; "tristeza de bicho, não é tristeza humana". Tal recurso de linguagem acentua o tom irônico e crítico com que os desencontros afetivos, cognitivos e culturais são mostrados no texto. Alguns comentários remetem para tragédias cotidianas, como a de uma cozinheira que contara à patroa a terrível história de uma menina morta no orfanato que havia sido transformada em boneca pelas internas. Nesse instante, o narrador rompe com o lugar comum das opiniões previsíveis, refletindo:

> Disso a mãe se lembrou no banheiro, e abaixou mãos pensas, cheias de grampos. E considerou a cruel necessidade de amar. Considerou a malignidade de nosso desejo de ser feliz. Considerou a ferocidade com que queremos brincar. E o número de vezes em que mataremos por amor. Então olhou para o filho esperto como se olhasse para um perigoso estranho. E teve horror da própria alma que, mais que seu corpo, havia engendrado aquele ser apto à vida e à felicidade. Assim olhou ela, com muita atenção e um orgulho incorfortável, aquele menino que já estava sem os dois dentes da frente, a evolução, a evolução se fazendo, dente caindo para nascer o que melhor morde. (Lispector, 2009, p. 72-73).

É o início de um processo na narrativa de desvio do eixo de construção de imagens a partir da ação do sujeito observador para o espaço de re-ação do objeto observado. Diante do olhar estrangeiro que examina com as ferramentas da cultura e da ciência evolucionista e positivista a familiaridade daquela criatura em sua harmônica natureza, Pequena Flor sorri. A "coisa rara", guardiã "do segredo de seu próprio segredo", desfaz a crença numa ciência neutra, desideologizada e pura, rasgando os manuais clássicos da postura rigorosa de um saber arquivista e produzindo o efeito de estranhamento naquele que historicamente sempre a devora.

> Metodicamente o explorador examinou com o olhar a barriguinha do menor ser humano maduro. Foi neste instante que o explorador, pela primeira vez desde que a conhecera, em vez de sentir curiosidade ou exaltação ou vitória ou espírito científico, o explorador sentiu mal-estar.
> É que a menor mulher do mundo estava rindo. (Lispector, 2009, p. 73)

Reduzido à condição de peça de estudo e material de pesquisa, o objeto/mulher rompe com seu riso a sua impassível condição de troféu, como as cabeças de animais empalhados por colecionadores ou os corpos de espécimes em extinção, embalsamados e expostos nas vitrines de museus, estáticos perante o olhar dos visitantes. O seu riso era o sinal de que ainda não havia sido devorada, comida como vários de sua tribo. O mal-estar de Pretre tinha o peso e a culpa de toda a tradição judaico-cristã que marca a civilização ocidental.

Não classificável pelo *logos* cartesiano de uma ciência centrada na concepção autorreferente de verdade, desprezada por um sistema de valores que vê na menor das pigmeias o protótipo do diferente, do excluído, da aberração da natureza improdutiva para um modelo econômico alicerçado na capacidade de produção e geração de lucro, Pequena Flor parecia ter o destino dos oprimidos diante do seu opressor – o de ser devorada. A antropofagia colonial como metáfora do poder colonizador sobre a o saber do colonizado, confirma a estrita ligação entre uma concepção determinista, evolucionista e positivista da ciência e a atuação política e econômica do imperialismo hegemônico. Não é aleatória a indicação pelo texto de que Marcel Pretre era explorador, categoria ambígua que tanto se refere à exploração científica quanto à dominação política. A antropofagia colonial pode ser entendida como o inverso simétrico da antropofagia cultural, pensando em Montaigne, Freud, Picabia, Métraux e Oswald de Andrade. Não há lugar possível para pensar categorias como civilizado e bárbaro senão como construções discursivas que trocam de lugar com incrível constância.

O riso era a possibilidade de sua salvação – "não ser devorado é o sentimento mais perfeito. Não ser devorado é o objetivo secreto de toda uma vida". (Lispector, 2009, p. 74) A possibilidade indiscriminada do amor acompanha o riso de Pequena Flor, agora seduzida pelo olhar que capta a riqueza da diferença – "Mas na umidade da floresta não há desses refinamentos cruéis, e amor é não ser comido, amor é achar bonita uma bota, amor é gostar da cor rara de um homem que não é negro, amor é rir de amor a um anel que brilha". (Lispector, 2009, p. 75)

O explorador ensaiou um sorriso, envergonhou-se e voltou à ordem fundadora de sua atuação.

> Foi provavelmente ao ajeitar o capacete simbólico que o explorador se chamou à ordem, recuperou com severidade a disciplina do trabalho, e recomeçou a anotar. Aprendera a entender algumas poucas palavras articuladas da tribo, e a interpretar os sinais. Já conseguia fazer perguntas. (Lispector, 2009, p. 75)

Como um King Kong minimalista, Pequena Flor, abjeta e obscena, rasga, redesenhando e rasurando, os antigos mapas de entendimento da África. Pequena Flor pertence ao mundo das estranhas vozes que não deixam sultões dormirem e mantêm reis à escuta. Assim como as falas diaspóricas que aproximam judeus, muçulmanos, africanos e orientais, inaugura-se em nossa contemporaneidade a necessidade de resistir, narrando-se e narrando a história de sua família, amigos, ruas, cidades e lugares de afeição e partilha. "Narrar é resistir", dizia Guimarães Rosa. Clarice é a voz que de tão estranha é familiar, de tão familiar provoca estranhamento. Como Pequena Flor, Clarice é uma caixa, dentro de uma caixa, dentro de uma caixa, dentro de uma caixa.

Reafirma-se neste texto, a partir do campo artístico e estético, a possibilidade de ler a literatura na contemporaneidade liberta das noções rígidas de fronteiras nos campos da política e da cultura (nacional x universal; erudito x popular; individual x social), e das identidades essencialistas e fechadas (o ser judeu, o ente brasileiro, o indivíduo como totalidade), reiterando a presença de elementos de um éthos judaico na obra dos autores que coloca em tensão o local e o global. Não se deve chamar a literatura escrita por Tatiana, Laub, Wrobel e principalmente Clarice de literatura judaica, da mesma maneira que não se nomeariam Machado, Cruz e Sousa e Lima Barreto como representantes de uma literatura negra, nem Caio Fernando Abreu e Silviano Santiago seriam considerados arautos de uma Queer Literature. Apesar de pensar a literatura e suas derivações no campo expandido dos estudos culturais, refuta-se com energia a tendência de rotular e aprisionar obras, autores e tendências em escaninhos, redomas e prateleiras específicas nas bibliotecas e livrarias. O devir-invenção não pode ser manipulado e orientado pelo devir-mercado que é, sempre, autoritário e voltado para o controle da produção material e simbólica da cultura. Percebe-se claramente a existência de singularidades que diferenciam homens, mulheres, bissexuais, transexuais, brancos, negros, índios, crianças, adultos, brasileiros, chineses e nigerianos. Disso não se tem dúvida. Utilizando uma categoria de Silviano Santiago, pode-se concluir afirmando que o nosso esforço é o de nos tornarmos críticos astuciosos da cultura, leitores atentos das demandas que as subjetividades impõem no nosso presente. Com liberdade, crítica, tolerância e ousadia, sempre.

RECEITAS

BOLO DE MEL (HONIK LEIKECH)

É o bolo mais tradicional nas mesas de *Rosh Hashaná* (o ano novo judaico) dos judeus ashkenazis. Representa o desejo de um ano doce. Também é servido em nascimentos, casamentos ou em ocasiões festivas.

INGREDIENTES

- 3 ovos (separe a clara das gemas e bata as claras em neve)
- ½ xícara de oleo
- 1 xícara de mel
- 1 xícara de açúcar
- ½ xícara de café bem forte
- 1 colher de sobremesa de canela em pó
- ¼ de xícara de vodka ou cachaça misturada a uma colher de sopa de bicarbonato de sódio (se você não usa álcool, pode misturar o bicarbonato em água ou no suco de laranja)
- 1 laranja (opcional)
- 2 ½ de xícaras de farinha de trigo
- 1 colher de sopa bem cheia de fermento em pó

MODO DE PREPARO

Aqueça o forno a 180°C e unte uma forma de bolo média.

Numa batedeira, misture as gemas, óleo, mel, açúcar, café (deixe esfriar para não danificar as gemas), canela, vodka ou cachaça misturada no bicarbonato de sódio e suco de uma laranja. Adicione a farinha de trigo e o fermento em pó e bata até atingir uma massa uniforme. Adicione as claras em neve e com ajuda de uma colher, misture até diluir a clara na massa, mas sem eliminar as "bolhas" da clara completamente.

Coloque a mistura na forma untada e deixe assar por aproximadamente 45 minutos ou até o topo do bolo ficar dourado. Faça o teste do palitinho antes de retirá-lo do forno.

DIÁLOGOS ENTRE FILOSOFIA E JUDAÍSMO:

crítica e renovação da tradição

MARCOS ANDRÉ GLEIZER

EXISTE UMA FILOSOFIA JUDAICA?

Quando consultamos os melhores trabalhos dedicados à história da filosofia judaica, nos deparamos invariavelmente com a presença de alguma discussão preliminar acerca da existência e da natureza do objeto de estudo em questão. Existe um campo da filosofia que possa ser caracterizado de forma adequada como filosofia judaica? A necessidade dessa discussão prévia não decorre do simples fato de a filosofia ser um tipo de investigação racional que tem sua origem na Grécia e que, portanto, seria exógena à vida espiritual judaica. Afinal, as trocas e influências culturais entre os mais variados povos são um elemento formador de suas respectivas histórias, e a história intelectual do povo judeu, ocorrida em sua maior parte na Diáspora, não é exceção à regra. Sua história intelectual testemunha um engajamento ativo para apropriar-se de forma crítica e criativa das ideias dos diversos meios culturais circundantes, engajamento que se consolidou em uma tradição reflexiva dotada de grande vitalidade.

Se a origem exógena de uma determinada forma cultural não é por si só um obstáculo para a sua apropriação criativa pelo judaísmo, qual a fonte da dificuldade específica que suscita a discussão reiterada sobre a existência e a natureza de uma filosofia judaica? Essa fonte se encontra na tensão entre as pretensões universalistas que decorrem da natureza racional da filosofia e a reivindicação de particularidade indicada pelo adjetivo "judaica". Ao longo da maior parte da sua história, a filosofia se caracterizou como um tipo de investigação racional que busca encontrar e articular de forma argumentativa as verdades universais que fundamentamos nossos conhecimentos e legitimamos nossas ações. Assim compreendida, a filosofia está comprometida com princípios e regras universais de racionalidade que, como denominador comum da humanidade, pretendem transcender as particularidades étnicas, nacionais, culturais ou religiosas em que se inserem aqueles que deles se utilizam. Ora, se os métodos e as questões da filosofia são universais, como compreender o que pode haver de propriamente judaico na expressão "filosofia judaica"? Como uma filosofia escrita por judeus, para judeus, à maneira judaica, sobre conteúdos estritamente judaicos? Que critérios utilizar para identificar os participantes dessa tradição reflexiva?

Nenhuma das questões formuladas acima é passível de obter respostas isentas de problemas. A origem judaica de um filósofo certamente não basta para que seu pensamento seja considerado como engajado em, ou como tendo repercussão significativa sobre, questões relevantes para o judaísmo. Por isso, vários são os filósofos de ascendência judaica (como, por exemplo, Husserl e Wittgenstein) que jamais são incluídos em histórias da filosofia judaica. Por outro lado, nada impede que escritos de filósofos que não têm origem judaica (como, por exemplo, Platão, Aristóteles ou Kant) tenham impacto decisivo sobre essas questões. Assim, a origem judaica de um pensador não fornece um critério necessário ou suficiente para caracterizar sua filosofia como judaica. Tampouco a audiência visada oferece um critério satisfatório, pois, dado o caráter universal dos padrões de racionalidade, não há verdades filosóficas paroquiais, isto é, dirigidas e acessíveis apenas a uma comunidade particular. Quanto a uma eventual maneira tipicamente judaica de fazer filosofia, isso parece ser tão absurdo quanto supor que possa haver um estilo judaico de fazer ciências, sejam elas exatas ou humanas. Talvez, então, a especificidade dos conteúdos abordados possa servir de critério. É o que defende Julius Guttmann em sua obra clássica sobre a história da filosofia judaica, quando argumenta que a filosofia judaica deve ser compreendida como uma reflexão filosófica acerca do judaísmo (Guttmann, 2003, pp.1-2). Ele a define, portanto, como um ramo da filosofia da religião, no qual a filosofia aplica seus métodos racionais com o intuito exclusivo de explicitar e justificar as doutrinas e práticas da religião judaica. Apesar da inegável importância dessa reflexão sobre a religião e, em especial, do lugar central que nela ocupam os diversos esforços dedicados a explicitar as relações entre razão e revelação, essa caracterização é, no entanto, muito restritiva. Afinal, mesmo aqueles que mais se empenham em interpretar as fontes judaicas a partir de argumentos filosóficos, como **Moisés Maimônides** em seu famoso *Guia dos Perplexos*, abordam problemas filosóficos que extrapolam o âmbito das questões religiosas (como, por exemplo, o problema dos limites do conhecimento humano, da natureza do tempo, da liberdade da vontade etc.) e participam com grande originalidade de um campo mais abrangente de discussões filosóficas.

MOISÉS MAIMÔNIDES (1135-1204), também conhecido como Rambam, nasceu em Córdoba (Espanha) e viveu a maior parte de sua vida no Egito, onde foi médico da corte de Saladino e líder espiritual da comunidade judaica. É considerado uma das maiores autoridades rabínicas de todos os tempos e um dos maiores filósofos judeus. Sua vasta obra cobre diversas áreas (teologia, filosofia, astronomia e medicina), mas três são as obras de maior destaque: (i) Comentários sobre a Mishnáh (o código da lei rabínica que constitui o cerne do Talmud); (ii) Mishnéh Torá (Repetição da Lei) – Síntese magistral da legislação talmúdica, ainda hoje referência para os juízes judeus; (iii) O Guia dos Perplexos – Articulação complexa da fé judaica com a filosofia aristotélica, é considerada a obra máxima da filosofia judaica medieval e referência obrigatória para toda a filosofia judaica subsequente.

O que fazer, então, com a noção de "filosofia judaica"? Será um rótulo acadêmico vazio? Embora essa noção tenha sido inventada no século XIX por historiadores preocupados em criar uma forma cultural de identidade judaica no período pós-emancipação, seria uma atitude extrema e desnecessária recusar sua utilidade. Por um lado, os problemas indicados no parágrafo anterior se aplicam igualmente a outras noções, em particular (mas não exclusivamente) às noções de "filosofia cristã" e "filosofia islâmica". Eles derivam, como assinalamos, de uma dificuldade filosófica geral que diz respeito às relações entre universalidade e particularidade. Esses termos se opõem ou se complementam? O universal suprime o particular ou com ele se harmoniza? Nesse último caso, devemos partir do universal para aplicá-lo ao particular ou explicitar o universal a partir de sua presença no particular?

Seria certamente uma atitude extrema, e mesmo insensata, recusar o uso significativo de certas noções por não termos clareza sobre as dificuldades filosóficas que elas suscitam. Por outro lado, a dificuldade de encontrar traços essenciais que permitam definir de forma inequívoca uma determinada tradição intelectual e identificar seus participantes não nos impede de formular e utilizar com proveito critérios mais vagos e flexíveis. Assim, em sua *História da Filosofia Judaica*, Nadler e Rudavsky (2009) propõem um critério que define essa tradição pela participação em uma corrente milenar de conversação na qual um certo conjunto de questões e ideias é abordado a partir de um conjunto canônico de autores e textos.

No caso da filosofia judaica, essa conversação milenar aborda questões e ideias que são de importância central para o judaísmo com os instrumentos racionais e os métodos da filosofia, tal como estes foram adotados a partir de diferentes tradições filosóficas (grega, árabe, escolástica, moderna, etc.), e, inversamente, aborda questões e ideias tradicionais da filosofia a partir de um referencial enraizado no judaísmo. Trata-se, assim, não apenas de filosofar acerca do judaísmo, mas também a partir do judaísmo, pois, segundo o critério proposto, filosofia judaica "é tudo o que resulta de um engajamento multifacetado entre, de um lado, o pensamento acerca de questões relevantes para a compreensão da condição judaica ou do sentido do judaísmo e da vida judaica, e, por outro lado, o pensamento que é tributário da – e responde à –tradição da filosofia" (Nadler e Rudavsky, 2009, p. 3-4). É essa compreensão ampla da filosofia judaica que orienta a escolha dos temas e autores aqui abordados.

* * *

Não é possível apresentar no curto espaço de um artigo um painel resumindo o vasto conjunto de questões e ideias debatidos pelos principais pensadores que participam dessa conversação milenar. Por isso, optei por selecionar dois filósofos cujas ideias tiveram impacto decisivo sobre os destinos desse diálogo na modernidade: Baruch Espinosa e Moisés Mendelssohn. Em ambos, o problema geral da relação entre universalidade e particularidade mencionado acima torna-se objeto explícito de reflexão e repercute em suas divergentes maneiras de pensar a compatibilidade entre as exigências da razão e a preservação da tradição.

A discussão sobre a possibilidade ou não dessa compatibilidade e sobre suas diversas modalidades ocupa uma posição central nas reflexões filosóficas que surgirão após a emancipação dos judeus promovida pela Revolução Francesa, pois coma emancipação formas não religiosas de identidade judaica e formas alternativas de prática religiosa serão introduzidas. Espinosa e Mendelssohn precedem e preparam essas transformações. O primeiro, crítico da tradição, é o protótipo do "judeu não-judeu", expressão cunhada pelo historiador Issac

Deutscher para descrever uma linhagem de pensadores judeus revolucionários que buscaram ultrapassar as fronteiras particulares do judaísmo e abraçar uma perspectiva humana mais universal. O segundo, renovador da tradição, é o modelo do "judeu ilustrado" na medida em que procura mostrar que a preservação das fronteiras particulares do judaísmo é perfeitamente compatível com a adoção de uma perspectiva humana universal. Seguem, então, os pontos principais do diálogo inaugural da filosofia judaica moderna.

BARUCH ESPINOSA E A CRÍTICA DA TRADIÇÃO

O pensamento de Baruch Espinosa (1632-1677) situa-se no limiar da modernidade e desempenha uma função capital no processo de secularização que a caracteriza. Suas ideias heterodoxas estão na origem dos principais movimentos intelectuais e políticos que plasmaram a modernidade, fornecendo recursos teóricos que alimentaram posteriormente os combates pela emancipação do homem no iluminismo e contribuíram para as profundas transformações que afetaram a vida e o pensamento judaicos subsequentes. A complexidade do seu pensamento, aliada à radicalidade de suas ideias sobre religião, explicam a posição polêmica que ele ocupa nas histórias da filosofia moderna em geral e da filosofia judaica em particular. Enquanto alguns (como Mendelssohn e os sionistas) consideram sua reflexão sobre o judaísmo como paradigma da abordagem moderna sobre o tema, outros (como **Hermann Cohen** e **Emmanuel Lévinas**) o tomam como modelo de reflexão que ignora suas contribuições essenciais. Seja qual for

DEUTSCHER
Espinosa, Heine, Marx e Freud são alguns dos grandes nomes que Deutscher estuda em seu ensaio. Reinterpretando de forma laica e materialista um velho ditado talmúdico, segundo o qual "o judeu que pecou permanecerá sempre judeu", Deutscher sustenta que se os judeus heréticos podem de certa forma ser considerados como pertencendo à tradição judaica é porque a própria rebelião contra o judaísmo tradicional revela neles a presença de algo da "quintessência da vida judaica e de sua intelectualidade" (Deutscher, 1970, p. 29).

a posição adotada, é certo que o impacto exercido por suas ideias sobre o desenvolvimento do pensamento judaico ulterior é imenso, a ponto de se poder afirmar que grande parte desse pensamento é marcado pelos esforços para repudiá-las, revisá-las ou aceitá-las.

Espinosa nasceu em Amsterdã, no seio de uma família de judeus portugueses que chegou à Holanda fugindo das perseguições religiosas a que foram submetidos os judeus da Península Ibérica a partir do final do século XV. Grande parte dos membros da comunidade judaica de Amsterdã era de origem marrana, isto é, era composta de judeus que foram forçados a se converter ao catolicismo, mas que tentaram preservar secretamente a fé e as tradições judaicas. Essa origem é uma importante fonte de tensões no interior de uma complexa comunidade cujos líderes estavam preocupados em restaurar uma existência pautada pelas exigências do judaísmo rabínico tradicional.

A influência recebida de elementos da religião católica imposta aos marranos nos anos de perseguição, o acesso à filosofia e às ciências ensinadas nas universidades ibéricas e o anseio de liberdade como resposta ao violento controle exercido pela Inquisição são fatores que tornaram possível o surgimento de uma mentalidade propícia ao questionamento da tradição e do verdadeiro sentido das escrituras. Segundo o grande historiador da Cabala (a mística judaica), Gershom Scholem (1897-1982), o marranismo está na origem do questionamento da tradição rabínica que, segundo ele, inaugura a modernidade judaica. Espinosa recebeu na comunidade uma sólida educação religiosa, tendo estudado hebraico, história judaica, a *Torá*, o *Talmud* e a filosofia judaica medieval, adquirindo um profundo

HERMANN COHEN (1842-1918) é o mais importante filósofo judeu alemão do século XIX. Profundo conhecedor da obra de Kant, Cohen é o fundador da Escola de Marburg, escola neokantiana que se torna a partir de 1890 uma das principais correntes filosóficas da Alemanha.

EMMANUEL LÉVINAS (1906-1995) nasceu em Kovno, na Lituânia, onde recebeu uma educação judaica tradicional. Estudou filosofia nas Universidades de Strasbourg (França) e Freiburg (Alemanha), onde cursou seminários com Edmund Husserl e Martin Heidegger.

conhecimento das obras de Abraão ibn Ezra, Chasdai Crescas, Leão Hebreu e Maimônides.

Fora da comunidade, Espinosa frequentou a escola de um ex-jesuíta livre-pensador com o qual teve acesso à ciência e filosofia de seu tempo, sendo especialmente influenciado pelas ideias de René Descartes e de Thomas Hobbes. Em 27 de julho de 1656, com apenas 24 anos, Espinosa foi acusado de heresia e banido da comunidade. Sua excomunhão não é um caso isolado, pois foi precedida pelos casos de Uriel da Costa e Juan de Prado. Não cabe examinar aqui os diversos aspectos envolvidos no episódio de sua excomunhão, mas importa salientar que, contrariamente aos dois casos precedentes, Espinosa recusou-se a aceitar qualquer compromisso com a comunidade que implicasse em renegar suas ideias ou em abster-se de expressá-las. A autonomia intelectual, valor supremo em sua filosofia, levou-o a elaborar um universo teórico cujas teses são incompatíveis com a tradição metafísico-moral, tanto judaica quanto cristã, o que explica porque ele não se converteu ao cristianismo, optando por uma existência laica após a excomunhão. Esta opção suscita entre os estudiosos uma discussão que procura determinar se Espinosa poderia ser considerado como o precursor de uma certa forma de existência judaica laica, antecipando, assim, uma das alternativas surgidas após a Revolução Francesa para se pensar e viver a condição judaica na modernidade. Para uma análise dessa questão, na qual o leitor encontrará uma maior explicitação das ideias de Espinosa aqui expostas (Gleizer, 2008, p. 63-84).

Basta enumerar algumas das principais características desse universo teórico para perceber imediatamente a radicalidade de suas ideias face à tradição. Dentre elas, vale destacar: (i) a refutação da concepção de um Deus transcendente, pessoal, legislador moral, juiz supremo e criador; (ii) a recusa da noção de imortalidade pessoal; (iii) a crítica das noções de livre arbítrio e pecado; (iv) a crítica da concepção segundo a qual as Sagradas Escrituras contêm "verdades teóricas reveladas"; (v) a defesa da origem exclusivamente imaginativa das profecias e a consequente desvalorização do valor cognitivo da revelação; (vi) a crítica do sentido espiritual da eleição do povo judeu.

Os três primeiros pontos são desenvolvidos em sua obra principal, a *Ética* demonstrada à maneira dos geômetras. Essa obra contém a realização do sistema de Espinosa, no qual ele procura demonstrar como a beatitude, isto é, o autêntico contentamento interior, nasce do conhecimento intelectual dos laços que nos unem a Deus – ou seja, segundo sua tese heterodoxa, à Natureza. Se a primazia da preocupação ética é um traço constante do pensamento judaico que certamente deixou marcas no pensamento de Espinosa, sua formulação "à maneira dos geômetras" traduz uma irrestrita exigência de universalidade que transcende não apenas as particularidades do judaísmo, mas rompe com toda e qualquer forma de particularismo. Assim como o conhecimento matemático é universalmente acessível, o conhecimento intelectual que engendra a beatitude é por princípio acessível a qualquer indivíduo considerado apenas como um ser racional. A Ética de Espinosa encarna, assim, um projeto de "secularização da salvação" ao defender que a razão é fonte autônoma de virtude, liberdade e felicidade.

Os últimos três pontos, entre outros, são abordados no *Tratado Teológico-Político*, obra explosiva onde Espinosa defende a liberdade de pensamento e expressão. Também nessa obra sua análise manifesta uma nítida preocupação universalista. Ao argumentar que as Sagradas Escrituras têm uma intenção exclusivamente moral e não teórica, que elas pretendem promover a obediência e não o conhecimento, ele procura mostrar que judaísmo e cristianismo possuem um núcleo moral comum, núcleo este que, ultrapassando os dogmas e rituais particulares dessas religiões, constitui o cerne de uma religião popular universal que se manifesta na prática da justiça e da caridade.

O sistema filosófico de Espinosa é fruto de seu racionalismo absoluto, entendido como a tese segundo a qual a razão humana é capaz de explicar a totalidade do real. É esse tipo de racionalismo que orienta sua dessacralização das três categorias fundamentais do judaísmo: Deus, a *Torá* e o povo judeu. Em primeiro lugar, ele conduz Espinosa à dessacralização de Deus, pois o Deus conhecido pela razão geométrica não é o Deus pessoal e transcendente da tradição, ao qual os homens dirigem suas preces, mas um Deus imanente à Natureza, isto é, um Deus que se identifica com a própria Natureza e dela não se separa. Essa tese – que causou escândalo e suscitou violentas acusações de ateísmo –, expressa na realidade uma forma de naturalismo panteísta, pois considera todas as coisas como modificações de Deus.

O racionalismo absoluto conduz Espinosa também a adotar um determinismo lógico. Tudo na Natureza tem uma causa ou razão e as leis de Deus nada mais são que as leis naturais, em conformidade com as quais tudo ocorre com uma necessidade tão rigorosa quanto a que encontramos na matemática. Não há, assim, espaço para concepções providencialistas, pois a Natureza não age em vista de fins. Não há tampouco espaço para o livre-arbítrio, pois esse conceito supõe a realidade da contingência (ou seja, de possibilidades alternativas) que é excluída pelo determinismo lógico. A verdadeira liberdade, segundo Espinosa, não consiste no poder de escolha da vontade, mas em uma forma de autodeterminação que se exerce através do conhecimento racional.

Segundo a Ética, toda a vida afetiva e toda conduta dos homens decorrem da natureza dos seus conhecimentos. Assim, o ignorante, caracterizado pela predominância do conhecimento imaginativo (um conhecimento de origem sensível essencialmente confuso, relativo e incerto), é necessariamente dominado por paixões instáveis, obsessivas e alienantes, das quais se seguem inúmeros conflitos internos e externos. Sendo incapaz de moderar seus desejos, ele vive uma existência marcada pela servidão. O sábio, por sua vez, é caracterizado pela predominância do conhecimento intelectual, sendo dotado naturalmente de uma vida afetiva estável, equilibrada e preenchida sobretudo por afetos de alegria. Sua existência é marcada pela autonomia e por uma conduta virtuosa que se esforça espontaneamente em promover a amizade e a concórdia. Sua felicidade consiste no conhecimento da união da mente com a Natureza inteira, isto é, com Deus, conhecimento do qual nasce o contentamento interior e o amor intelectual por Deus, elo afetivo de alegria que nos vincula à Natureza como um todo.

O problema é que a sabedoria é rara, pois o caminho que a ela conduz é extremamente árduo. Se esse caminho é de direito aberto a qualquer indivíduo, poucos de fato desenvolvem a potência intelectual necessária para percorrê-lo. A reflexão filosófica, tal como ocorre em outros campos do saber e das artes, exige uma disciplina e aptidões que nem todos desenvolvem. Como, então, a multidão, composta por aqueles que não ultrapassam o nível do conhecimento imaginativo, pode desenvolver o senso moral e alcançar uma existência interna e externamente equilibrada? Para dar conta dessa questão, a ética racional do sábio deve ser complementada pela moral do ignorante, moral que se manifesta pela obediência à Lei. Esse é um tema que remete à religião e que Espinosa aborda em seu *Tratado Teológico-Político*.

O objetivo principal do *Tratado Teológico-Político* é defender a liberdade de pensamento e expressão, demonstrando não apenas que essa liberdade é compatível com a preservação da piedade e da paz social, mas também que ela é sua condição de possibilidade. Ao longo de sua ampla argumentação, Espinosa é um dos primeiros pensadores modernos a defender, por um lado, a separação radical entre Estado e Igreja, e, por outro lado, uma não menos radical distinção entre filosofia e teologia, isto é, entre o conhecimento racional das verdades necessárias e a fé que se manifesta pela obediência à Lei revelada. Segundo ele, saber e fé possuem origens, naturezas e objetivos distintos, e é exatamente essa completa heterogeneidade que garante que nem a teologia está a serviço da razão, nem a razão a serviço da teologia.

Coerente com a naturalização de Deus realizada na Ética, Espinosa desenvolve no *Tratado* sua investigação dos fundamentos naturais do fenômeno religioso e do fenômeno político, utilizando-se para tal de abordagens científicas de cunho psicológico, sociológico, histórico e filológico. É fundamental em sua análise mostrar que a religião e o Estado têm uma gênese passional, pois ambos nascem, em grande parte, do medo e da esperança, que são paixões naturais regidas por mecanismos imaginativos que conduzem à alienação e propiciam a formação de crenças e comportamentos supersticiosos. A aplicação de disciplinas científicas ao estudo das causas naturais do fenômeno religioso conduz a uma crítica radical das religiões históricas, particularmente do judaísmo e do cristianismo.

Embora a crítica de Espinosa ao judaísmo seja mais severa que sua crítica ao cristianismo, é preciso lembrar que ele vive e escreve em uma sociedade cristã, e que o *Tratado* foi redigido para defender a liberdade de pensamento e expressão quando esta se vê ameaçada pela intolerância dos calvinistas ortodoxos. Ou seja, Espinosa precisa ser prudente. Além disso, sua crítica explícita ao judaísmo atinge implicitamente os fundamentos do cristianismo. A crítica das religiões reveladas ataca em ambas a credulidade, a crença na existência de verdades teóricas reveladas e a importância para a salvação de práticas ritualísticas e cerimoniais meramente exteriores. Isso não significa que Espinosa sustente que a religião se reduz à superstição e à impostura, ou seja, que ela seja apenas o ópio do povo. Em sua análise das Escrituras ele procura determinar a essência da verdadeira fé religiosa, o núcleo invariável que perpassa o seu ensinamento. Esse núcleo, que constitui a religião popular universal, ele o encontra não em verdades metafísicas acerca de Deus e do universo criado, mas em preceitos morais extremamente simples. A verdadeira fé, isto é, a obediência à Lei revelada, se manifesta e se realiza integralmente na prática da justiça e do amor ao próximo. Esse é o núcleo universal diante do qual todos os dogmas e rituais particulares perdem o sentido e a importância. Ao identificar a religião ao seu núcleo moral, Espinosa substitui a teologia especulativa pela teologia moral e dissocia o culto interior de qualquer culto exterior.

A tese de que o verdadeiro crente é aquele que pratica a justiça e a caridade, e não aquele que possui convicções filosóficas acerca de Deus, é um componente central da defesa da tolerância e da liberdade de filosofar empreendidas no *Tratado*, pois grande parte das querelas entre as diversas religiões e entre as diversas seitas de uma mesma religião dizem respeito à interpretação dos dogmas acerca da natureza última do Criador e de sua relação com a criação. Para Espinosa, no entanto, como o cerne da religião está no seu elemento moral e não no seu conteúdo teórico, a livre discussão acerca desses dogmas pode ser respeitada sem nenhum prejuízo para o que é essencial à religião.

A dessacralização das religiões proposta no *Tratado* tem como condição essencial a dessacralização das Sagradas Escrituras, o que implica na elaboração de um método exegético que interpreta a Bíblia como um documento de origem humana. Espinosa é um grande inovador neste campo, tendo contribuído com seu método de interpretação histórico-crítico para a criação da hermenêutica bíblica moderna. O objetivo desse método é determinar o sentido literal das Escrituras, sem se preocupar em saber se esse sentido corresponde ou não à verdade das coisas. Para isso, Espinosa propõe um método imanente de leitura em conformidade como qual o conhecimento das Escrituras deve ser extraído apenas das Escrituras, sem nelas projetar conteúdos provenientes de fontes externas. Com isso, ele se opõe radicalmente à leitura alegórica praticada por Maimônides. Este, ao supor que a *Torá* contém verdades teóricas reveladas e que estas não podem contradizer a verdade filosófica, sustenta que ela possui diversas camadas de sentido e, segundo Espinosa, acaba violentando o texto para tentar mostrar que sua camada mais profunda estaria de acordo com a filosofia de Aristóteles.

Ao aplicar à *Torá* o seu método de leitura imanente, Espinosa extrai as seguintes consequências para a sua interpretação do judaísmo:

1. Quanto à natureza da profecia e à função dos profetas, ele mostra que Maimônides teria se equivocado ao confundir a vocação profética com o dom filosófico. Profetas não demonstram racionalmente verdades necessárias acerca da natureza de Deus, de sua existência ou de seus atributos, mas comunicam ensinamentos morais apreendidos imaginativamente sob a forma de mandamentos divinos. Eles não se caracterizam, portanto, por sua potência intelectual, mas por sua virtude moral, e sua autêntica função consistiu em promover a educação moral do povo e não em ensinar verdades especulativas.

2. Quanto aos supostos eventos sobrenaturais narrados na *Torá*, eles devem ser tomados como a expressão literal de uma certa forma de pensar, correspondente à mentalidade dos antigos hebreus. Assim, milagres nada mais são do que fenômenos naturais raros que ultrapassavam o saber limitado da época, e não acontecimentos que contrariam as leis da Natureza;
3. Quanto ao tema da eleição do povo judeu, sua leitura imanente da *Torá* revela um significado bem distinto daquele defendido pela tradição teológica. Segundo essa nova leitura, a "eleição" remete apenas a causas naturais e possui um significado estritamente político e não espiritual, pois ela não repousa sobre nenhuma superioridade intelectual ou moral, mas designa apenas o sucesso temporal – no sentido da prosperidade material e da estabilidade sócio-política –, e temporário – no sentido da longa sobrevida – do Estado Hebreu fundado por Moisés. Nesse sentido, Espinosa interpreta o caráter legislativo da profecia mosaica num viés marcadamente político. Moisés, o profeta dos profetas, não seria o portador de verdades eternas e imutáveis, mas um genial estadista e líder nacional, comparável aos grandes fundadores políticos da antiguidade clássica.

Para Espinosa, portanto, o judaísmo, além do conteúdo moral que ele compartilha com o cristianismo, é uma religião essencialmente política, concebida para o uso exclusivo dos antigos hebreus como a base de um poder teocrático no qual as leis de Deus ocupam o lugar da suprema autoridade civil. A consequência que ele extrai dessa análise é clara. Sendo essencialmente a religião de um Estado teocrático antigo, após a destruição desse Estado pelos romanos o judaísmo perde a sua razão de ser. Não há mais nenhum motivo para aceitar a autoridade dos rabinos, observar as leis cerimoniais, praticar os preceitos ritualísticos e perpetuar o judaísmo como uma fé particular.

Essas consequências lançam alguns dos principais desafios para o pensamento judaico moderno. É possível resgatar o significado do judaísmo como fé particular sem abrir mão do livre uso da razão? É possível defender um significado político para o judaísmo desvinculando-o de sua manifestação teocrática? É possível cultivar formas laicas de existência judaica que independam de seu conteúdo religioso e político? Essas são questões cruciais que os pensadores subsequentes terão de enfrentar.

MOISÉS MENDELSSOHN E A RENOVAÇÃO DA TRADIÇÃO

De Espinosa a Mendelssohn, muitas são as transformações econômicas, sociais, políticas e intelectuais que ocorrem na Europa. Ao longo do período que os separa, as ideias sobre tolerância religiosa, liberdade de pensamento, direitos individuais e separação entre Estado e Igreja se propagam, e a confiança na capacidade crítica e libertadora da razão torna-se a marca distintiva do iluminismo. A razão, como fonte de progresso científico, material e moral da humanidade, torna-se instrumento de emancipação política. Não se deve crer, no entanto, que o iluminismo seja um movimento homogêneo, nem tampouco que seja desprovido de contradições. Nele convivem correntes radicais e moderadas, além de contradições entre a defesa de valores universais (como a tolerância e a igualdade de direitos) e a presença de preconceitos que entravam seu alcance, em especial quanto à sua aplicação aos judeus. Um dos exemplos mais notórios dessa contradição é o caso de Voltaire, estudado por Léon Poliakov (1985).

Mendelssohn, destacado representante do iluminismo moderado alemão, é também o grande expoente do iluminismo judaico (a Haskalá). Ao transitar existencial e intelectualmente entre dois mundos – a comunidade judaica e a sociedade alemã –, sua vida e seu pensamento são cruciais para o rompimento das barreiras sociais e espirituais que separam o judaísmo da Europa moderna. Sua imagem como judeu socialmente aceito e intelectualmente respeitado pelo mundo não-judeu teve imenso impacto. Seu esforço teórico, empreendido no sentido da harmonização desses dois mundos, consiste em explicara particularidade do judaísmo de modo a mostrar sua compatibilidade com o racionalismo moderno e com as exigências universalistas que dele decorrem. Trata-se, assim, de responder aos desafios lançados por Espinosa, bem como àqueles que nascem do mundo cristão.

Moisés Mendelssohn (1729-1786) nasceu em Dessau, onde recebeu uma formação judaica tradicional. Estudante talentoso do *Talmud*, dos textos rabínicos e da filosofia medieval, aos 14 anos ele se muda para Berlim para continuar seus estudos na ***yeshivá*** dirigida pelo antigo rabino de Dessau, David Fraenkel. Em Berlim, sem jamais abandonar a estrita observância dos preceitos religiosos judaicos e os trabalhos dedicados à comunidade e à renovação do judaísmo, Mendelssohn entra em contato com a cultura laica e aprende línguas (alemão, latim, grego, inglês e francês), matemática, lógica e filosofia, sendo particularmente influenciado pelas ideias racionalistas de Christian Wolff e pelo liberalismo de John Locke.

YESHIVÁ
Nome dado às instituições judaicas dedicadas ao estudo da *Torá* e do *Talmud*.

Em 1754 Mendelssohn trava amizade com o grande dramaturgo, polemista e crítico literário Gotthold Ephraim Lessing (1729-1781), figura central do iluminismo alemão. Com sua ajuda, ele estabelece contato social com a nata da intelectualidade da época e publica obras que abordam diversas questões filosóficas (metafísica, estética, psicologia, filosofia da religião). Em 1763 vence o concurso da Academia Prussiana de Ciências com a dissertação *Da Evidência nas Ciências Metafísicas,* ficando à frente de Emmanuel Kant que obtém o segundo lugar. Com a publicação do*Fédon* (1767), Mendelssohn adquire reputação europeia e recebe o título de "Sócrates de Berlim". Em 1771 é eleito para a Academia de Ciências (a despeito da recusa do rei Frederico IIem aprovar esta escolha) e em 1779 é imortalizado na famosa peça de Lessing *Nathan, o sábio*. Em 1785 publica sua última obra, *Horas matutinas*,e envolve-se em uma controvérsia com o filósofo e romancista Friedrich Heinrich Jacobi (defensor da superioridade da fé sobre a razão e crítico da filosofia iluminista) quando este anuncia que Lessing teria lhe confidenciado antes de morrer sua adesão secreta ao espinosismo. Essa controvérsia dá origem à famosa "querela do panteísmo" (com a qual as ideias de Espinosa penetram com força na filosofia e na literatura alemãs, envolvendo figuras do porte de Goethe).

Ao longo de toda a sua vida, Mendelssohn conciliou o trabalho filosófico com o trabalho dedicado ao judaísmo. Em torno de 1750 ele cria o primeiro jornal moderno em hebraico (o *QoheletMusar*), com o qual pretende mostrar que a filosofia de Christian Wolff era compatível com o judaísmo. Entre 1760 e 1761 redige um comentário a um manual de lógica de Maimônides, no qual defende o estudo da lógica como instrumento necessário a uma fé correta. Escreve em 1769 um tratado em hebraico sobre a imortalidade da alma e, em 1770, um comentário sobre o *Eclesiastes*. Além disso, traduz a *Torá* em alemão, acompanhada de uma introdução e de um comentário (o *Bihur*). O objetivo da tradução é tornar o texto original do *Pentateuco* acessível aos judeus alemães, evitando as interpretações cristãs contidas na tradução de Lutero e possibilitando que as novas gerações se iniciassem na beleza poética do hebraico clássico.

Sua reputação faz de Mendelssohn o porta voz e defensor de seus correligionários. Com esse intuito, redige em 1778 uma síntese do direito judaico para uso dos tribunais alemães e uma tradução em alemão da *Defesa dos Judeus*, um escrito de Menasseh ben Israel graças ao qual este rabino de Amsterdã (que foi um dos professores de Espinosa) obteve de Oliver Cromwell a autorização para os judeus voltarem a viver na Inglaterra. No prefácio dessa obra, Mendelssohn defende pela primeira vez a igualdade cívica dos judeus e sustenta, em nome da liberdade de consciência, que nenhuma religião tem o poder de banir seus fiéis. Por fim, em 1783, como resposta ao desafio do teólogo suíço Johann Kaspar Lavater de justificar a preservação de suas crenças religiosas ou converter-se ao cristianismo, escreve sua obra principal – *Jerusalém ou sobre o poder religioso e o judaísmo* –, na qual aprofunda e sistematiza suas ideias sobre a compatibilidade entre o judaísmo e os valores universais do iluminismo.

Antes de examinarmos as teses centrais de *Jerusalém*, é importante assinalar que o racionalismo de Mendelssohn não é o racionalismo absoluto de Espinosa, mas se inspira, através de Wolff, no esforço empreendido por Leibniz para escapar das teses radicais de Espinosa acerca de Deus e da alma humana. Isso significa que Mendelssohn pretende resgatar em suas obras filosóficas teses metafísicas centrais para o teísmo, como a tese da natureza pessoal de Deus e a da imortalidade da alma. Assim, nas *Horas matutinas* ele defende que a razão é capaz de demonstrar a existência de Deus, considerado como um ser dotado de intelecto e vontade, e, portanto, possuidor de atributos como onisciência, justiça e bondade. No *Fédon*, por sua vez, ele busca demonstrar a imortalidade da alma articulando o clássico argumento que defende sua indestrutibilidade (com base na simplicidade da substância espiritual), com um argumento que defende a preservação da consciência individual na vida futura (com base na tese da bondade divina). Quanto à liberdade, embora Mendelssohn reconheça que não pode haver ato não causado, ele substitui o determinismo lógico de Espinosa pelo determinismo moral de Leibniz, de acordo com o qual a conduta humana é determinada pela apreensão do bem (ou seja, nós necessariamente escolhemos o que nos parece ser o melhor). Neste quadro determinista, a punição do pecador é justificada apenas por sua função purificadora, pois como a justiça divina está à serviço da sua bondade, não há danação eterna.

A demonstração dessas teses permite sustentar que o núcleo essencial da religião não reside na aquiescência a dogmas, mas se funda na razão natural e na lei moral universal dela derivada. Sendo inteiramente racional, este núcleo é igualmente accessível a todos e está em completa harmonia com o monoteísmo ético que constitui o cerne do judaísmo. Em seu esforço para conciliar filosofia e religião, Mendelssohn evita o panteísmo, assim como o deísmo e o ateísmo radicais defendidos pelos Enciclopedistas, de modo a harmonizar o racionalismo moderado da tradição Leibniz-wolffiana com o judaísmo histórico.

Vejamos então os principais elementos de *Jerusalém* que permitem estabelecer a congruência entre judaísmo e iluminismo. A obra está dividida em duas grandes partes. Na primeira, Mendelssohn defende a separação entre Estado e Igreja e argumenta, com base em sua compreensão da religião como um domínio regido inteiramente pela liberdade de consciência, a favor da emancipação política dos judeus e de seu direito a praticarem livremente sua religião. Isso significa que o judaísmo é interpretado como sendo exclusivamente uma religião, de modo que o judeu pode ser integrado ao Estado na qualidade de cidadão de fé mosaica. Dado o caráter laico do Estado, nenhuma convicção religiosa pode subtrair uma pessoa da igualdade civil, nem tampouco conferir-lhe privilégios políticos. A ênfase na liberdade de consciência, na qual se enraíza toda religião, deriva de uma concepção do direito natural e do contrato social que defende seu caráter inalienável e seu valor supremo. Nem mesmo a preocupação com a paz e a segurança da ordem social tem o direito de restringir o seu exercício. Do valor supremo concedido à liberdade de consciência decorre a tese de que nem o Estado nem as Igrejas podem impor convicções religiosas particulares ou sanções a estas convicções. Isso significa que Mendelssohn, em conformidade com a posição adotada no prefácio à sua tradução da *Defesa dos Judeus*, recusa a legitimidade da excomunhão de Espinosa. Heresias não são puníveis. Nem o Estado nem as religiões têm o direito de excomunhão. Afinal, o objetivo da religião é promover a virtude e esta não pode resultar da coerção, mas apenas da pureza da convicção. O único meio legítimo de agir sobre as consciências é a educação.

Na segunda parte, Mendelssohn apresenta sua definição do judaísmo e uma defesa sutil de sua harmonia com os valores do iluminismo. Sua tese fundamental pode ser condensada na seguinte afirmação: o judaísmo não é uma religião revelada, mas uma legislação revelada. Essa tese, por sua vez, repousa sobre uma compreensão do judaísmo como constituído por três elementos: (1) as verdades eternas da razão; (2) as verdades históricas contidas na narrativa bíblica; (3) a lei cerimonial. O primeiro elemento, sendo racional, é universal; os dois outros, sendo fundados na revelação, são particulares.

Quanto ao primeiro elemento, ele significa que as crenças religiosas relativas à existência de Deus, sua bondade e sua preocupação com a felicidade dos homens não derivam de nenhuma revelação sobrenatural endereçada a qualquer religião particular. O conhecimento dessas verdades, que é condição para a beatitude, deve estar igualmente disponível para todos, pois se uma revelação destinada a apenas uma parcela da humanidade fosse necessária para conhecê-las, haveria contradição com a bondade de Deus. As verdades eternas, portanto, devem ser comunicadas aos homens sem a mediação de ocorrências miraculosas. O critério da verdade religiosa não se funda em milagres (que não produzem conceitos e não têm função teórica), mas na evidência racional da doutrina. Assim, essas verdades devem estar inscritas na consciência de cada homem e ser diretamente acessíveis ao intelecto natural, isto é, ao bom senso, antes mesmo de receberem demonstrações rigorosas através dos raciocínios sutis da metafísica e da teologia natural.

Ora, as verdades eternas que constituem o núcleo de crenças religiosas comuns a todos os homens coincidem inteiramente com o conteúdo doutrinário do monoteísmo ético judaico. Para estabelecer que esse elemento do judaísmo não apenas é universal, mas é reconhecido como tal pela tradição judaica, Mendelssohn se baseia no conhecido dito talmúdico que afirma que "os piedosos de todas as nações têm um quinhão no mundo vindouro". Com isso, Mendelssohn mostra não apenas que o primeiro elemento constitutivo do judaísmo está em total acordo com o exercício da razão, mas defende também a superioridade do judaísmo sobre o cristianismo, pois este último inclui a aceitação de dogmas (como a trindade, a encarnação e a transubstanciação) que contrariam ou transcendem a capacidade da razão.

Dado o caráter universal da religião da razão contemplado no primeiro elemento, como se dá a transição para os dois outros elementos e qual a função específica da revelação judaica? Ou seja, o que significa dizer que o judaísmo é uma Lei revelada? A transição se baseia numa restrição ao otimismo racionalista que sustenta o primeiro elemento. Com efeito, as crenças racionais têm necessidade de expressões materiais (símbolos e signos) para poderem ser guardadas na memória e meditadas. Porém, ao serem fixadas em imagens, hieróglifos e letras, as crenças são traídas e perdem sua significação autêntica para se cristalizar em ídolos, tornando possível todas as idolatrias que separam os homens de Deus e os opõem entre si. Ou seja, a clareza original e natural do espírito humano tende a ser obscurecida e degradada ao longo da história em virtude da necessidade humana de usar signos sensíveis para expressar conceitos abstratos, sendo esta a causa primeira da idolatria. A necessidade da revelação decorre, assim, da necessidade de preservar a pureza da crença racional em Deus.

Deste modo, Mendelssohn sustenta que uma revelação foi recebida pelo povo judeu – revelação sobrenatural e confirmada por milagres –, narrando as verdades sobre a história santa por ele vivida e transmitindo uma legislação cuja obediência garante ao monoteísmo ético uma expressão livre de idolatria. A lei religiosa serve, portanto, de proteção e estímulo à religião da razão. Ela não é a fonte da qual brota o conhecimento das verdades eternas da religião, mas, mediante as práticas rituais e cerimoniais com que a lei preenche a vida do fiel, ela preserva estas verdades de deturpações imaginativas e fornece o estímulo constante para que os homens se lembrem delas e reflitam sobre elas. Decorre daí que o único privilégio sobrenatural do povo judeu consiste em preservarem sua pureza racional o monoteísmo ético inato em todos os homens, de modo que a particularidade do judaísmo se encontra exatamente na sua função ímpar a serviço do universal. Com essa tese, Mendelssohn substitui a noção de eleição do povo judeu pela de sua missão, que consiste em garantir a integridade da religião natural da razão e em disseminá-la entre os gentios.

Com essa compreensão da função particular da revelação e da missão do judaísmo ao longo da história, Mendelssohn contraria a tese defendida por Espinosa de que a lei judaica seria essencialmente política e de que sua obediência só seria obrigatória durante a existência do Estado Hebreu. Ele reconhece, evidentemente, que a lei religiosa estava vinculada, no judaísmo antigo, à lei política, mas sustenta que este vínculo não acarretava entre elas nenhuma confusão. Segundo sua leitura, não era a política que determinava as crenças e artigos de fé no antigo Estado Hebreu, mas, ao contrário, era o plano espiritual que condicionava o plano político, colocando as leis políticas a serviço da preservação da liberdade de consciência religiosa. Assim, o rigor das sanções que encontramos nas narrativas da *Torá* deve ser compreendido como se referindo apenas às ações transgressoras da ordem política e não a supostos pecados de opinião. De todo modo, após a destruição do Estado pelos romanos a lei política perde sua validade, mas não a lei religiosa (os mandamentos) cujo valor é eterno e cuja obediência pelos judeus na Diáspora, além de garantir sua unidade, promove sua missão à serviço da religião da razão.

Por fim, a explicitação dessa missão, inteiramente fundada no valor supremo da liberdade de crença, é sempre acompanhada da defesa da tolerância e do respeito à diversidade das crenças religiosas e dos meios disponíveis para a salvação, a ponto de Mendelssohn concluir sua obra com uma defesa teológica dessa diversidade como constitutiva do plano e da meta da providência divina.

Ao defender que o judaísmo não é uma fé revelada, mas uma lei revelada, Mendelssohn, como vimos, propõe uma primeira tentativa de resposta a Espinosa e ao iluminismo acerca da compatibilidade entre judaísmo (obediência à Lei e preservação da tradição) e modernidade (valorização da liberdade de consciência e da autonomia individual). Essa resposta, no entanto, não é desprovida de dificuldades. Por que apenas os rituais judaicos garantiriam a pureza da religião da razão? Que nexo racional vincula esses rituais específicos (como, por exemplo, os rituais alimentares) ao conteúdo racional da religião? Por outro lado, como compatibilizar o tema da missão do povo judeu com a defesa da diversidade dos meios de salvação como parte integrante do plano divino? Afinal, se os outros povos podem atingir a salvação sem seguir a lei judaica (o que é exigido pela tese da bondade divina), por que os judeus deveriam continuar a praticá-la? Por fim, apesar da sofisticação da construção intelectual formulada por Mendelssohn, um dos seus pontos fracos consiste exatamente em que o caráter cerebral dessa construção é desprovido de apelo emocional, sendo, por isso, pouco eficaz para capturar e preservar a fidelidade dos seus correligionários. Essas dificuldades suscitaram críticas ferrenhas, sobretudo por parte dos tradicionalistas que sustentam que a defesa da integração dos judeus acaba por conduzi-los à assimilação.

* * *

A despeito das importantes diferenças que separam as posições de Espinosa e de Mendelssohn quanto ao significado do judaísmo na modernidade, o diálogo estabelecido entre suas filosofias repousa sobre um denominador comum: ambos são pensadores racionalistas para os quais o conhecimento teórico de Deus exerce uma função central na fundamentação da ética e na determinação da função da religião.

No entanto, no final do século XVIII e início do século XIX esse denominador comum sofrerá diversos ataques que transformarão radicalmente o cenário filosófico, introduzindo novas tonalidades no diálogo constitutivo da filosofia judaica. Por um lado, a filosofia crítica de Kant procurará demonstrar de uma vez por todas que a razão humana não é capaz de conhecer objetos suprassensíveis como Deus, a imortalidade da alma e a liberdade da vontade. Com isso, ela deslocará a investigação metafísica do campo teórico para o campo prático, substituindo as pretensões cognitivas da metafísica tradicional por uma abordagem em que seus temas clássicos são tratados como simples ideias e postulados da razão, pressupostos necessários para que possamos pensar (mas não conhecer) as exigências universais da moralidade e suas relações com a religião. Por outro lado, a própria noção de "verdades universais e necessárias" (que preserva sua importância no kantismo) será em seguida atacada tanto pelo romantismo, quanto pelo historicismo e pelo existencialismo.

Essas múltiplas correntes, apropriadas criativamente por diversos pensadores, transformarão a conversação filosófica judaica em uma verdadeira polifonia. Se a apropriação judaica do kantismo, através da obra de Hermann Cohen, trará para o primeiro plano dessa conversação o tema ético da relação com o Outro, abordado ainda na perspectiva de um universalismo formal, as apropriações subsequentes deste tema a partir da perspectiva existencial – tanto na obra de **Franz Rosenzweig**, quanto nas de **Martin Buber** (1878-1965) e de Emmanuel Lévinas – substituirão sua abordagem abstrata através da construção de sistemas pela

FRANZ ROSENZWEIG
Nascido em Kassel (Alemanha), Franz Rosenzweig (1886-1929) é considerado um dos mais importantes filósofos e teólogos judeus do século XX. Amigo e colaborador de Buber, formula o "Pensamento Novo", uma forma de existencialismo religioso que rompe com o sistema idealista hegeliano (que submete o indivíduo à totalidade que o engloba) e defende o valor irredutível da existência do indivíduo singular. Sua obra maior, A Estrela da Redenção, foi publicada em 1919 e redigida em grande parte no front durante a Primeira Guerra Mundial.

MARTIN BUBER
Para uma apresentação de alguns dados biográficos e das ideias centrais de Martin Buber, formuladas em sua Filosofia do Diálogo, remeto o leitor ao texto de Sonia Kramer ("Religiões, religiosidade e diálogo: Martin Buber e a ética da escuta") publicado nesta coletânea.

tematização concreta do encontro imediato com Deus, da experiência direta da relação interpessoal, da relação dialógica entre Eu e Tu, ou ainda da relação assimétrica com o Outro, pelo qual cada um de nós é inteiramente responsável. Nas suas mais variadas formas, a filosofia judaica contemporânea se concentrará particularmente na reflexão sobre a ética como filosofia primeira, na consideração do eu como ser em relação e na interrogação sobre o sentido (ou sem sentido) da ausência de Deus durante a *Shoah*.

Não cabe, evidentemente, examinar aqui estes desdobramentos. Menciono-os, no entanto, com o intuito de indicar a riqueza de temas e perspectivas constitutivos da filosófica judaica e com a expectativa de suscitar no leitor o desejo de neles se aprofundar. Fica aqui meu convite para continuarmos essa conversação em uma outra oportunidade.

A PARÁBOLA DA VERDADE E DA MENTIRA

Certa vez, a Mentira e a Verdade se encontraram.

A Mentira, dirigindo-se à Verdade, disse-lhe:

– Bom dia, dona Verdade!

Zelosa de seu caráter, a Verdade, ouvindo tal saudação, foi conferir se realmente era um bom dia. Olhou para o alto, sem nuvens de chuva. Os pássaros cantavam. Não havia cheiro de fumaça na mata. Tudo parecia perfeito.

Tendo se assegurado de que realmente era um bom dia, respondeu:

– Bom dia, dona Mentira!

Está muito calor hoje, não é mesmo? – disse a Dona Mentira.

Realmente o dia estava quente demais. Deste modo, vendo que a mentira estava sendo sincera, começou a relaxar, a baixar a guarda. Por qual razão haveria de desconfiar, se a dona Mentira parecia tão cordial e "verdadeira"?

Diante do calor insuportável, a Mentira, num gesto de amizade, convidou a Verdade para juntas banharem-se no rio.

Como não havia mais ninguém por perto, despiu-se de suas vestes, pulou na água e insistiu:

– Vem dona Verdade, a água está uma delícia, simplesmente maravilhosa!

O convite parecia irrecusável. Assim sendo, dona Verdade, sem duvidar da Mentira, despiu-se de suas vestes, pulou na água e deu um bom mergulho.

Ao ver que a Verdade havia saltado na água, rapidamente a Mentira pulou para fora, vestiu-se rapidamente com as vestes da Verdade que estavam à margem e se mandou sorrateira.

Tendo suas roupas furtadas, a Verdade sai da água e, ciosa de sua reputação, por sua vez, recusa-se a vestir-se com as roupas da Mentira, deixadas para trás.

Certa de sua pureza e inocência, nada tendo do que se envergonhar, não tendo outra opção, saiu nua.

Desde então, aos olhos das pessoas, ficou mais fácil aceitar a Mentira vestida com vestes da Verdade do que aceitar a Verdade nua e crua.

MUSEU, PATRIMÔNIO, MEMÓRIA, HISTÓRIA
e a dinamização da cultura judaica

CRISTINA CARVALHO

OS MUSEUS E A CIDADE

Os museus, assim como outros equipamentos culturais, estiveram, desde sua origem, ligados a uma ideia de monumentalidade e, nas últimas décadas, esses espaços têm apresentado cada vez mais uma tendência a ocupar uma posição de destaque no desenho das cidades. Na verdade, já na segunda metade do século XX, a arquitetura dos museus esteve frequentemente associada a processos de requalificação urbana, e esse é um movimento observado em vários países. Analisando essa temática, Barranha (2006, p. 181) destaca que:

> O projeto de um museu pressupõe uma interpretação da cidade, nas suas múltiplas dimensões, sendo essa leitura materializada numa intervenção arquitetônica que ultrapassa a escala do edifício, redesenhando a área envolvente ou promovendo a redefinição global da imagem da cidade. À semelhança de outros equipamentos culturais, os museus tendem a tornar-se lugares de referência, tanto a nível funcional como simbólico, contribuindo assim ativamente para a construção de uma nova iconografia urbana.

Para o autor, esse fenômeno foi impulsionado pelas chamadas indústrias de lazer e pelo crescimento do turismo cultural, fazendo com que os museus se apresentem hoje "como elementos preponderantes na gestão do patrimônio cultural, com uma reconhecida capacidade para mobilizar multidões de visitantes" (Barranha, 2006, p. 183).

A inauguração do Museu de Arte do Rio (MAR) em 2013, promovendo, desde então, atividades educativas e culturais de modo intenso e sistemático, é um exemplo desse movimento de revitalização urbana e cultural. Através das ações desenvolvidas pela instituição, é possível constatar que vem alcançando o objetivo, explicitado em seu site, de buscar a integração entre arte, história e educação. Assumindo, portanto, a educação como função principal, o MAR tem oferecido cursos, seminários nacionais e internacionais, palestras e workshops, constituindo-se, assim, como um espaço de formação continuada. A grande procura pela instituição envolve então não apenas os espaços expositivos, mas também uma busca pelas inúmeras atividades desenvolvidas ao longo desses três anos. O MAR está instalado na Praça Mauá, centro da cidade do Rio de Janeiro – região portuária –, local abandonado durante décadas pelo poder público. Sua arquitetura contempla dois prédios de perfis heterogêneos e interligados: o Palacete Dom João VI, tombado e eclético, e o edifício vizinho, de estilo modernista – originalmente um terminal rodoviário.

A também recente inauguração do Museu do Amanhã, em 2015, construído na mesma região, muito próximo ao MAR, é outro exemplo desse movimento no Brasil, e mais especificamente na cidade do Rio de Janeiro. Desde o primeiro momento, o Museu do Amanhã atraiu um público recorde e vem mantendo uma grande procura, provocando filas a cada final de semana. Com apenas cinco meses de funcionamento, atingiu a marca histórica de 500 mil visitantes. É, portanto, incontestável que a inauguração desses dois museus tem levado a população carioca a se aproximar de uma instituição tradicionalmente distante da maioria das pessoas.

Investimentos na área da cultura e iniciativas como as aqui citadas certamente devem ser destacados. Contudo, cabe ressaltar a atenção necessária às parcerias público-privada e sinalizar o abandono de inúmeros museus em todo o país, aspectos que não se configuram como foco deste texto. A intenção é trabalhar com o que há de positivo em investimentos na área da cultura, os benefícios da revitalização de espaços públicos e, principalmente, ressaltar o papel social dos museus – enquanto local de cidadania, identidade e criação –, destacando os museus judaicos localizados no Brasil e em alguns países.

AÇÃO EDUCATIVA EM MUSEUS: PRODUÇÃO DE CONHECIMENTO E CULTURA

Refletindo sobre a posição de destaque que os museus têm ocupado no desenho das cidades, para Asencio e Pol (2002, p. 21), esferas sociais distintas – o patrimônio natural, o patrimônio cultural, a própria sociedade e seu funcionamento e o cenário virtual – educam e têm características e objetivos específicos, que absolutamente não são redutíveis entre si. Na perspectiva dos autores, um museu, um monumento, um passeio pela cidade, um fórum de discussão virtual ou mesmo um tema exposto em sala de aula são cenários de aventuras intelectuais e, por isso, compartilham chaves didáticas que vão além de meras coincidências.

A escola, portanto, deixou de ser o único lugar de transmissão do saber, em função da legitimação social de uma variedade de saberes que circulam por outros canais, difusos e descentralizados. "Vivemos num ambiente de informação que recobre e mistura vários saberes e formas muito diversas de aprender, ao mesmo tempo que se encontra fortemente descentrado em relação ao sistema educativo que ainda nos rege, organizado em torno da escola e do livro" (Martin-Barbero, 2006, p. 56).

Bannell et al. (2016) ressaltam o quanto as transformações pelas quais passa a sociedade são constituintes de nossa identidade e de nosso patrimônio porque, conforme destaca Varine (2012, p. 13), "tudo o que tem sentido para nós, o que herdamos, criamos, transformamos e transmitimos é o patrimônio tecido de nossa vida, um componente da nossa personalidade". Mas o autor complementa que, de modo geral, não estamos conscientes desse patrimônio, porque a educação que recebemos elimina a sua maior parte, em nome de critérios acadêmicos e estéticos.

Varine (2012, p. 137) afirma, ainda, que aquilo que diz respeito ao patrimônio diz respeito ao cidadão, e que a educação patrimonial é uma ação de caráter global, dirigida a uma população e a seu território, utilizando instituições como a escola e o museu, mas sem se identificar com qualquer uma delas em particular. Seu objetivo é claramente o desenvolvimento local, e não a mera aquisição de conhecimentos sobre o patrimônio, ou uma animação cultural. A proposta visa levar o maior número possível de membros da comunidade a conhecer, dominar e utilizar o patrimônio comum dessa comunidade.

Para Manoel-Cardoso (2014, p. 141), "o patrimônio parece ajudar-nos a estar juntos num sentimento de humanidade global, decididamente antropocêntrico, que talvez seja o melhor antídoto para enfrentarmos a *Mudança*, seja ela real ou imaginada". Ressalta que "o patrimônio – sejam quais forem os *objetos* e a materialidade que se considerem – é um 'código' e uma 'codificação' que permitem à consciência fazer a gestão da *Relevância* e colocá-la em Memória" (p. 143). Manoel-Cardoso (2014, p. 147) considera que"com o Patrimônio constatamos que *comunicar* não se esgota no *dizer*. Nele, nem comunicar é apenas dizer" (p. 147).

O que dizer então dos museus brasileiros? O que esteve presente no projeto de criação de nossos museus? O que pretendiam comunicar? Para Machado (2005), a análise do conjunto das políticas culturais no Brasil aponta para uma forte influência do pensamento europeu acerca das instituições museais que, no século XIX, "privilegiaram os museus históricos, com tendências a articular a filosofia iluminista com a discussão da questão nacional e a expor objetos que possuíam a dupla função de relembrar o passado e comprovar fatos da história das nações" (p. 138). Esse século ficou conhecido como "a era dos museus brasileiros", com a fundação de instituições que passaram a ser vistas como meios de ensino da história que se pretendia divulgar, ligadas pelo fio condutor de datas, fatos e personagens, em um projeto de preservação de seus testemunhos materiais e da composição do plano nacional de educação. Ou seja, "o ideário que rege a criação de instituições voltadas à preservação da história nacional prende-se ao princípio da valorização dos grandes heróis e de seus grandes feitos como objetos dignos de culto e veneração" (p. 140). Desde então, inúmeros projetos museológicos conviveram em nosso país, ora contemplando os empenhos para a criação de um estado-nação, utilizando esses espaços como instrumentos de veiculação de discursos oficiais, com tendência à efetivação de ideais como, por exemplo, do regime militar, ora buscando acompanhar os debates em torno da própria museologia, que se abria para uma concepção de museu como instrumento de desenvolvimento social, enquanto espaço de contato e de interação com a história e com a cultura.

Muitos museus brasileiros já conseguem compreender que a educação através dessa instituição precisa ser compreendida a partir de práticas que abram espaço para o diálogo, que interaja com o seu público, que incentive a participação de seus visitantes. Mohen (1999) destaca que o objeto não possui realidade senão através do ser humano que o exprime e o interpreta em função de uma cultura.

A necessidade de classificar e categorizar ações, atitudes e mesmo instituições apresenta-se como uma característica da nossa sociedade. Na verdade, a classificação ou a tipologia é a tentativa de definir diferentes categorias partindo de um consenso. No campo museal esse movimento não é diferente e, assim como em outras áreas, as fronteiras são fluidas, e o mesmo museu pode pertencer a mais de uma categoria. As tipologias surgem com a narrativa museal e com seu acervo (patrimônio).

No questionário de cadastramento do Cadastro Nacional de Museus, realizado pelo IBRAM (2011, p. 19-20), foi solicitada a informação sobre a tipologia das coleções que são preservadas e comunicadas nas instituições, permitindo a classificação em mais de uma das categorias, descritas no Guia e listadas a seguir:

- **Antropologia e Etnografia:** coleções relacionadas às diversas etnias, voltadas para o estudo antropológico e social das diferentes culturas. Ex: acervos folclóricos, artes e tradições populares, indígenas, afro-brasileiras, do homem americano, do homem do sertão etc.
- **Arqueologia:** coleções de bens culturais portadores de valor histórico e artístico, procedentes de escavações, prospecções e achados arqueológicos. Ex: artefatos, monumentos, sambaquis etc.
- **Artes Visuais:** coleções de pinturas, esculturas, gravuras, desenhos, incluindo a produção relacionada à Arte Sacra. Nessa categoria, as chamadas Artes Aplicadas também são incluídas, ou seja, as artes voltadas para a produção de objetos, tais como porcelana, cristais, prataria, mobiliário, tapeçaria etc.

- **Ciências Naturais e História Natural:** bens culturais relacionados às Ciências Biológicas (Biologia, Botânica, Genética, Zoologia, Ecologia etc.), às GeoCiências (Geologia, Mineralogia etc.) e à Oceanografia.
- **Ciência e Tecnologia:** bens culturais representativos da evolução da História da Ciência e da Técnica.
- **História:** bens culturais que ilustram acontecimentos ou períodos da História.
- **Imagem e Som:** documentos sonoros, videográficos, filmográficos e fotográficos.
- **Virtual:** bens culturais que se apresentam mediados pela tecnologia de interação cibernética (internet).
- **Biblioteconômico:** publicações impressas, tais como livros, periódicos, monografias, teses etc.
- **Documental:** pequeno número de documentos manuscritos, impressos ou eletrônicos, reunidos intencionalmente a partir de uma temática.
- **Arquivístico:** conjunto de documentos acumulados por pessoas ou instituições, públicas ou privadas, durante o exercício de suas atividades, independentemente do suporte.

MUSEUS JUDAICOS: PRESERVAÇÃO DA MEMÓRIA E DINAMIZAÇÃO DA CULTURA JUDAICA

E sobre os museus judaicos no Brasil e no mundo? O que é possível dizer? Conforme destaca Vaz (2012), após a Segunda Guerra Mundial e o Holocausto, os museus judaicos mudaram de paradigma, interpretando a necessidade de recolher, salvaguardar e divulgar não só a cultura material religiosa judaica como também todos os objetos relacionados com a perseguição dos judeus e o antissemitismo, de modo a preservar a memória de seis milhões de judeus que morreram em decorrência do Nazismo. Esse episódio tenebroso da história da humanidade é um tema recorrente em muitos dos museus judaicos, e, em vários países, há museus dedicados especificamente ao Holocausto, como o Museu do Holocausto *Yad Vashem* em Jerusalém, o Museu Judaico de Berlim ou o Museu do Holocausto de Nova Iorque, de Washington, ou Paris.

Para Loewy (2012, p. 46), essa mudança representa o quanto "os fragmentos das materialidades judaicas que sobreviveram ao *Shoah* (Holocausto) tornaram-se relíquias do martírio, como se o sacrifício da vida representasse o fim absoluto do mundo judaico antigo e a criação de um novo".

Quando se fala em museu judaico, assim como quando se faz alusão a instituições dedicadas a trazer um pouco da história de todo outro povo, é preciso ressaltar as diferenças existem no interior de cada cultura. Em um artigo publicado na revista francesa *Passages*, o jornalista André Goezu afirmou que a diversidade dos museus judaicos, além de também revelar a visão de seus idealizadores, reflete a diversidade do judaísmo através dos séculos.

Os museus judaicos podem ser encontrados em vários países e, acima de tudo, narram a história do povo judeu, as tradições, rituais, cerimônias religiosas e diferenças entre os judeus de origem distintas (seculares e ortodoxos –judeus em seus países de origem, antes da migração).

No Brasil existem três museus judaicos. Há também o Centro Cultural Judaico de Pernambuco, instalado na Sinagoga Kahal Zur Israel, primeira das Américas, datada do século XVII. Foi mantida pelo domínio holandês durante treze anos, entre 1641 e 1654. A casa, localizada no bairro do Recife Antigo, foi restaurada e reaberta ao público em 2001. Neste Centro é possível perceber onde viveram, como viviam e o que faziam os cristãos novos e judeus que chegaram ao Recife, em tempos de intolerância na Europa Ibérica e de exercício de liberdade religiosa num Brasil a se constituir. Com três andares, o espaço cultural abriga exposição permanente sobre a chegada dos judeus no Brasil, fotografias e documentos históricos sobre a construção da Sinagoga. Há ainda outra mostra sobre os vestígios arqueológicos da ***Mikvê***. O prédio ainda oferece salas de vídeos, loja de artesanato e teatro.

Na primeira versão do Curso de Extensão, apresentamos a proposta do Museu Judaico da cidade do Rio de Janeiro e de outros museus judaicos, com ênfase no Museu do Holocausto, localizado na cidade de Berlim. A cidade do Rio de Janeiro possui um museu judaico, situado no centro da cidade. Em sua página na internet é possível encontrar a seguinte descrição:

> O Museu Judaico do Rio de Janeiro, fundado em 1977, com a doação de uma *menorá* (candelabro de sete braços, um dos principais símbolos do judaísmo), é um centro cultural dinâmico, integrado à vida da cidade com atividades estruturadas em torno do binômio preservação da memória/dinamização da cultura judaica. Mantém exibições permanentes sobre a história da comunidade judaica no Rio e as tradições do judaísmo em todos os seus aspectos -- religioso, cultural e histórico -- e realiza exposições, em sua sede e em outras instituições, além de promover pesquisas acadêmicas sobre imigração e concursos anuais para estudantes. Tem ainda um Núcleo de Estudos, com pesquisas sobre imigração e Holocausto, uma videoteca com mais de mil títulos e uma biblioteca temática.

MIKVÊ
Uma espécie de pequena piscina, com água corrente, que existe nas sinagogas, utilizada para a imersão ritual de purificação.

O primeiro Museu do Holocausto no Brasil foi inaugurado em 2011, na cidade de Curitiba, no Paraná. Em sua página na internet, é possível identificar seu objetivo: contar histórias que não podem ser esquecidas e que devem ser transmitidas às próximas gerações. Com uma vocação educativa e linha pedagógica bem definida, mostra os acontecimentos da guerra através de histórias de vítimas que possuem ligação com Brasil ou Paraná. Na concepção de seus idealizadores, trata-se de uma ferramenta contra a desumanização nazista, humanizando as vítimas e ressaltando a vida.

Em 2012 teve início a construção de um outro museu judaico na maior cidade da América Latina: o Museu Judaico de São Paulo (MJSP). Em sua página na internet, a missão do museu é: resgatar, preservar, pesquisar e expor as tradições religiosas, a história, a arte e a cultura judaicas através de exposições e ações socioeducativas, divulgando a trajetória do povo judeu no mundo e, em especial, no Brasil.

Indicação de alguns museus judaicos pelo mundo que, em sua maioria, podem ser acessados em suas páginas da internet. O Museu Judaico de Praga foi fundado em 1906 e possui uma das maiores coleções de objetos rituais e religiosos – ou Judaica, como são tratadas essas coleções – de todo o mundo, cobrindo principalmente os séculos XVI a XIX. Seu acervo reflete a trajetória e o destino dos judeus da Boêmia e da Morávia, cuja presença na Checoslováquia vem desde o século X. Durante a Segunda Guerra Mundial, os judeus foram deportados para os campos nazistas e suas coleções enviadas para Praga, onde foram cuidadosamente catalogadas por curadores e historiadores de arte, também judeus, sob a supervisão dos alemães. Manuscritos raros, livros antigos em hebraico, rolos da Torá, ornamentos de prata, quadros e outros objetos foram gradativamente transferidos para os cofres nazistas. Parte dessas coleções integra o atual acervo do Museu Judaico, permitindo aos visitantes conhecer um pouco mais sobre as comunidades judaicas da região. Um manuscrito em hebraico, do século XIV, um livro em hebraico impresso em Praga em 1526, estão expostos ao lado de objetos de prata dos séculos XVIII e XIX.

O Museu Judaico de Praga possui, também, uma das maiores coleções do mundo de adornos cerimoniais. Especialistas afirmam que o estilo desses ornamentos revela um intercâmbio entre os artistas judeus de Praga e de outros centros da Europa, seguindo certas tendências da época. Afirmam ainda que o acervo desse museu, centrado principalmente em objetos religiosos, revela a importância da espiritualidade, dos simbolismos e das tradições para os judeus. A coleção de Judaica, como as pessoas que criaram os objetos e também as que os utilizavam, possui elementos que refletem a influência das comunidades vizinhas. São testemunhas silenciosas de um estilo de vida e das experiências de seus criadores. Em 1996, esse museu de Praga foi entregue à administração da comunidade judaica local. Atualmente o museu administra cinco sinagogas – *Maisel, Pinkas, Klaus*, a *Espanhola* e a Sinagoga Velha Nova –, o Cemitério Judeu de Praga e os arquivos da comunidade que estão na *Sinagoga de Smichov* (distrito de Praga).

Em Paris (França), o Musée d'Art et d'Histoire du Judaïsme foi inaugurado em 1998 e está localizado no antigo Hotel Saint-Aignan, com um objetivo principal: a reconstituição das principais fases da história das comunidades judaicas da França, Europa em geral e África do Norte, apresentando os fundamentos da cultura e da vida religiosa através das tradições artísticas do mundo judaico. Do ponto de vista histórico, o acervo apresenta suas diversas mostras organizadas cronologicamente, abordando as ondas migratórias, as perseguições, a Revolução Francesa e a Emancipação, o Caso Dreyfus e os eventos mais recentes do século XX envolvendo o povo judeu. São realizadas também exposições sobre a participação judaica no cotidiano nacional, sua organização social, costumes, folclores, língua e literatura.

O Museu possui ainda um espaço para coleções especiais, como a de Isaac Strauss (1806-1888), que inclui objetos rituais oferecidos pelo barão Nathaniel de Rothschild (1812–1870), às autoridades francesas, em 1860, e até então guardados no Museu Nacional da Idade Média. As coleções e objetos expostos no antigo Museu de Arte Judaica também foram transferidos para essa instituição, incluindo pinturas do século XVIII e maquetes de sinagogas. Há também coleções e exibições vindas de outros museus judaicos, como o Museu de Israel, em Jerusalém; Museu Judaico de Praga; Museu Judaico de Nova York.

O Museu de Arte Moderna do Centro Georges Pompidou, por exemplo, cedeu obras criadas por artistas judeus do início do século XX, incluindo Chagall e Lipchitz. Nesse Museu também está exposto o primeiro livro publicado em Lisboa, em 1489, e um dos primeiros publicados em Portugal – Comentários sobre o Pentateuco (os cinco primeiros livros da Bíblia). Desde sua inauguração, o Museu de Arte e História Judaica francês tem contado com o apoio de doadores, o que tem permitido ampliar o seu acervo. Recentemente, os netos do capitão Dreyfus doaram todos os arquivos da família referentes ao avô.

O Museu Judaico de Berlim (Alemanha), desde sua inauguração em 2001, tornou-se uma das principais atrações e é um dos museus mais visitados da cidade. É o maior museu judaico da Europa e sua exposição permanente apresenta ao visitante dois milênios de história judaico-alemã e a relação entre judeus e não-judeus. O impressionante prédio do arquiteto Daniel Libeskind é uma obra de arte da arquitetura moderna que por si só já é uma atração. É um prédio cheio de simbolismos que conecta sua arquitetura com o tema do museu – seu desenho, suas formas, suas estruturas em si recriam atmosferas e contam histórias. A história dos judeus na Alemanha, a perseguição e o holocausto serviram de inspiração para Daniel Libeskind, filho de judeus sobreviventes do holocausto, desenhar o prédio. O arquiteto chama seu projeto de "Between the Lines" (Entre as Linhas), pois considera que "são duas linhas de pensamento, organização e relacionamento. Uma é uma linha reta, mas quebrada em muitos fragmentos, a outra é uma linha tortuosa, mas que continua indefinidamente". O prédio em forma de zigue-zague para muitos lembra a estrela de Davi despedaçada. A fachada do prédio é revestida de zinco e tem janelas que mais parecem cortes estreitos e outras com formatos diferentes e inusitados. Internamente existem cinco corredores lineares que se estendem verticalmente do subsolo até o andar mais alto. Esses corredores são chamados de "Void" e são espaços vazios com paredes nuas de concreto. Os Voids devem lembrar o vazio deixado pela destruição da vida dos judeus na Europa. Em um desses corredores encontra-se o trabalho do artista israelense Menashe Kadishman, chamado de "Shalechet" ou "Folhas Caídas": o chão é coberto por 10 mil rostos feitos de ferro, todos diferentes e faz um barulho quando pisamos sobre eles. Este é o único corredor acessível, mas os outros são visíveis de determinados pontos nos andares superiores.

Após descer a escadaria que liga as construções e entrar no prédio novo existem três eixos que se cruzam, e que simbolizam três realidades na história dos judeus na Alemanha: o "Eixo do Exílio tem paredes levemente inclinadas, o chão é irregular e se torna íngreme, assim como o caminho vai se tornando cada vez mais estreito até chegar numa porta pesada que leva ao jardim. O "Jardim do Exílio" é composto por 49 blocos de concreto, com plantas no topo, alinhados em um canteiro quadrado. Toda a área tem uma inclinação de 12 graus para causar a sensação de instabilidade, de desorientação, simbolizando o sentimento dos judeus ao serem expulsos da Alemanha. As plantas que crescem no topo dos blocos simbolizam esperança. O "Eixo do Holocausto" é um caminho que vai se tornando mais estreito e escuro e leva até a "Torre do Holocausto", uma sala de concreto com 20 metros de altura, fria e fechada que tem somente uma pequena abertura no teto por onde entra um único feixe de luz. Ao longo do "Eixo do Exílio" e do "Eixo do Holocausto" há vitrines com fotos e objetos que contam histórias de pessoas que emigraram e de outras que foram mandadas para um campo de concentração. O "Eixo da Continuidade", o mais longo dos eixos, tem uma escadaria alta com vigas de concreto se cruzando e que leva à exposição nos andares superiores. Este eixo simboliza a continuação da história, o caminho da conexão que superou os outros eixos. Numa área de 3 mil metros quadrados, a exposição permanente mostra a vida dos judeus na Alemanha, da Idade Média aos dias de hoje. Tudo é contado com documentos, cartas, fotos, imagens, vídeos, elementos interativos e objetos do cotidiano como móveis, loucas e peças do vestuário. Há muito a ser descoberto no museu sobre as tradições e cultura judaica, como a cozinha *kosher*, o casamento judeu etc. O museu tem também em sua programação exibições temporárias.

Na Grécia, o primeiro museu judaico foi criado em 1977, mas avaliou-se que o espaço era insuficiente. Assim, em decorrência de doações, foi possível construir um novo no centro de Atenas marcando, também, as comemorações de dois mil anos de presença judaica na Grécia. O acervo contém documentos sobre a deportação dos judeus gregos, trajes típicos tradicionais, objetos rituais e cortinas, entre outros. Cerca de 60 mil judeus viviam em Salônica (Grécia), no início do século XX. Atualmente, pouco mais de cinco mil estão distribuídos por todo o país. A maioria da população judaica foi vítima dos nazistas durante a Segunda Guerra Mundial. Entre os que retornaram à Grécia, após o conflito, está Maurice Gattenio, que passou dois anos no campo de concentração de Bergen-Belsen e sobreviveu ao frio cobrindo-se com um cobertor feito de cabelos humanos. Este é um dos objetos que compõem o acervo do novo Museu Judaico da Grécia, e que busca retratar um pouco da história da comunidade judaica do país. No dia da inauguração, Sam Benrubi, líder comunitário, fez a seguinte afirmação: "Este museu foi criado em homenagem aos 70 mil judeus que morreram e aos inúmeros gregos que ajudaram os demais a sobreviver".

O Museu Judaico de Nova York foi fundado em 1904, na biblioteca do Seminário Teológico Judaico, onde foi abrigado por mais de quatro décadas. Primeira instituição desse tipo nos Estados Unidos e o mais antigo museu judaico existente no mundo, é considerada uma proeminente instituição dedicada a explorar a arte e a cultura judaica, do antigo ao contemporâneo. Mayer Sulzberger deu origem ao acervo, doando 26 objetos de arte fina e cerimonial para a biblioteca do Seminário Teológico Judaico com a sugestão de que um museu judaico deveria ser formado.

Em 1990, um projeto de expansão e renovação criou um novo espaço para programas educacionais e proporcionando melhorias nos serviços, bem como uma exposição permanente denominada *Cultura e Continuidade: A Jornada Judaica*, que narra o desenrolar da cultura e da identidade judaica através de 800 obras de arte. O Museu Judaico apresenta exposições temporárias, mantendo uma coleção de cerca de 30 mil objetos, tais como: pinturas, esculturas, trabalhos em papel, fotografias, material etnográfico, artefatos arqueológicos, numismática, objetos cerimoniais.

Em 1997, foi inaugurado o Museu de Herança Judaica (Museum of Jewish Heritage) no extremo sul de Manhattan, Nova Iorque. A sua localização é muito significativa uma vez que, dela, é possível enxergar a Estátua da Liberdade e Ellis Island, principal entrada aonde milhões de imigrantes chegaram aos Estados Unidos buscando uma vida melhor, ao longo do século XIX e início do XX. O Museu é uma instituição de história pública e tem como principal missão retratar a cultura e herança judaica fazendo com que seus visitantes conheçam a vida judaica antes, durante e depois do Holocausto. Em seu acervo, é possível ter acesso aos relatos gravados de sobreviventes testemunhando este acontecimento. "O Museu da Herança Judaica – Um Memorial Vivo do Holocausto – é a contribuição de Nova Iorque para a responsabilidade global de nunca esquecer." Este Museu tem atuado nos últimos anos também como centro cultural, com a montagem de peças teatrais em Yiddish.

Em 1980, o Congresso Americano votou por unanimidade pela criação do Museu Memorial do Holocausto dos Estados Unidos ao lado do National Mall, em Washington, DC. O museu é a instituição nacional para a documentação, estudo e interpretação da história do Holocausto naquele país e serve como memorial nacional para as vítimas desse deplorável episódio. A principal missão do museu é avançar e disseminar o conhecimento sobre o Holocausto, buscando preservar a memória daqueles que sofreram, e para incentivar os visitantes a refletir sobre as questões levantadas pelos acontecimentos do Holocausto, bem como as suas próprias responsabilidades como cidadãos de uma democracia. No interior, o projeto de James Freed parece falho: quartos nem sempre têm ângulos retos, as janelas são de tamanhos diferentes, o piso é fragmentado, e as paredes de tijolos são irregulares em forma e cor. Entretanto, construído intencionalmente, o arquiteto declarou que seu propósito foi que o visitante tenha uma experiência visceral, fazendo suas interpretações a partir de símbolos e metáforas proporcionadas pelo tipo de construção do museu. "Não existem referências literais a locais específicos ou ocorrências do evento histórico", explicou. "A forma arquitetônica está em aberto para que o Museu configure-se como eco de memórias". Assim como o Holocausto desafia a compreensão, o edifício não é para ser compreendido intelectualmente, mas pode transmitir a sensação de um mundo que deu errado. Sua arquitetura de sensibilidade se destina a envolver o visitante e provocar emoções. "Deve efetivamente afetar o visitante de modo único", declarou Freed.

Quando abriu pela primeira vez, alguns se perguntaram "quantas pessoas gostariam de ver um museu tão deprimente quando a diversão é na rua". Em abril de 1998, cinco anos após a sua inauguração, o museu recebeu seu visitante número 10 milhões. O total depois de 10 anos era de 20 milhões. Destes visitantes, 5,8 milhões eram crianças, 2,4 milhões a partir do estrangeiro, e 14,2 milhões de não-judeus. O museu recebe anualmente 1,7 milhões de visitantes, registrando a presença de 73 chefes de Estado e mais de 2 mil funcionários estrangeiros de 130 países.

O acervo do museu conta com mais de 8 mil artefatos e obras de arte; 20 milhões de materiais de arquivo; mais de 78 mil fotografias; mais de 7 mil histórias orais e 630 horas de filme histórico e imagens de vídeo. O *Registro Meed Sobreviventes* lista mais de 185 mil sobreviventes e suas famílias, de 49 estados e 60 países. A biblioteca do museu tem mais de 50 mil itens em mais 15 idiomas.

Em 1953, cinco anos depois da criação do Estado de Israel, uma lei do Parlamento israelense instituiu em Jerusalém o Museu do Holocausto, ou Yad Vashem. A origem do nome é um versículo bíblico: "E a eles darei a minha casa e dentro dos meus muros um memorial e um nome *Yad Vashem* que não será arrancado." (Isaias 56:5). Localizado no sopé do Monte Hertz, no Monte da Recordação (*Har HaZikaron*), é um complexo de cerca de 180 mil metros quadrados (o equivalente a 25 campos de futebol), em que tudo lembra os personagens e as vítimas dessa trágica história. Dedicado, portanto, à memória do genocídio praticado pelos nazistas durante a Segunda Guerra Mundial, o museu é um espantoso arquivo sobre o tema. Além de várias exposições e memoriais, abriga 55 milhões de documentos, incluindo passaportes, registros de confisco de bens, deportações e papeis que incriminam nazistas e colaboradores. Guarda também 2 milhões de páginas de testemunho de sobreviventes em cerca de 20 línguas. O cineasta judeu Roman Polanski, diretor do filme *O Pianista*, vencedor de três Oscar em 2003, encontrou nos arquivos do museu o registro de seu pai em um campo de concentração.

O novo museu, projetado no formato de um prisma que penetra a montanha do *Yad Vashem*, foi aberto ao público em 2005, com a presença de mais de 30 chefes de Estado e ministros de todo o mundo. As experiências pessoais e os sentimentos das vítimas do holocausto constituem a base das exibições do museu. Fotografias, filmes, documentos, cartas, trabalhos de arte e itens pessoais que foram encontrados nos campos e nos guetos são uma parte integral da exibição. Na saída do museu, o visitante encontra o Hall dos Nomes, um memorial com mais de três milhões de nomes – submetidos pelas suas famílias e parentes – de vítimas do holocausto. Os visitantes ainda podem submeter nomes ao memorial e adicioná-los ao arquivo computadorizado.

Além do Museu de história do holocausto, *Yad Vashem* engloba outros memoriais e monumentos, incluindo o Hall da Recordação, onde as cinzas dos mortos são enterradas e uma chama permanece sempre acessa; *Yad Layeled*, o memorial para as crianças, recordando as crianças judias (um milhão e meio) que foram assassinadas no Holocausto, e o Memorial dos deportados, um vagão de trem autêntico pendurado sobre o penhasco na estrada que desce da montanha. O vagão foi usado para transportar judeus que foram banidos de seus lares aos campos de concentração.

A Avenida dos Justos entre as Nações (o Estado de Israel utiliza essa expressão para descrever gentios – não-judeus – que arriscaram suas vidas durante o Holocausto para salvar vidas de judeus do extermínio pelo nazismo) tem mais de duas mil árvores plantadas em homenagem às pessoas não judias que arriscaram as suas vidas para salvar judeus dos nazistas; mais de 20 mil pessoas foram homenageadas com o título de "Justo entre as Nações". A biblioteca possui mais de 80 mil títulos, milhares de revistas e um grande número de documentos raros, compondo o maior repositório do mundo de material sobre o Holocausto. O Instituto Internacional de Pesquisa do Holocausto coordena e apoia a investigação nacional e internacional, organiza conferências e colóquios, e publica uma variedade de importantes obras sobre o Holocausto, incluindo memórias e diários.

O MUSEU COMO LOCAL DE CIDADANIA, IDENTIDADE E CRIAÇÃO

Este texto buscou abordar o papel dos museus em nossa sociedade e o quanto é possível constatar a tendência, nos dias atuais, a ocupar uma posição de destaque no desenho das cidades. Na tentativa de apresentar a diversidade das instituições, foram então apresentadas as tipologias de museus adotadas pelo IBRAM. A opção pelo recorte para apresentação de alguns museus judaicos no Brasil e outros países decorre da realização do Curso de Extensão Trajetórias Judaicas no Rio de Janeiro, desenvolvido através de parceria entre a PUC-Rio e o Museu de Arte do Rio (MAR).

A intenção foi destacar o crescimento de espaços museais em nossa sociedade, a contribuição que essas instituições podem trazer para a formação dos sujeitos e para a preservação da história da humanidade, recortando especificamente para um capítulo nebuloso dessa história: a barbárie cometida contra o povo judeu, um dos mais terríveis genocídios já vividos.

Como espaço de cultura, onde o sujeito interage com o conhecimento e com a história da humanidade, o museu apresenta uma dimensão educativa que é intrínseca a sua estrutura, aos seus objetivos, ao seu papel social. Esse espaço, portanto, pode cumprir a sua função social – que é a de contribuir na formação do cidadão – na medida em que promove a sensibilização do olhar. Para tanto, o museu deve ser lugar onde os sujeitos possam empreender diferentes leituras sobre os objetos, potencializando a tarefa de compreender o mundo. Estudiosos (Carvalho, 2016; Cazelli, 2005) já têm apontado que esse se configura como um dos desafios a serem enfrentados pelos museus e também pelas escolas, que vêm desempenhando papel ativo e equalizador, sendo, muitas vezes, o único meio de acesso aos museus para estudantes da rede pública de ensino.

> O grande desafio para escolas e instituições culturais é incentivar a frequência de crianças, jovens e adultos com o objetivo de transformar o museu em um local de encontro, de prazer e de informações. O pressuposto para a qualidade da ação educativa é que esta deve estar comprometida com a vida, com o humano, com a solidariedade e com a transformação, pois a habilidade de empreender diferentes leituras sobre esses espaços e acervo amplia a capacidade de compreensão do mundo. (Carvalho e Porto, 2013, p. 148).

A relação entre museu e escola também tem se configurado como objeto de estudo por parte de pesquisadores e, de modo geral, a falta de diálogo, o desencontro de expectativas e a inexistência de articulação entre essas instituições têm se apresentado de modo recorrente, levando muitas vezes, a tensões entre professores visitantes, monitores e a equipe do Setor Educativo. Para Carvalho (2016), a questão que se coloca não é o apagamento desses conflitos: "entender o potencial educativo e pedagógico de museus e centros culturais implica buscar os descompassos para que se possa avançar no diálogo" (p. 192).

Por outro lado, na perspectiva da valorização da esfera cultural e de uma orientação cultural na formação dos sujeitos, assim como sinalizado por Kramer e Carvalho (2012), vale reiterar a importância, no contexto das políticas públicas, "da educação em museus como parte do processo de formação cultural, histórica, social, estética e científica. A formação cultural é direito de todos, constituindo-se como parte do processo de construção da cidadania" (p. 33).

KADAIF DE KESO Y MUESES

O Kadaif é um doce típico do Oriente Médio. Existem diferentes receitas, e nenhuma é totalmente judaica, entretanto os judeus sefaradis o incorporaram a seu repertório de doces, fazendo algumas alterações.

INGREDIENTES

Massa

- 500 g de macarrão cabelinho-de-anjo
- 150 g de margarina

Recheio

- 350 g de ricota
- 200 g de creme de leite
- 3 colheres de sopa de açúcar
- casca ralada de 1 limão
- 2 colheres de água de flor de laranjeira
- 100 g de nozes picadas

Calda

- 1 ½ xícara de açúcar
- ¾ de xícara de água
- 1 colher de sopa de água de flor de laranjeira
- 1 colher de chá de suco de limão

MODO DE PREPARO

Desfazer o macarrão cabelo-de-anjo e misturar com a margarina derretida. Reservar. Numa tigela, misturar a ricota, o creme de leite, o açúcar, a casca ralada de limão e a água de flor de laranjeira. Numa forma de 28 cm de diâmetro, untada com margarina, colocar metade do cabelo-de-anjo e sobre ele o recheio. Por cima, espalhar o resto do macarrão e cobrir com as nozes picadas. Levar ao forno em temperatura média durante 25 minutos até começar a dourar. Retirar do forno e jogar a calda fria sobre a preparação quente. Deixar esfriar antes de desenformar. Para preparar a calda, colocar o açúcar e a água numa caçarola e deixar ferver com o fogo lento até obter a consistência de calda rala. Retirar do fogo e juntar a água de flor de laranjeira e o suco de limão. Misturar bem e reservar para o uso.

TOLERÂNCIA, RELIGIÃO E ESCOLA

numa perspectiva da ética intercultural

MARCELO ANDRADE

Como a religião aparece na escola hoje? A religião deve estar presente na escola pública? Se sim, como? Se não, por quê? Por que têm surgido tantos casos de intolerância religiosa entre nós, em especial nas escolas? Como os conceitos de interculturalidade e tolerância podem nos ajudar a entender melhor este debate?

Estas são apenas algumas questões que me levam a pensar sobre o tema do diálogo intercultural na escola hoje. Meu objetivo não será responder a todas as questões apresentadas, mas a partir delas apresentar algumas reflexões. Para isso, o texto foi organizado em quatro partes:

(1) esclarecimento sobre o conceito de tolerância;
(2) estudo sobre casos de intolerância religiosa na escola;
(3) fundamentação ético-filosófica sobre o conceito de tolerância e
(4) defesa da tolerância como o mínimo moral para a educação intercultural.

TOLERÂNCIA

Para iniciar, gostaria de relembrar uma entrevista de Emicida à *Revista Trip*, em novembro de 2011. Narrando sua trajetória de jovem negro crescido nas periferias de São Paulo, o *rapper* fala sobre racismo, machismo, homofobia e preconceito de uma maneira geral. Num determinado momento, Emicida se pergunta: "Por que, num mundo cada vez mais plural, tanta gente não consegue tolerar a diferença?" Em meio a histórias pessoais, o *rapper* reflete que "tolerar não é um tema fácil". Acrescentaria que não é um tema fácil e nem é facilmente compreendido.

Vale lembrar que tolerância não é um termo consensual. Trata-se de um conceito polissêmico e muito disputado. Por um lado, há aqueles que o aceitam e o defendem porque entendem a tolerância como um valor e uma atitude a favor das diferenças. Por outro, muitos rejeitam porque acreditam que a tolerância parece ser uma atitude menor, uma atitude de quem não ama ou respeita os outros.

Muitas vezes escutamos de diferentes pessoas afirmações do tipo: "Não gosto da palavra tolerância, falta-lhe utopia, proposta"; ou: "Tolerância é uma atitude antipática, pois revela indiferença com o outro"; ou ainda: " Parece atitude de gente que se sente superior e apenas permite a presença do outro".

Assim, minha maior constatação é que se trata de um tema polêmico e com muitos significados.

Em ciência da saúde, fala-se, por exemplo, de "tolerância à lactose". Em engenharia estuda-se a "tolerância dos materiais". Na linguagem popular, podemos encontrar expressões como "casa da tolerância" e "tolerância zero". No entanto, não estou utilizando o termo nesses significados.

Então como estou utilizando o conceito? Utilizo tolerância aqui como um valor e uma atitude necessários para a convivência social em sociedades plurais, como é o caso da brasileira. Mesmo no campo das reflexões sociais, há muitas possibilidades de entender o conceito. Tantas disputas e perspectivas interpretativas me motivam a me posicionar em defesa do "maldito" e "malvisto" – e, por que não, "mal-compreendido"

– conceito. A abordagem do conceito de tolerância deste texto está no campo da ética filosófica, tal como será apresentado em item a seguir.

Mesmo no campo da ética há aqueles que rejeitam o conceito. Em geral, os opositores da tolerância consideram que ela representa "uma atitude neutra de quem não quer aceitar e muito menos amar o outro, mas apenas "tolerar", permitir, como um favor de condescendência, que ele exista" (Menezes, 1997, p. 40). As críticas mais recorrentes são de que tolerância remete a uma proposta sem utopias sociais mais amplas, ou seja, uma proposta destituída de projetos, de ideais. Também se argumenta que tolerância é uma atitude antipática, pois, segundo os seus oponentes, é mera indiferença com o outro, disfarçada de suposta aceitação sem respeito.

Essas críticas geralmente se baseiam na ideia de que a tolerância é um valor menor no campo da ética e das relações sociais. Parecem crer que tolerância é uma atitude simples demais, quase um favor que se faz ao outro, que na verdade, não o aceita. Em resumo, acredita-se que tolerância é pouco.

E assim, defendem atitudes éticas mais "fortes", tais como: respeito, solidariedade, amor ao próximo, fraternidade, igualdade, entre outras, e não apenas a "mirrada" tolerância, essa coisinha fraca, anêmica, pois cheia de indiferença. Alega-se, nesse raciocínio, que no campo da ética devemos ser mais ousados, impulsionar sonhos e projetos que nos mobilizem, que nos deem sentidos e sentimentos mais amplos, nunca restritos. Ou seja, reclama-se uma dimensão mais propositiva, supostamente ausente da temática da tolerância e, sendo assim, mais necessária do que ela. Este texto busca demonstrar, ainda que de maneira breve e preliminar, que tolerar não é pouca coisa, mesmo que assim pareça para muitos.

Assim devemos nos perguntar: por que, afinal, para tantas pessoas, a tolerância é avaliada como pouca coisa? Acredito que muito se explica se tomarmos como ponto de partida a nossa maneira ocidental de pensar e agir, que tem por fundamento os ideários judaico-cristão e iluminista.

Do ideário judaico-cristão herdamos, com grande força, a máxima que devemos todos nos amar, pois somos todos filhos de Deus. A concepção de mundo ocidental e a concepção de mundo judaico-cristã, apesar de suas lacunas evidentes, possuem uma relação estreita e profunda, ou seja, funcionam como vasos comunicantes que se retroalimentam principalmente no campo das normas éticas. Crescemos, direta ou indiretamente, sob o paradigma do decálogo de Moisés (conjunto de leis que, segundo a Bíblia, teriam sido originalmente escritos por Deus em tábuas de pedra e entregues ao profeta Moisés – as Tábuas da Lei ou os Dez Mandamentos) e das máximas de Jesus: não roubar, não matar, não levantar falso testemunho e, numa postulação muito mais ousada e propositiva, amar a Deus e ao próximo como a si mesmo. Estou ciente de que há diferenças significativas – conceituais e históricas – entre o decálogo e o sermão da montanha, mas eu prefiro que tomêmo-los aqui como elementos que se misturam em nosso imaginário coletivo acerca da convivência social. Fundamentalmente, esses ideários religiosos e sociais argumentam pela aceitação e o respeito ao outro a partir de um sentimento de pertencimento que nos faz todos iguais, ou seja, "somos todos filhos de Deus" e daí deriva-se que devemos todos nos amar.

Do ideário iluminista herdamos – também com grande peso – o discurso acerca da igualdade. "Todos os seres humanos nascem iguais em dignidades e direitos e dotados que são de razão e consciência devem agir em relação uns aos outros com espírito de fraternidade", afirma o Artigo 1º, da Declaração Universal dos Direitos Humanos. Vejamos como esse artigo da Declaração é fruto desse imaginário iluminista. Somos todos iguais. Mas iguais em quê? Em direitos e dignidade. E por que somos iguais em direito e dignidade? Porque somos todos dotados de razão e consciência. E, então, que compromisso ético decorre daí? Bem, se o que nos define é a razão, então devemos – racionalmente – optar por um comportamento ético e justificável, ou seja, devemos todos nos respeitar com espírito de fraternidade. Igualdade e razão, valores e ao mesmo tempo características indiscutíveis do iluminismo e da modernidade, estão na base do nosso ideário ocidental, inclusive no campo ético. No entanto, nos tempos atuais, considerados pós-modernos (ou de modernidade tardia), estamos descobrindo com mais força que não somos apenas iguais, mas também diferentes. E afirmar a igualdade não pode ser, em hipótese nenhuma, significado negação da diferença que nos caracteriza.

Sem dúvida, o amor (judaico-cristão) e a igualdade (iluminista e moderna) são valores fundamentais para as sociedades ocidentais contemporâneas. No entanto, tem crescido entre nós a consciência de que o discurso sobre a igualdade nem sempre expressa plenamente a nossa condição humana, que é marcada também pela diversidade. O amor, tampouco, parece ser uma realidade facilmente encontrada, uma vez que crescem situações de guerra entre os povos e de intolerância dentro de muitas sociedades. Assim, em meio a propostas ideais de amor e igualdade, experimentamos a intolerância e a diversidade. Como pergunta Emicida: "Por que, num mundo cada vez mais plural, tanta gente não consegue tolerar a diferença?".

Hoje, mais do que nunca, vivemos num espaço e tempo assinalados pela efervescência das questões trazidas pela diferença. Diferença de gênero, de raça, de classe social, de orientação social, de identidade, de origens, de pertencimentos, de geração etc. Diferença que até bem pouco tempo ficou ocultada pela força do discurso sobre a igualdade. Diferença que pode, muitas vezes, ser transformada em desigualdades sociais. O nosso mundo é compreendido, cada vez mais, como plural e desigual.

O que queremos dizer quando afirmamos que a diferença se transforma em desigualdade? Ora, por um lado, reconhecemos que, por exemplo, temos muitas cores de pele: somos negros, brancos, pardos, indígenas, asiáticos, entre outras cores possíveis. Esta realidade se refere à pluralidade. No entanto, nesta sociedade plural e racista, brancos possuem muitas vantagens sociais em relação aos não brancos (negros e pardos, sobretudo). Vantagens como: mais e melhores possibilidades de educação; mais e melhores possibilidades de trabalho; menos possibilidades de serem revistados pela polícia ou de serem vistos por outros como bandidos; entre outras. Aqui percebemos que a pluralidade de cor de pele se transforma em desigualdade social. Assim, diferenças e desigualdades parecem estar fortemente relacionadas.

Neste sentido, a temática da diferença suscita novas questões e elas não podem ser ignoradas ou minimizadas. Racismo, homofobia, machismo, capacitismo e intolerância religiosa são algumas destas questões. Então, poderíamos nos perguntar: afirmar a diferença é algo que inviabiliza a igualdade? É evidente que o direito à diferença não pode ser visto como algo que se opõe ao direito de igualdade, mas não se pode negar que afirmar o direito à diferença traz novos desafios para esta temática.

Temos cultivado um ideário de paz entre os povos e de convivência social baseado, principalmente, nos ideais de igualdade e de fraternidade, segundo os discursos ocidentalizados sob a tradição judaico-cristã e iluminista. Não esqueçamos: "somos todos iguais", "somos todos dotados de razão e consciência", "somos todos filhos de Deus".

Minha hipótese é a de que o ideal de igualdade se tornou ousado demais e exigiu de nós um sonho, tão bonito quanto impossível – e isso tem nos provado tanto as nossas tragédias ao longo dos tempos quanto o clima tenso de intolerância dos nossos dias – de que o amor fraterno, ou seja, entre iguais, entre irmãos, dominaria mentes e corações por todo mundo em todas as sociedades. Assim, viveríamos todos irmanados, respeitando-nos e, por isso, felizes. Infelizmente, não é assim. Pelo menos não tem sido assim. Confesso que seria mais fácil e agradável se assim o fosse, mas não é. Não podemos deixar de encarar que a desigualdade e a intolerância contra a diferença nos desafiam cotidianamente.

Recuso-me aqui a posturas pessimistas ou derrotistas. Destaco, contudo, que o problema não se encontra especificamente no ideal de igualdade, mas na maneira, um tanto inocente e ousada, com que nós o formulamos no Ocidente, a partir das tradições judaico-cristã e iluminista.

O que podemos perceber é que para além do ideal de igualdade e fraternidade – máximas de inegável valor – devemos buscar estratégias de ação que nos permitam respostas mais adequadas e possíveis para a nossa prática cotidiana. Nesse sentido, é fundamental entender a intolerância como um desafio para se pensar a igualdade e a diferença em sociedades plurais e preconceituosas. A fim de esclarecer essa argumentação são apresentados a seguir alguns exemplos de intolerância religiosa na escola. Poderiam ser casos de racismo, homofobia ou machismo. Poderia examinar casos que envolvessem situações sociais mais amplas. Mas, para ser mais específico, ficarei com os casos de intolerância religiosa na escola.

A INTOLERÂNCIA RELIGIOSA NA ESCOLA

Alguns eventos, noticiados pela mídia impressa e televisiva, falam sobre vivências conflituosas envolvendo as religiões na escola, segundo relatos de alguns estudantes e seus familiares.

Na verdade, mais do que experiências conflituosas, trata-se da intolerância religiosa como um fenômeno "*relativamente novo*" no contexto escolar. "*Relativamente novo*" por alimentar uma dúvida e pela impossibilidade de dissipá-la, ou seja, não é possível determinar se a intolerância religiosa tem, de fato, aumentado nas escolas ou se a denúncia contra ela é que tem crescido. Cresce a intolerância ou cresce a denúncia, com registro midiático e policial sobre ela? Independentemente da resposta, o importante é analisar os relatos sobre estes eventos e entender o modo como nós – professores – operamos em tais situações. E vale lembrar, tal como alerta Jürgen Habermas (2013), que estamos falando da intolerância como fenômeno atual. Um desafio presente desde a modernidade e que tem avançado fortemente em nossos dias.

Antes de apresentar os eventos, gostaria de reconhecer que estou ciente dos limites de uma análise desse tipo, pois trabalhamos com experiências vividas e relatadas como versões, e não com verdades absolutas. Há uma série de variantes que não posso e não pretendo controlar, visto que são depoimentos sobre vivências. Não é meu interesse investigar o ocorrido, a fim de "apurar os fatos". Isto fugiria aos objetivos do texto. Quando se escreve sobre eventos relatados como experiências vividas – por nós ou por outrem –, busca-se entender e transformar o que já se sabe e não transmitir exatamente o acontecido.

Assim, cada evento foi transformado num breve relato. Admito que todo relato contém disputas sobre se há ou não exageros e/ou omissões nos depoimentos. Contudo, o principio é o de que os eventos analisados podem nos ensinar algo sobre a relação entre escolas, religião e interculturalidade.

Trata-se de quatro eventos recentes envolvendo intolerância religiosa no cotidiano escolar. Eles falam de casos de proselitismo e perseguição religiosa contra estudantes candomblecistas, judeus e sem religião. Os eventos relatam conflitos que colocam, de um lado, professores, diretores e funcionários e, de outro, estudantes e suas famílias. Colocam também, de um lado, as religiões majoritárias e, de outro, expressões de crenças ou não crenças minoritárias.

O primeiro evento é de 2011, na cidade do Rio de Janeiro. Um aluno de treze anos estava na aula de artes e havia feito uma maquete sobre as pirâmides do Egito. Conversava com os amigos quando foi expulso da sala aos gritos de "demônio" e "filho do capeta" pela professora de português que entrou após a aula de artes. A agressão "parecia" gratuita, já que não havia sido registrado nenhum conflito prévio ou explícito entre o estudante e a professora. O motivo dos gritos era o fato de o adolescente usar fios de contas (ou guias de santo) por debaixo do uniforme, símbolo do candomblé. Ao utilizar um ornamento que manifesta abertamente sua crença religiosa, o estudante teria provocado a ira da professora, que é evangélica. Depois do episódio, ela o proibiu de assistir às suas aulas e orientou os estudantes evangélicos para que não falassem mais com o colega. O jovem estudante do ensino fundamental, aos poucos, perdeu a vontade de ir à escola. Naquele ano, ele foi reprovado e teve que mudar de colégio. Segundo a mãe, o episódio modificou a personalidade do filho e deixou marcas também na sua trajetória escolar. Antes de levar o caso à policia, a mãe tentou resolver a situação na escola, mas, segundo ela, a direção foi omissa. Ela, então, decidiu procurar uma delegacia para registrar um boletim de ocorrência contra a professora.

O segundo evento é de 2012, no município de Miraí, Minas Gerais. Uma professora de geografia de uma escola estadual resolveu iniciar as suas aulas rezando o Pai-Nosso. Um de seus estudantes decidiu manter-se em silêncio. Ao notar a reação do jovem, ela lhe disse, segundo relatos, que "um jovem que não tem Deus no coração nunca vai ser nada na vida". O estudante de dezessete anos disse que o que ela fazia era ilegal segundo a Constituição. E a professora disse ao jovem que "essa lei não existia". Os dois discutiram fortemente e o caso foi parar na diretoria da escola. Devido à resistência à oração, o jovem do ensino médio se tornou vítima de alguns colegas, que passaram a dizer que ele era um "demônio". Em outra ocasião, o jovem gravou em seu aparelho de celular parte da oração e a disponibilizou na internet. No vídeo, é possível escutar a oração do Pai-Nosso. Ao fim, em vez de "livrai-nos do mal", alguns colegas dizem " livrais-nos do [nome do aluno]". A mãe, após ter conhecimento do vídeo, foi à escola. Segundo ela, a professora se justificou dizendo que, ao falar que o jovem nunca seria nada na vida, quis alertar que o jovem não seria nada "espiritualmente". "Meu filho sempre foi um bom aluno, um menino ético, com valores. Até chorei quando vi o vídeo", disse a mãe, que é espírita. A diretora da escola disse que a professora foi "mal interpretada" e que sempre tinha um "bom hábito" de rezar. Ficou acertado que a professora não daria mais a primeira aula para a turma do jovem envolvido no caso. Assim, ele não teria que ouvir a oração do Pai-Nosso, um hábito da professora permitido pela direção. Acionada judicialmente, a Secretária do Estado da Educação de Minas Gerais apurou se houve infração da professora e da escola, além de suspender as orações em sala.

O terceiro evento é de 2014, no município Engenheiro Paulo de Frontin, Rio de Janeiro. O fato começou a ganhar notoriedade quando o presidente da Federação Israelita do Rio de Janeiro encaminhou um pedido de explicações à direção de uma escola e também à Secretaria Estadual da Educação sobre o fato de um estudante judeu , do 9º ano, estar sendo constrangido a rezar o Pai-Nosso na entrada da escola. O pedido de explicações tinha como base o relato da família de que o menino sofria proselitismo religioso. Segundo o pai, seu filho passou a ter problemas na escola, mas a família não identificava o que era exatamente, até que um dia o menino voltou para casa e disse que não suportava mais ir à escola e ter que rezar todos os dias. Segundo o relato, quando o menino saía da fila que se formava no pátio antes das aulas, os demais estudantes ficavam criticando-o. A inspetora, cotidianamente, pedia para que ele voltasse à fila, alegando que se tratava de "uma oração universal e que ele podia sim rezá-la". Apesar do estudante ter alegado, várias vezes, que era uma oração cristã e que não representava a sua fé pessoal, a funcionária insistia na sua permanência durante a oração, o que aumentava as críticas das outras crianças. Por fim, o caso foi denunciado ao Conselho Tutelar e à polícia. A direção informou que a oração era uma atividade espontânea de alguns funcionários, professores e estudantes, reforçando que não se tratava de uma atividade imposta a todos. No entanto, a família do menino, num acordo com a Secretaria Estadual de Educação, preferiu transferi-lo de escola e ter seu nome mantido em anonimato.

O quarto evento é de 2014, na cidade do Rio de Janeiro. Um menino de 12 anos foi iniciado no Candomblé e, segundo orientações de seu Pai-de-Santo, ele deveria vestir branco, cobrir a cabeça e usar fios de contas (ou guias de santo) nos dias que se seguiam à iniciação. A mãe declarou que tinha a informação de que a única exigência de uniforme da Secretaria Municipal de Educação do Rio de Janeiro era a camisa branca com o logo da prefeitura. Assim, a fim de não perder as aulas na escola que frequentava no bairro do Grajaú, a criança foi de boné, bermuda e tênis branco, além da camisa do uniforme. As guias, claramente perceptíveis, estavam por baixo do uniforme e isso não pareceu um problema para a família, já que as outras crianças usavam, segundo relatos, calças e tênis coloridos e outros tipos de ornamentos (cordões, pulseiras e anéis). No entanto, ao chegar à escola, o menino foi proibido de entrar sob a alegação de não cumprir as regras do uniforme. "A diretora colocou a mão no peito do meu filho e disse que ele não entraria com as guias, que estavam por baixo da camisa", afirmou a mãe que acompanhava o seu filho. Segundo o relato da família, o menino chorou muito, ficou trinta dias sem ir à escola, até que conseguiu uma transferência para outra do mesmo bairro. O caso foi tratado pelo Núcleo de Defesa dos Direitos Humanos e Contra a Desigualdade Racial da Defensoria Pública do Rio de Janeiro. Movimentos sociais e lideranças pela liberdade religiosa realizaram um protesto na porta da escola nos dias que se seguiram, mas a diretora não se pronunciou oficialmente, ainda que a família tenha recebido o apoio da Secretária Municipal da Educação.

Considerando os eventos apresentados, como podemos aprender como o que foi vivido e narrado? Hannah Arendt, em carta a Karl Jaspers, ensina-nos sobre aprender e narrar com o que fora vivido:

> Só entendo a história a partir do terreno em que eu mesma me encontro. Tento interpretar a história, compreender o que se exprime nela a partir do que já sei pela minha experiência. Do que consigo compreender assim, eu me aproprio, o que não compreendo, rejeito. Encontro-me diante da seguinte questão: como é possível a partir da interpretação da história assim concebida, tirar algo novo da história? (...) Imergir-se na história significaria então encontrar uma mina de exemplos apropriados (Correspondência entre Arendt e Jaspers, extraída de Adler, 2007, p. 33).

O relato de um evento vivido não fala sobre o que realmente aconteceu, mas sobre o que nos toca. Este é o trabalho analítico aqui: entender o que nos toca nestes eventos vividos por outros. Nesta perspectiva, meus objetivos são escutar essas experiências e buscar nelas algumas pistas interpretativas convergentes. Assim é necessário, "imergir na história de uma mina de exemplos apropriados" (Adler, 2007, p. 33). E, como trabalho interpretativo, questionar sobre o que estes casos nos ensinam. Creio que há muitas possibilidades de interpretá-los, mas gostaria de indicar três aspectos que mais me tocam.

O primeiro aspecto é sobre a hipótese de que a religião está presente na escola independentemente da disciplina de ensino religioso, desde a educação infantil até o ensino médio. As experiências relatadas acontecem em aulas de disciplinas regulares, em momento de lazer, alimentação, intervalo entre as aulas ou no início das atividades escolares. Ainda que o ensino religioso seja um elemento complicador para se discutir a experiência que tem sido vivida nas escolas, o objetivo aqui é deslocar nossa atenção para a presença de uma religião no cotidiano escolar (Andrade e Teixeira, 2014). O foco, por ora, não é o conhecimento disciplinar sobre o ensino religioso, mas, os eventos vividos e relatados por esses estudantes e suas famílias sobre a vivência da religião no cotidiano da escola. Ou seja, para além da querela sobre o ensino curricular de conteúdos religiosos numa disciplina específica, a religião está presente no dia a dia das escolas.

O segundo aspecto é sobre a fé religiosa como motivo crescente de casos de intolerância no cotidiano escolar, envolvendo muitos sujeitos: professores, funcionários, estudantes, familiares e operadores de direito (polícia, conselho tutelar, defensoria pública). Em todos os eventos vividos e aqui tratados, chama a atenção o fato de que as famílias tentaram, num primeiro momento, negociar o fim do proselitismo religioso na escola e/ou pediram o fim da perseguição religiosa aos seus filhos. Segundo Victoria Camps e Amélia Valcárcel (2007, p. 127), a intolerância religiosa "desafia o pensamento" e "é um problema de ausência de sentido moral", ou seja, é uma suspensão de normas morais mais básicas construídas ao longo de nossa história, pois, segundo as pensadoras, não são próprios da religião a intolerância e o discurso de ódio contra os credos diferentes. No entanto, essa tem sido uma experiência dolorosamente vivida e narrada por crianças, adolescentes e jovens e, numa tentativa de protegê-las, uma experiência que as famílias tentam negociar, num primeiro momento, e, posteriormente, são levadas às denúncias legalmente cabíveis.

O terceiro aspecto é a ausência (ou falência) de instância pedagógica para tratar a situação e a crescente judicialização das situações envolvendo a intolerância religiosa. Parece que os professores, funcionários e diretores não acolhem o relato dos estudantes e suas famílias e, pior ainda, não parece haver um processo de ensino e aprendizagem a partir dos eventos apresentados. Nos relatos aqui trazidos, as famílias só conseguem defender seus filhos com ação judicial e/ou com a transferência da criança da unidade escolar. O que isso nos fala como professores? Por que não conseguimos acolher estes relatos e aprender e ensinar com eles?

Além desses três aspectos, outros poderiam ser destacados: (1) a falta de consenso entre os professores, estudantes e familiares sobre a presença ou a proibição de expressões religiosas no cotidiano escolar; (2) a ridicularizarão e a demonização daqueles que não professam a religião dominante, considerados como "pessoas do demônio", "sem amor" e " sem Deus"; (3) a presença do fundamentalismo religioso e a ausência de uma discussão acerca da religião, mais balizada a partir de conceitos sobre ética, moral, justiça, tolerância, liberdade, igualdade, entre outros aspectos.

Por fim, vale questionar se estamos dispostos a acolher as narrativas sobre a intolerância religiosa na escola. E, mais ainda, se conseguimos proteger aqueles que falam de violações básicas dos seus direitos de serem livres e diferentes em suas crenças ou descrenças religiosas. Se é verdade que a religião está na escola, independentemente do ensino religioso, é também verdade que ela tem sido motivo de perseguições e humilhações para muitas crianças, adolescentes e jovens que professam uma fé diferente da maioria ou que não professam uma fé religiosa. Na tentativa de acolher e interpretar tais eventos, proponho um entendimento de conceito de tolerância na expectativa de uma ética aplicada, tal como apresentarei a seguir.

TOLERÂNCIA COMO "MÍNIMO MORAL DE JUSTIÇA"

Diante dos casos de intolerância, pouco adiantaria lamentar uma suposta ineficiência da utopia do amor e da igualdade. Neste sentido, devemos sonhar com as máximas, ou seja, a fraternidade, o amor e a paz entre os povos. No entanto, se quisermos ser mais realistas – alguns acharão que é pessimismo –, é imperativo que construamos estratégias que assegurem o mínimo moralmente exigível, ou seja, aquele pouco que nos revela o fundamental, o mais importante.

É neste sentido que Adela Cortina (1996, p. 57) se questiona sobre "quais são os mínimos de moralidade a serem respeitados para se comportar com justiça numa sociedade plural". Para a filósofa, quando falamos de "mínimos morais", estamos diante de uma questão de justiça, ou seja, como atender com equidade as necessidades dos diferentes grupos de sociedade plurais.

Para Adela Cortina (1996, p. 60), esta tarefa – fixar mínimos morais partilhados, a fim de que as decisões sejam respeitosas da pluralidade – fica a cargo da articulação entre éticas de justiça e éticas de felicidades. "Sem dúvida, é quase impossível averiguar o que é justo se não tivermos uma ideia precedente dos ideais de uma vida digna, ou boa, assim como é impossível esboçar um ideal de felicidade sem levar em conta exigências de justiça".

Sem negar a inter-relação entre o bom (felicidade) e o justo (justiça), Adela Cortina (1996) defende a delimitação dos conceitos. Argumenta que o justo tem a ver com o que é exigível e como tal se torna obrigação moral para qualquer ser racional que queira pensar e agir moralmente. Ou seja, o que é moralmente justo é necessário e assim universalizável para todo ser racional que queira ser moral. Nesta perspectiva, necessário e universal significam o obrigatório, o que é exigível, aquilo que não é contingente.

Por sua vez, o bom é aquilo que causa felicidade, ou seja, autorrealização por alcançar os fins a que nos propusemos, intencionalmente ou não. O bom não pode ser exigido de outros seres racionais, pois se trata, fundamentalmente, de uma realização subjetiva, pessoal. Como já sabemos, o que é bom para um, pode não ser para bom para o outro. O que causa felicidade em um pode, não causar em outro. O bom, neste sentido, está no campo das possibilidades éticas e nunca das exigências morais. Nesta perspectiva, a moral tem a ver com o mínimo de justiça a ser exigido de todos e obrigatoriamente; a ética, por sua vez, relaciona-se com os máximos de felicidade a serem ofertados a todos e aderidos livremente.

Retomando os exemplos anteriores sobre a intolerância religiosa na escola, podemos entendê-los como negação das éticas de felicidade dos grupos minoritários (judeus, candomblecistas, ateus) e a imposição das éticas de felicidade dos grupos majoritários, em especial, os cristãos. Por um lado, o equívoco, quase sempre, está na exigência de algo que não é exigível, mas sim ofertado e livremente admitido. Por outro, a tolerância com os grupos minoritários, que seria o valor exigível, fica totalmente negligenciada. Assim, entendemos a religião como um conjunto de valores que se apresenta como regras de condutas felicitantes, que funcionam como autorreferência e que, por isso mesmo, se seguido de acordo com a liberdade de escolha de cada um, poderá proporcionar autorrealização, felicidade. Não esqueçamos, no entanto, que, como uma ética de felicidade, esse ideário não poderá ser exigido como uma moral mínima. Ninguém pode exigir que alguém aja dessa ou de outra maneira porque "somos todos filhos de Deus" ou porque "somos todos iguais", até porque, como já dissemos, cresce entre nós cada vez mais a consciência de que somos também muito diferentes. A religião, tal como é aqui entendida, se enquadra muito mais como um convite do que uma exigência.

Assim, melhor será construir estratégias que garantam a tolerância como um requisito mínimo moral – no sentido de ser fundamental, imprescindível – para a convivência humana. Se não tem sido possível o amor fraterno para alcançarmos a paz e a concórdia, que o seja pelo menos a tolerância. As propostas sobre a tolerância saem do campo do convite do aconselhamento – do qual não devemos abrir mão, pois a dimensão utópica é inerente ao ser humano e poderá lhe trazer a dimensão das máximas de felicidade – para encontrar saídas possíveis e moralmente exigíveis no âmbito da justiça e da convivência social. Uma nova pergunta poderia ser agora levantada: por que a tolerância deveria ser apresentada como uma exigência moral mínima em nossas sociedades? A essa questão repondo: porque a intolerância tornou-se prática comum diante da diferença, tal como demonstram os casos de intolerância religiosa analisados anteriormente.

Em sociedades multiculturais marcadas pelos preconceitos e pelas discriminações de vários tipos, tais como racismo, sexismo, xenofobia, homofobia, capacitismo, entre outros, a tolerância com o diferente apresenta-se como uma agenda mínima, urgente e extremamente necessária. Segundo Monique Augras (1997, p. 78), "quando se fala de tolerância é, na verdade, da intolerância que se trata".

O conceito de tolerância se coloca cada vez mais na pauta de discussão porque a intolerância com a diferença tem sido corrente na história da humanidade e ainda hoje em nossas sociedades. Inegavelmente estamos caracterizados pela diferença e, no entanto, parece que não sabemos mostrá-la. A humanidade marcada dolorosamente pela escravidão dos negros, pelo genocídio dos povos ameríndios, pelo holocausto dos judeus, pela perseguição aos ciganos e homossexuais, pela exploração das mulheres e crianças busca não mais permitir nenhuma manifestação de intolerância com o diferente, pois, nas palavras de Paulo Menezes (1997, p. 46), "a intolerância não é apenas questão de não tolerar as opiniões divergentes; ela é agressiva e com frequência assassina, no seu ódio à diversidade alheia".

O conceito de tolerância surge como resposta contra a intolerância à diferença. Sendo assim, é fundamental que, ao tratarmos de tolerância, pensemos na natureza, nas causas e consequências da intolerância. Paulo Menezes (1997, p. 45) afirma que "a intolerância não rejeita só as opiniões alheias, mas também sua existência, ou ao menos o que faz com que valha a pena viver: a dignidade e liberdade da pessoa". A intolerância diante do diferente tem imposto uma quantidade de maus-tratos e massacres impiedosos a grupos que sustentam um estigma, um suposto sinal vergonhoso e socialmente rejeitado.

> A intolerância coloca-se antes de qualquer doutrina. Nesse sentido, a intolerância tem raízes ideológicas, manifesta- se entre os animais como territoriedade, baseia-se em relações emotivas muitas vezes superficiais – não suportamos os que são diferentes

> de nós porque têm a pele de cor diferente, porque falam uma língua que não compreendemos, porque comem rãs, cães, macacos, porcos, alho, ou porque se fazem tatuar (Eco, 2001, p. 114).

Para Umberto Eco (2001, p. 116), os estudiosos ocupam-se com frequência das doutrinas da diferença, mas não o suficiente da intolerância selvagem, pois esta foge de qualquer possibilidade de discussão e de críticas, ela não está colocada num nível nacional, mas no nível visceral. Ela é, em geral, raivosa, descontrolada, inexplicável e impulsiva. "A intolerância mais perigosa é exatamente aquela que surge na ausência de qualquer doutrina, acionada por pulsões elementares".

A fim de concluir esta reflexão sobre o conceito de tolerância, gostaria de discutir algumas questões que se apresentam a nós, educadores e educadoras. Na verdade, o intuito é levantar pistas que sirvam de guias para futuras reflexões. Assim, ao refletir sobre tolerância como mínimo de moralidade em sociedades plurais para a tarefa educativa, a primeira questão é sobre a necessidade de pensar quais são os mínimos morais a serem ensinados. Sobre isso, Adela Cortina (1996, p. 58) afirma:

> Os educadores também têm de saber quais são os seus mínimos de moralidade na hora de transmitir os valores, sobretudo no que diz respeito à educação pública numa sociedade pluralista. Pois é certo que, por serem educadores, não têm legitimidade para transmitir, sem mais, apenas os valores que lhe pareçam oportunos. (...) Não seria urgente descobrir quais são os valores que podemos partilhar e que vale a pena ensinar? É ou não é urgente descobrir um mínimo de valores já partilhados?

Na tentativa de responder os questionamentos acima, é importante pensar uma educação para a tolerância como mínimo moral intercultural. Neste sentido, para Umberto Eco (2001, p. 114), certo nível de recusa do diferente faz parte da nossa condição de humanos, "a intolerância em relação ao diferente ou ao desconhecido é natural na criança, tanto quando o instinto de se apossar de tudo quanto deseja". No entanto, o pensador defende que como a criança é educada para respeitar propriedade, alheia ela também deve ser educada para a tolerância com o diferente.

> Educar para tolerância adultos que atiram uns nos outros por motivos étnicos e religiosos é tempo perdido. Tarde demais. A intolerância selvagem deve ser, portanto, combatida em suas raízes, através de uma educação constante que tem início na mais tenra infância, antes que possa ser escrita em um livro e antes que se torne uma casca comportamental espessa e dura demais (Eco, 2001, p. 117).

A defesa, portanto, de uma educação para a tolerância diz mais respeito ao que não se deve fazer do que ao que se deve sentir. E aqui encontramos um ponto fundamental na defesa da tolerância, da moral dos mínimos e, de certa forma, da dimensão proibitiva no campo da moral. A dimensão propositiva é ética, e consequentemente promove os projetos educativos que daí derivam. A ética busca legislar sentimentos, tais como: amar ao próximo, aceitar o outro, valorizar a paz e a fraternidade. Ética como máximas de convite e aconselhamento, como já visto anteriormente. A dimensão proibitiva é moral e legisla atitudes: não roubar, não matar, não mentir. É obvio que as normas proibitivas podem ser ditas como assertivas, tais como: dizer a verdade, respeitar a vida, respeitar o que pertence ao outro. Porém, parece-nos que a formulação na negativa tem sido historicamente consolidada por ser mais clara, direta e objetiva. E, em tempos de crise ético-moral, como os nossos, quando a dúvida entre o que é certo e o que é errado é crescente, acho preferível se optar sempre por formulações que não permitam ambiguidade. Por exemplo, respeitar a vida pode ser amplo demais. Na verdade, pode ser dúbio, imaginemos que alguém considere que em respeito à própria vida ou de um ente querido ele possa matar outra pessoa. Neste caso, a alegação de defesa desse suposto assassino pode vir a ser a própria norma ética: "respeitar a vida", o que seria uma contradição. A formulação "não matar" é mais direta, permite uma margem quase nula de dúvidas e erros sobre como se deve agir, ou melhor, de como não se deve agir; não matar. Se alguém matar outrem estará desrespeitando a regra moral mínima, independentemente da intenção ou da justificativa que se encontrem para realizar tal fato.

Não se pretende aqui oferecer receitas, mas apenas destacar, em um simples exemplo, como um determinado argumento pode dar ênfase a normas éticas propositivas, que buscam legislar sentimentos, como um outro argumento pode se dar ênfase a normas morais proibitivas, que buscam acordar atitudes.

Uma estratégia educativa de tolerância nos leva a assumir que o sentimento em relação ao outro até pode não ser o melhor, mas que deve sempre ter o compromisso da melhor atitude. Se se diz a uma criança ou adolescente que ela não pode sentir raiva, ódio, nojo, repulsa com relação ao outro, de outra religião, por exemplo, estamos pedindo a ela que não sinta algo que provavelmente ela não pode controlar ou talvez não saiba controlar. Sentimos raiva do outro. Às vezes repulsa e nojo. Isso nos é próprio, como afirma Umberto Eco (2001). No entanto, nosso esforço será sair do "estágio natural" para a convivência moral de mínimos de justiça e, articulado a esta, para uma convivência ética de máximos de felicidade.

Sabemos também que reprimir sentimentos não é a melhor estratégia de se educar alguém. Melhor seria reconhecer esses sentimentos, aceitá-los e, apesar deles, se comprometer em buscar a melhor atitude na relação com o outro. Isso se expressa muito bem no fato de que não preciso gostar, amar ou aceitar alguém para respeitá-lo, tratá-lo com dignidade e cordialidade, ainda que o convite da ética de máximos seja sempre na tentativa de superar – no sentido de ir além – as exigências da moral de mínimos.

Nesta perspectiva, retiramos a educação do campo exclusivo dos sentimentos e do ideal para passarmos a compreendê-la também no âmbito das atitudes e do real cotidiano. Não se trata de fazer uma opção entre os máximos de felicidade ou os mínimos de justiça, entre educar em valores ou educar em atitudes, entre o convite e o aconselhamento, mas sim de educar nessas duas dimensões.

Enfim, ao contrário do que se pensa comumente, a tolerância não é pouco, e sim o fundamental, o mínimo, o exigível. E talvez seja ainda mais necessária e produtiva do que se imagina, pois busca intervir em nossas ações, em nossas atitudes – como ética de justiça, moralmente exigível – e não isoladamente em nossos sentimentos e intenções como ética de felicidade, eticamente aconselhável.

TOLERÂNCIA E INTERCULTURALIDADE: CONCLUSÕES POSSÍVEIS

Num primeiro momento, procurei apresentar esclarecimentos iniciais sobre o conceito de tolerância, sua necessidade e pertinência. Num segundo momento, tentei mostrar que a religião está presente na escola e que a intolerância tem sido um dos grandes desafios para se entender a relação entre a religião e a escola hoje no contexto brasileiro. Num terceiro momento, busquei reconsiderar o conceito de tolerância como um mínimo moral de justiça, tanto para responder àqueles que criticam o conceito quanto para analisar os casos de intolerância relatados anteriormente.

Assim, meu objetivo foi aprender através de eventos vividos e narrados sobre a intolerância religiosa na escola, na perspectiva de experiências que nos ensinam (Larrossa, 2002), ou seja, aprender com aquilo que é vivido e pode ser narrado. Diante dos relatos de intolerância, minha aposta é no diálogo intercultural (Candau, 2012). Assim, defendo a interculturalidade como possibilidade e o conceito de tolerância (Andrade, 2009) como princípio possível de uma moral mínima (Cortina, 1996) para o diálogo intercultural.

Vera Candau (2012) analisa a relação entre uma sociedade multicultural e uma proposta intercultural em educação. Identifica a "relação nós-outros" como fonte de uma série de distorções que fazemos sobre os chamados diferentes e propõe alguns princípios educativos para se pensar a interculturalidade em educação, entre as quais destaco: (1) a pedagogia da equidade, centrada no valor da igualdade, (2) as práticas pedagógicas para redução de preconceitos e (3) o empoderamento político e pedagógico de grupos marginalizados. Nesta perspectiva, concordo com Vera Candau (2012) na distinção entre o multiculturalismo (descrição de uma realidade marcada pela pluralidade de cultura) e a interculturalidade (aposta em processos educativos de interações complexas baseadas no diálogo entre as diferenças presentes na escola). Assim, assumo a interculturalidade como possibilidade efetiva de diálogo entre as diferentes culturas – e aí os diferentes pertencimentos religiosos – no cotidiano escolar, sem silenciá-los.

Este diálogo pode ser fundamentado de diferentes maneiras. Opto, nestas conclusões, pela perspectiva dos mínimos morais compartilhados proposto por Adela Cortina (1996). Trata-se de busca dialógica pelos valores socialmente compartilhados, que garantem a dignidade humana, defendendo os mínimos de justiça. Segundo a autora, não são mínimos morais por serem valores de baixa equivalência, mas por se tratar dos valores fundamentais em sociedades pluralistas. Entre os mínimos morais de justiça fundamentais para o diálogo intercultural, destaco a tolerância como valor e atitude (Andrade, 2009).

Ponderando a intolerância religiosa analisada nos eventos apresentados anteriormente no texto, considero a tolerância como pauta de uma agenda urgente e necessária. No entanto, estou ciente de que se trata de um conceito polissêmico com diferentes abordagens. A tolerância não é mera passividade ou omissão e não pode ser confundida com a indiferença. Tampouco a tolerância pode ser vista como aceitação de tudo ou como ato de suportar algo indesejado, nem mesmo pode ser confundida com uma situação de anarquia ou falta de regras onde tudo pode. A tolerância – incluindo a tolerância religiosa – é um mínimo moral que a humanidade desenvolveu tanto no campo político quanto no campo ético.

Em sociedades marcadas pela diversidade, a tolerância pode ser o fundamento para a convivência social e para propostas educacionais, pois ela tem funções centrais, como: solucionar racionalmente conflitos de interesses e buscar bases éticas e morais para se estabelecer o bem comum a partir de consensos diferenciados ou opostos. Assim, a tolerância – a concórdia das discórdias, o acordo dos desacordos ou o consenso dos dissensos – pode regular situações de contradição bastante comuns em sociedades plurais, resguardando a dignidade humana. E, mais ainda, pode ser um princípio educativo válido em tempos de negação do outro.

PROVÉRBIOS

אַ שלעכטער שלום איז בעסער ווי אַ גוטער קריג.
A shlekhter sholem iz beser vi a guter krig.
Uma paz ruim é melhor do que uma boa guerra.

אַ סך מענטשן ווערן גרויס ווען זיי שטייען אויף יענעמס שויס.
A sach mentchn vern grois ven zei shteien oif ienems shois.
Muitas pessoas crescem (se sobressaem) quando estão sobre os ombros de outros.

contos

A LÍNGUA

Um senhor de muitas posses e pouca sabedoria, chamou seu empregado mais velho, homem de poucas posses e muita sabedoria, e ordenou-lhe que fosse ao açougue e lhe trouxesse o melhor bocado de carne que encontrasse. O empregado foi, e voltou trazendo uma língua, com a qual foi preparado um fino jantar.

Dias depois, o senhor ordenou a seu empregado que fosse novamente ao açougue e lhe trouxesse o bocado de carne mais ordinário para alimentar os cães. O empregado foi, e voltou trazendo uma língua. O senhor, que era um homem de muitas posses e pouca sabedoria, se enfureceu:

– Mas, então, para qualquer recomendação que dou me trazes sempre uma língua?

O empregado, que era um homem de poucas posses e muita sabedoria, respondeu:

– A língua, meu senhor, é o melhor pedaço quando usada com bondade e sabedoria, e de todos o pior, quando usada com arrogância e maledicência.

MATBUCHA

Os judeus originários do Norte da África que emigraram para Israel levaram consigo esta salada de tomate, que adquiriu grande popularidade por lá.

INGREDIENTES

- 2 latas de tomates pelados
- 4 pimentões vermelhos
- 1 pimentão verde
- ½ cabeça de alho amassado
- 1 colher de sopa de páprica doce
- Pimenta ardida a gosto
- 1/2 xícara de café de azeite de oliva virgem
- Sal e açúcar (ou adoçante) a gosto

MODO DE PREPARO

Coloque os pimentões diretamente sobre o fogo das bocas do fogão e vire de vez em quando até toda a pele ficar preta e carbonizada. O fogão vai ficar sujo, mas é isso que dará um sabor especial ao prato.

Deixe-os esfriar até uma temperatura que não queime as mãos.

Limpe os pimentões removendo facilmente a pele carbonizada. Abra-os e remova o miolo com as sementes.

Lave-os cuidadosamente removendo o resto de pele e semente que ficaram grudados.

O resultado parece um bife fino e grande, que deve ser cortado em pedaços quadrados de 1 ou 2cm.

Triture muito pouco os tomates pelados. Devem sobrar pedaços relativamente grandes.

Junte os tomates, pimentões, alho amassado e pimenta ardida numa panela.

Ferva em fogo baixo por uns 20 minutos, mexendo sempre. Acrescente uma pitada de açúcar ou adoçante e sal.

Misture a páprica ao azeite numa xícara e junte à panela.

Cozinhe devagar, com a panela destampada e fogo baixo até a água evaporar e engrossar.
Esfrie e espere algumas horas antes de servir, para o sabor apurar.
Matbucha se come fria, como entrada com pão sírio ou outro pão.

RELIGIOSIDADE E DIÁLOGO:

Martin Buber e a ética da escuta

SONIA KRAMER

O objetivo deste capítulo é focalizar e analisar o desconhecimento que existe entre pessoas de diversas religiões, a urgência deste reconhecimento e o papel que pode e deve ser exercido pela escola. Está estruturado em três itens. O primeiro apresenta eventos observados em cursos de Graduação em Pedagogia de duas universidades – uma pública e uma particular – que expressam ora desconhecimento e dificuldade de aceitar o outro, ora reconhecimento da religião do outro como tendo igual valor, espiritualidade e relevância. Procura enfrentar o desafio de ver e respeitar o outro mesmo quando está ausente.

O segundo item traz Martin Buber, filósofo que ao longo do século XX impactou a produção acadêmica e os movimentos sociais, com conceitos e ações que contribuem para tecer um pano de fundo teórico e prático para o conhecimento, a convivência e a aceitação entre pessoas de diferentes religiões. Sua visão de religião e religiosidade e a compreensão do reconhecimento do outro e sua alteridade como engajamento responsável, ato ético singular permite indagar: como construir diálogo autêntico? Como aprender a acolher e a formar o ser humano como pessoa (*mentsch*), tecendo o *entre* nós e os outros, apostando na humanidade do homem, no vínculo e no diálogo interreligioso?

O terceiro item se propõe a pensar o que pode ser feito no âmbito da escola, buscando enfrentar a pergunta: como educar os educadores? As respostas possíveis se voltam a modalidades de educação feitas de diálogo e de encontro.

Religiosidade é entendida, no texto, com base em Buber, como espiritualidade e encontro, busca de resposta do ser humano à finitude, aos anseios e temores. As religiões são concebidas como formações culturais, produções discursivas; são linguagem e, como tal, no entender de Bakhtin (1988) são concretas, materiais, espaços de disputa. Configuram-se como sistemas ideológicos que influenciam a ideologia do cotidiano que, por sua vez, exerce pressão sobre os sistemas. Todas as religiões são feitas de pluralidade: têm diversas formas de expressão, vivências e práticas. O que torna hegemônica uma religião ou um modo específico de professá-la não são razões ou raízes religiosas, mas históricas, políticas e econômicas.

A autora do texto é judia e atua como professora há 45 anos, inicialmente na Educação Infantil e primeiros anos do Ensino Fundamental; mais tarde no Ensino Superior.

DESCONHECER, CONHECER E RECONHECER O OUTRO

A invisibilidade do outro, o desconhecimento ou o estranhamento diante de rituais, costumes, gestos e formas de expressão da espiritualidade, assim como o preconceito religioso marcam inúmeras práticas sociais até mesmo em contextos onde circulam discursos e ações em defesa dos direitos humanos, como é o caso das escolas e das universidades. O preconceito torna as pessoas fechadas ao outro, aprisionadas em si mesmas, sem abertura nem vontade de conhecer. O desconhecimento existe e ainda que conviva com o reconhecimento e com interações positivas, por vezes chega a negar a religião do outro, considerando-a como não sendo uma religião.

Os subitens a seguir tratam primeiro desse desconhecimento quando o outro está ou não presente e, em seguida, do reconhecimento do outro quando os modos de agir com intenção e respeito tornam presente o outro, embora a história tenha produzido a sua ausência. A observação feita em universidades permitiu registrar e analisar eventos em que tais modos de conhecer, desconhecer, agir ou reagir se explicitam.

Evento é metodologicamente concebido, de um lado, com base no enfoque sociológico de Corsaro (1985), que compreende evento como sequência de ações compartilhadas que começam com o conhecimento da presença de dois ou mais atores que se relacionam em alguma área e suas tentativas abertas de chegar a um sentido comum. De outro lado, fundamenta-se na concepção de linguagem de Bakhtin (1988), no sentido de acontecimento discursivo, caracterizada por troca de enunciações e atribuição de significados de diferentes interlocutores. E se aproxima, ainda, da noção de reciprocidade em Buber (1974), que requer a presença de integrantes da relação em um encontro com intenção. Os eventos, como relações complexas mais amplas que os recortes que deles são feitos, configuram-se como ações sequenciais, acontecimentos discursivos ou situações em que há intensa relação e reciprocidade entre as pessoas.

Desconhecimento do outro, mesmo quando está presente

Primeiro semestre de 2011, turma do sétimo período (terceiro ano, portanto), disciplina voltada à literatura e ao ensino de língua, Curso de Pedagogia, universidade particular católica. A turma, com e vinte e duas pessoas, sendo vinte e uma alunas e um aluno. Em uma das aulas, tratando das contradições humanas e de como afetam a prática pedagógica, comentei o conto de Machado de Assis "A igreja do diabo" (Assis, 1998) quando fui interpelada por uma aluna com um "Deus me livre de ouvir o nome dele assim". Referia-se à menção ao diabo, dizendo que fazer isso era pecado e que traria má sorte ao grupo. Constrangimento se formou diante da afirmação da aluna.

O silêncio da turma foi quebrado quando eu trouxe a questão da diversidade religiosa, do respeito às crenças na vida cotidiana e a ficção, formas sensíveis de expressão e a escuta do outro. Poucos alunos falaram, mas todos pareceram ter cuidado ao enfrentar aquele silêncio e a dificuldade de encarar o tema, comum quando se fala muito sobre a liberdade ou o direito do outro, mas se discutem pouco as dificuldades de exercício de ambos no cotidiano.

O conto foi lido na aula seguinte e, algumas semanas depois, as "Lendas dos Orixás", da Coleção Lendas em Cartão Postal, publicada pela Autêntica, passaram a ser lidas com a turma nas aulas. O constrangimento se repetiu, mas o clima estava criado para pouco a pouco haver relatos sobre estereótipos, indiferença e preconceito. Tema difícil e complexo como o anterior e que exigia delicadeza. Evitei expor pessoas que sabia terem pertencimento a religiões de matriz africana, deixando que os próprios alunos se manifestassem. Ressaltei ainda o desconhecimento de tantos (também o meu) das religiões orientais (bramanismo, hinduísmo, budismo), de diferenças e semelhanças entre os monoteísmos (judaico, cristão, islâmico), religiões africanas e indígenas, todos importantes na formação cultural brasileira e na dimensão de humanidade. Mostrei aproximações, similaridades entre as religiões, bem como afastamentos ou diferenças.

Embora se situando em uma universidade que valoriza a pluralidade e mantêm aulas de cultura religiosa – obrigatória a todos os alunos – onde são incentivadas trocas e estudo das diversas religiões, as conversas foram difíceis. Tinha-se a impressão de que todos estavam pouco à vontade com aquela discussão nada comum.

Segundo semestre de 2011. A aula observada em uma turma do Curso de Pedagogia, sétimo período, dezenove alunas e um aluno, universidade pública. Uma estudante pergunta à professora: "Você outro dia disse que é judia. Você é mesmo judia? Mas você nem parece! Você é tão diferente daquelas mulheres da novela..."

A surpresa da aluna revela seu desconhecimento da diversidade que caracteriza internamente todos os grupos sociais. Esta aluna – assim como muitos professores e alunos – não sabia que, do ponto de vista da religião, há judeus ortodoxos, conservacionistas e reformistas, e que cada uma dessas correntes inclui diversas formas de compreender e expressar o judaísmo com maior ou menor rigor e flexibilidade na observância de certas práticas (de professar a religião, de se vestir, comer, portar certos artefatos considerados sagrados). E não sabia que há judeus ateus. Nem que, do ponto de vista étnico, cultural e histórico, há judeus ashkenazis, originários do leste europeu e da Europa Central; e judeus sefaradis, originários da Península Ibérica, África e Ásia. Do ponto de vista político, há judeus de todas as tendências e posições. E do ponto de vista das relações com os estados nacionais, há judeus das mais diversas nacionalidades, embora muitos confundam judeu com israelense (confusão gerada ou agravada pela mídia). E, ainda, do ponto de vista racial, há judeus brancos, negros, amarelos, a partir de diferentes histórias de migração e de dominação.

O desconhecimento se manifesta, até hoje, misturando-se religião e raça. Durante uma aula do Programa de Pós-Graduação de uma das duas universidades, uma professora foi convidada por uma aluna a ir à escola de ensino fundamental em que a aluna lecionava e "contar para as crianças como é um judeu e para que as crianças pudessem ver como é um judeu". Além do pedido, o convite foi motivado pela pergunta feita pela criança à professora: "ainda existe judeu?". O convite não foi aceito e a professora tentou mostrar à aluna de pós que não há como distinguir um judeu de qualquer pessoa pelo seu aspecto físico. Esperava que ela pudesse levar essa compreensão às crianças. Ao mesmo tempo, incentivou a leitura de livros de histórias, valorizando a cultura e a religião judaica. Teria sido importante ir à escola? Talvez a professora universitária também não soubesse como responder a perguntas das crianças, o que reforça a necessidade de estudo e debate do tema com crianças, jovens e adultos pais e professores, para que possam saber mais do outro, mesmo quando está ausente.

As preocupações e os conflitos que permeiam esses eventos convergem com o relato feito em outro texto (Kramer, 2010, p. 193) onde uma ex-aluna, que cursava então o último período de Graduação em Pedagogia, me procurou, no intervalo entre duas aulas, para pedir a sugestão de um "livro de terror muito bom. A filha, de onze anos (...), havia terminado de ler O diário de Anne Frank e não tinha gostado muito. Queria algo mesmo "de terror".

> Perguntei à mãe, minha ex-aluna, se ela tinha lido o livro ou se sabia do que tratava e ela me disse que não. Entre surpresa e incrédula por conhecer alguém que não tinha ideia do que tratava um dos livros mais lidos sobre o holocausto nazista na segunda guerra mundial, um dos muitos diários encontrados, escrito (...) por uma menina escondida, falando do seu cotidiano, seus medos e seus sonhos, perguntei por que ela estava fazendo esta consulta justo para mim.
>
> Um silêncio se forma entre nós, e me pego pensando em como eu havia me tornado uma pessoa capaz de ouvir coisas tão surpre-

endentes. Fico calada, lembrando do meu pai, de suas histórias de infância, menino judeu que dos 14 aos 20 anos foi submetido a trabalho escravo e sobreviveu ao holocausto da segunda guerra mundial. Penso na história da minha família e nos milhões de deficientes físicos e mentais, homossexuais, ciganos e judeus mortos nas câmaras de gás e nos campos de concentração durante um dos mais terríveis genocídios que a história humana já assistiu ou viveu. Penso em Ruanda, em Darfur e em outros contextos de extermínio de caráter étnico, religioso, político, ideológico. Penso em mim e no que tenho feito durante todos estes anos como professora, o que tenho ensinado, no papel da escola, da literatura, na necessidade da arte e da ficção como parte da possibilidade de sermos humanos, no desconhecimento dos jovens e das crianças, na minha prática cotidiana como professora, voltada para a educação infantil, a leitura, escrita e literatura. E ela continua esperando. Foram poucos minutos, tempo condensado, dialética do instante, imagem dialética, como diria Benjamin, para quem a descontinuidade é possível, pois cada época não somente sonha a seguinte, mas ao sonhá-la, força-a a despertar. Como despertar sem o conhecimento? Como despertar sem virar pelo avesso a mixórdia da cultura que se acumula como ruína a nossos pés. Como despertar? "Você sugere algum livro de terror?", ela volta a me perguntar segundos depois. "Você primeiro deve ler este livro, O Diário de Anne Frank; depois a gente conversa", digo isso e me despeço. (Kramer, 2010, p. 198, 194)

A falta de conhecimento da aluna a fez tratar como análogos livros cujo gênero literário se configurava como sendo "de terror" com o horror relatado no diário. No final do semestre a aluna se formaria como Pedagoga, professora de Educação Infantil, Ensino Fundamental e das disciplinas pedagógicas em cursos de formação de professores. O evento leva a indagar: como educar educadores que desconhecem a história e não distinguem o horror de um genocídio e a eliminação de pessoas do terror como gênero literário?

Este evento provoca mal estar, constrangimento, incredulidade. Mostra desconhecimento, preconceito e discriminação religiosa. Como os demais, a análise crítica convoca a pensar que a conquista de uma escola de qualidade esbarra em um dos mais pesados obstáculos da nossa própria condição humana: o apagamento das diferenças, o não reconhecimento de que aquilo que caracteriza a singularidade dos seres humanos é a sua pluralidade. Como diz Bakhtin (1992), a sensibilidade estética, o conhecimento e o agir ético são dimensões que constituem as ações e os discursos humanos. Devemos cuidar dessas três dimensões ao lidar com a educação e com a pluralidade religiosa. Esses eventos discursivos mostram que não é uma religião específica que produz o preconceito, mas o modo de viver a religiosidade e a aceitação do outro. Todas as religiões têm modos diferenciados de serem praticadas por pessoas que têm maior ou menor abertura para os outros. Esse tema será analisado adiante. Por ora, cabe colocar o foco em como é possível aceitar e reconhecer.

◆ Aceitação e reconhecimento do outro, mesmo na sua ausência

Enunciados discursivos estão sempre carregados de significados ideológicos que como diz Bakhtin (1988), evidenciam disputas, conflitos e valores contraditórios nessa arena de luta que é a linguagem. O evento relatado a seguir mostra, também como afirma Bakhtin (1988), como estes significados se mesclam aos sentidos vivenciais construídos no cotidiano.

O evento aqui partilhado se situa em um congresso dedicado aos mundos sociais e culturais da infância, onde eu havia sido convidada para falar sobre "a infância no contexto da cultura contemporânea". Era a primeira vez que um evento científico reunia professores universitários voltados a pesquisar a infância e as crianças em diferentes países europeus, africanos e latino-americanos. O encontro ocorreu em Braga, Portugal, na bela região do Minho, e a hospitalidade marcou as relações acadêmicas.

Na véspera da abertura do congresso, um jantar foi oferecido aos convidados estrangeiros e portugueses. Num clima agradável e de grande cordialidade, um professor português, pediu: "sei que os brasileiros contam muitas piadas de português. Por que você não conta umas para nós?" Impactada com a pergunta, e longe de querer ser indelicada, sabendo que muitas piadas que circulam no contexto brasileiro ridicularizam os portugueses, respondi intuitivamente: "de piada de português não me lembro, mas como sou judia conheço muitas piadas sobre judeus". O silêncio que se seguiu ao comentário foi quebrado pelas inúmeras anedotas que comecei a contar com Saras, Jacós, Moisés etc. Na saída do restaurante, o professor que fizera a pergunta relatou que naquela região não havia judeus: todos foram eliminados ou obrigados à conversão pela Inquisição. No caminho de volta ao hotel, mostrou a judiaria, originalmente "bairro de judeus", lugar em que eram confinados, mas que até hoje na maioria dos dicionários em português é definido como mofa, zombaria, maldade, maus-tratos. Muitas igrejas indicavam, nas placas, que tinham um dia sido sinagogas. A densidade daquela ausência podia agora ser compreendida e dimensionada.

Manhã seguinte, pouco antes da conferência, fui procurada pela pesquisadora portuguesa Eduarda Coquet que me perguntou de chofre: "soube que você é judia. Você tem interesse no Holocausto?" Relatei que meu pai era sobrevivente de Auschwitz e que o tema me mobilizava racional e sensivelmente.

A pesquisadora (que trabalhava com desenhos infantis) contou que desenvolvera um projeto com crianças da rede pública de Braga, baseada na história de Anne Frank. As produções infantis estavam em uma exposição na Prefeitura de Braga e poderiam ir vê-la na hora do almoço.

A visita foi carregada de sentidos, afetos, encontros. O livro "Anne Frank: uma história para hoje", acompanhava a exposição com textos e trabalhos plásticos de alunos de estabelecimentos de ensino do Distrito de Braga, concebido e organizado por Coquet (1998), com comentários, desenhos e depoimentos críticos das crianças, relacionando sua história pessoal à história retratada no diário de Anne Frank.

Assim, o que havia sido provocação – piada de português, contada por brasileiros – se tornou oportunidade de encontro e troca. Pela estreita aresta (Buber, 1974) penetrou cumplicidade e emoção, o insuspeitado fez-se surpresa de encontro e diálogo, de reconhecimento e superação de preconceito.

Como ensinar a conhecer, aceitar e reconhecer? O item a seguir traz conceitos que podem favorecer a compreensão e fornecer subsídios para enfrentar essas questões e tensões no sentido de tornar possível transformar a ausência do outro em uma presença.

RELIGIÕES, RELIGIOSIDADE E DIÁLOGO EM MARTIN BUBER

No âmbito desta reflexão, como ressalta a Introdução, a religiosidade é concebida como espiritualidade, busca de resposta do ser humano à finitude e as religiões são entendidas como linguagem que, na visão de Bakhtin (1988), é material e se configura como espaço de disputa ideológica e política, arenas de luta. As religiões, como sistemas ideológicos que são, engendram nas relações cotidianas, tensões e jogos de força que passam a ser veiculados como direito à liberdade de crença, expressão e experiência ou como estereótipo, discriminação e preconceito. Em um e no outro caso circulam mecanismos de abertura, respeito e inclusão ou de exclusão e eliminação constituídos a partir de condições históricas e contextos de dominação específicos.

Martin Buber oferece um arcabouço teórico consistente para pensar as situações do cotidiano e pode contribuir para uma educação onde o diálogo interreligioso se apresenta como resposta ao preconceito.

Nascido em Viena em 1878, viveu dez anos com seus avós em Lvov, na Polônia, onde conviveu com vários idiomas (Hebraico, Yiddish, Polonês, Alemão). Mais tarde aprendeu grego, francês, italiano, inglês e latim. Socialista utópico (Buber, 2007), considerado um dos mais importantes filósofos judeus do século XX e uma das grandes referências do diálogo interreligioso, suas ideias políticas se situam no âmbito do anarquismo e do socialismo. Pacificista, defendia, ainda nos anos 1920, a criação na Palestina de um estado binacional judeu e árabe. Em 1937, impedido pelo nazismo de continuar na Universidade de Frankfurt onde lecionava Filosofia Social, migrou para a Palestina, para trabalhar na Universidade Hebraica de Jerusalém. Morreu em 1965, depois de – durante décadas – percorrer vários países dando conferências e oficinas, fortalecendo projetos de ação e educação comunitárias. Estudioso do misticismo judaico no contexto de extrema pobreza e desamparo do leste europeu, interessava a Buber a simplicidade, a retidão, a escuta e o ensinamento ético. Marcado por uma forte esperança – apesar do nazismo – expressou nos seus textos profunda fé no humano, como costumava dizer, o valor do exemplo e alegria de viver.

Muitos de seus conceitos contribuem para o tema em questão, em especial como trata de alteridade, respeito, reconhecimento, desconhecimento do outro, estereótipo, discriminação e preconceito, diálogo, presença, conhecimento, encontro e religiosidade.

Presença e diálogo: de como conhecer o outro

Na obra *Eu e Tu*, publicada em 1923, Buber (1974) afirma que o ser humano tem duas formas de se colocar no mundo: Eu-Tu e Eu-Isso, nomeadas pelo filósofo de palavras-princípio. A relação Eu-Tu considera o outro e o inclui, não visa usar o outro. Estar presente é estar incluído nessa relação Eu-Tu. A relação Eu-Isso coisifica, objetiva, mede. Para Buber (1974), contudo, a relação Eu-Isso é parte da vida cotidiana e sua necessidade de usar. A questão é assim formulada por ele: "O homem não pode viver sem o *Isso*, mas aquele que vive somente com o *Isso* não é homem" (Buber, 1974, p. 39).

Para Buber (1974), o princípio dialógico não é apenas uma concepção filosófica, mas uma realidade além do alcance da linguagem discursiva: a relação Eu-Tu significa vínculo criado entre duas pessoas, com o mundo e os objetos. Só existe diálogo verdadeiro quando há escuta do outro: ouvir e ver o outro supõe presença plena na situação de que se participa (Buber, 1974). A relação Eu-Tu evoca ainda o Tu Eterno, a instância divina, espiritual.

Os conceitos de Buber (1974) permitem compreender se estamos abertos ou fechados para o outro. Estar presente supõe que os sujeitos estão envolvidos com compromisso no instante atual, na atuação. Mais do que tempo cronológico, importa o que ocorre a cada instante: "presença não é algo fugaz e passageiro, mas o que aguarda e permanece diante de nós" (Buber, 1974, p. 14). Estar presente é uma forma de apreensão do mundo, para além da observação. Numa relação em que há presença, não há um e outro, mas um com o outro. Não só as pessoas estão em um mesmo espaço, mas se presentificam uma para a outra.

E para se instaurar em uma relação, a presença requer atenção dos sujeitos à ação que os aproxima e resulta em reciprocidade na relação com o outro. Com intenção.

Mas como perceber o outro? E como conhecê-lo? Para Buber (2009), há três formas de perceber o outro: observar, contemplar e tomar conhecimento íntimo. "O observador está inteiramente concentrado em gravar na sua mente o homem que observa, em 'anotá-lo'. Ele o perscruta e o desenha." (...) "O contemplador não está absolutamente concentrado. Ele se coloca numa posição que lhe permite ver o objeto livremente e espera despreocupado aquilo que a ele se apresentará" (Buber, 2009, p.41). No início, há intenção; em seguida o contemplador não anota nem se impõe tarefas. "Todos grandes artistas eram contempladores", diz Buber (2009, p. 41). Enquanto observador e contemplador têm em comum o desejo de perceber, a terceira forma implica mais: algo é transmitido, acolhido, aceito, recebido, nada se pode retratar ou descrever. "Este homem não é meu objeto; cheguei a ter algo a ver com ele. Talvez tenha que aprender algo e só se trata do meu 'aceitar'. É possível que eu tenha que responder imediatamente, justamente a este homem diante de mim." (...) Mas em cada instância aconteceu-me uma palavra que exige uma resposta." (Buber , 2009, p. 42-43). Os limites do dialógico coincidem assim com os limites da tomada de conhecimento íntimo.

Buber (2009) distingue, pois, o observar que requer atenção a detalhes; o contemplar livre de amarras, que não se preocupa e espera o que o objeto apresentar. Se esses dois modos se assemelham por não ser preciso agir, a tomada de conhecimento íntimo requer uma postura receptiva, um aceitar, ver o outro não como objeto, mas a partir do conhecimento profundo sobre mim ou sobre o outro. Esses modos de perceber indicam atitudes e posições diante dos outros. Assim, em processos de formação, professores e alunos podem se abrir para o que está sendo dito, mostrado ou vivido. A receptividade efetiva acontece quando a palavra dirigida tem significado para a vida da pessoa. Esta atitude frente ao Tu, além de contemplar, ao ser ainda mais íntima, exige responsabilidade perante o outro e implica um responder. "O conhecimento íntimo só se torna possível quando me coloco de uma forma elementar em relação com o outro, portanto quando ele se torna presença para mim" (Buber, 2009, p. 147).

"A pessoa da relação Eu-Tu é o suporte relacional que permite fazer da alteridade uma presença" (Bartholo, 2001, p. 12). Só em presença vínculos são estabelecidos e há diálogo autêntico. "Ver significa ser alvo da palavra dirigida; nós só precisaríamos tornar-nos presentes, só precisaríamos perceber. Mas o risco nos é por demais perigoso, trovões silenciosos parecem ameaçar-nos de aniquilação: e aperfeiçoamos, de geração em geração, o aparato de defesa" (Buber, 2009, p. 43). Como, então, perceber o outro sem preconceito, sem a dureza ou a frieza que impede escutar e ver? Como não ser omisso diante do mundo?

Para Buber, estar presente significa estar aberto, em movimento, à busca de Deus, relação que se dá em pequenas ações, em que recupero o que de humano existe em mim e no outro e o faço presente. Nisso consiste a religiosidade: em um aceitar e doar-se, receber e partilhar com o outro, diante de mim, diferente de mim, presente em mim.

Mas como perceber o outro que professa uma religião diferente da minha sem preconceito, sem a dureza ou a frieza que impede a escuta e o olhar, que impede conhecê-lo? Religiosidade implica vida espiritual, mais além das práticas objetivas de cada religião, tal como a linguagem é uma dimensão humana mais ampla que cada forma concreta, material de produção e recepção das línguas.

◆ Diálogo, encontro e religiosidade

Buber (2009) considera que há três espécies de diálogo: o autêntico, o técnico e o monológo disfarçado de diálogo. No diálogo autêntico, as pessoas que dele participam se fazem presentes. "Cada um dos participantes tem de fato em mente o outro ou os outros na sua presença e no seu modo de ser e a eles se volta com a intenção de estabelecer entre ele e si próprio uma reciprocidade viva" (2009, p. 54). Há intenção de ouvir o outro, não só de falar. As palavras são dirigidas ao outro, querem resposta, com ou sem palavras ou gestos. Responder significa se responsabilizar pelo outro, comprometer-se com a palavra que lhe foi dirigida. No diálogo autêntico, os participantes estão comprometidos uns com os outros, se voltam uns aos outros (Buber, 2009, p. 56).

O diálogo técnico é "movido pela necessidade de entendimento objetivo" (Buber, 2009, p. 54), atendendo às exigências da vida moderna. Os participantes mantêm uma conversação a fim de se ter uma explicação objetiva sobre algo. No monólogo disfarçado de diálogo o outro não é considerado, não é reconhecido, sua presença é indiferente, é um "fantasma sem rosto" (Buber, 2009, p. 54). Diálogos técnicos são comuns nas instituições, em particular na escola, sempre voltada a dar informações, a esclarecer ou comunicar. São importantes também, pois não seria possível que todos os contatos entre as pessoas fossem diálogos autênticos. O grave é que muitas vezes o diálogo técnico se torna o único tipo de diálogo existente na escola.

Estereótipos, discriminação e preconceito instauram diálogos técnicos e monólogos disfarçados de diálogo inócuos, estéreis, vazios de sentido e intenção. Separam e desunem o que deveria ser aceito, fragilizam as relações ao invés de fortalecê-las, levam as pessoas a se fecharem ou a se contentarem com pouco. Buber (2009, p. 58) fala de um "dobrar-se-

-em-si-mesmo", em que não se reconhece a singularidade da outra pessoa. Aqui, "o diálogo se torna uma ilusão" (Buber, 2009, p. 58), longe de colaborar para o conhecimento do mundo ou para que se formem vínculos com os outros. Em uma relação dialógica, "o homem que está face a mim nunca pode ser o meu objeto" (Buber, 2009, p. 8). Há, entre os sujeitos da relação, reciprocidade viva. Embora o encontro essencial seja entre os homens, ele pode acontecer em três esferas: (i) a vida com a natureza; (ii) a vida com os homens (iii) e a vida com os seres espirituais (Buber, 1974).

Ao se referir ao encontro, Buber o aproxima – assim como a presença – de um fim espiritual. Os momentos em que o encontro acontece são momentos de aproximação com Deus que pode se realizar no cotidiano, no contato entre as pessoas, nos simples acontecimentos da vida, quando se está aberto a relações. Assim entendendo o encontro, Buber (1974) resgata para a esfera das relações, a humanidade, o reconhecimento do outro e do tempo em que se está com o outro, o "entre". O evento acontece porque há encontro "entre" o Eu e o Tu na reciprocidade de uma ação vivida na sua inteireza. Os sujeitos estão inteiros nesta ação, estabelecem laços, elos, conexões, cada um se volta ao outro, vivendo em um mesmo tempo – no presente – e em presença.

Nesse contexto, Buber propõe uma instigante distinção entre religiosidade e religião:

> Religiosidade é o sentimento do homem, sempre renovado, sempre se exprimindo e se formando de novo, surpreso e em veneração, que existe acima da existência condicionada, no entanto, irrompendo ao seu interior algo Incondicional; é a pretensão de instituir uma comunhão viva com o último, a vontade de realizar isto por sua ação e instalá-la no mundo humano. Religião é a soma dos costumes e doutrinas nos quais a religiosidade de

> dada época de um povo se expressou e se moldou. (...) Se, contudo, os ritos e os dogmas da religião se tornaram tão rígidos de modo que a religiosidade seja incapaz de movê-los, não mais querendo submeter-se a eles, então a religião torna-se infrutífera e, assim, não-verdadeira. Assim a religiosidade é o criativo e a religião, o princípio organizador; a religiosidade começa de novo com cada jovem profundamente tocado pelo mistério; a religião quer forçá-lo para dentro de sua estrutura, estabilizá-lo agora e sempre. Religiosidade significa atividade – colocar-se em uma relação elementar com o absoluto – religião significa passividade – tomar para si os mandamentos tradicionais. (Buber apud Scholem, 1994, p. 143).

Pode-se concluir dessa proposição que o encontro entre indivíduos de diferentes religiões se dá na dimensão da sua religiosidade. Quanto maior a rigidez a dogmas, como se aquela religião fosse a única a revelar a verdade, mais os preconceitos de instauram. Quem está preso no seu ponto de vista único – quer dizer, colado, grudado, encarcerado na vista a partir de um ponto – não pode ter abertura para o conhecimento.

A abertura, a aceitação do outro, a presença e o diálogo, permitindo que sua cosmovisão penetre pela estreita aresta do "entre", são fundamentais para a formação de *mentschen*, das pessoas. Para tanto, é preciso haver intenção, em hebraico *Kavaná*, "intenção sagrada" (Zuben, 1974, p. XXXVIII) entendida como movimento, intenção de fazer, de agir.

Para Buber (1974), o homem – a pessoa humana – é um ser de relação e, por intermédio da relação autêntica, ele efetua a sua existência. "No começo é a relação" (Buber, 1974, p. 20). "Como existiria o homem se Deus não tivesse necessidade dele? O homem precisa de Deus para existir e Deus tem necessidade do homem para aquilo que, justamente, é o sentido da vida Dele" (Buber, 1974, p. 95). "O fato de que exista o mundo, que o homem, a pessoa humana exista, que eu e tu existamos tem um sentido divino." (Buber, 1974, p. 96).

O que deveria pesar mais: diferentes visões de mundo e concepções de Deus que têm as diversas religiões ou o fato de que todas têm uma imagem de Deus?

DIÁLOGO, EDUCAÇÃO E RECONHECIMENTO DO OUTRO: PARA EDUCAR OS EDUCADORES

A educação deve responder à urgência do outro quando está presente ou ausente. Nos termos de Buber, seria preciso torná-los uma presença, aceitar e receber o outro com seus direitos, costumes, tradições, crenças. E responder a ele e a suas necessidades. Mas "o educador nunca deve se esquecer de que os conflitos educam, desde que sejam geridos em um ambiente saudável" (Buber, 2004, p. 42). Levar em conta os conflitos e problemas mobiliza, ensina.

> Constitui um erro grotesco a noção do homem moderno que o voltar-se-para-o-outro seja um sentimentalismo e que não está de acordo com a densidade compacta da vida atual e sua afirmação que o voltar-se-para-o-outro seja impraticável no tumulto desta vida é apenas a confissão mascarada da fraqueza de sua própria iniciativa diante das situações da época (Buber, 2009, p. 57).

O legado mais significativo de Martin Buber entre os judeus alemães de sua geração foi seu engajamento público apaixonado na renovação da educação de adultos depois da primeira guerra mundial. Sua premissa básica ressoa hoje, tal como a pedagogia de Paulo Freire. Na urgência de educar os educadores, é essencial lembrar que o verdadeiro educador não se contenta meramente em ensinar conteúdos ou coisas aos alunos. Sua preocupação é sempre a pessoa como um todo, na sua inteireza, na atualidade em que vive ante você, agora, e também suas possibilidades, favorecendo que ela mude, cresça.

Assim, na revisão crítica dos currículos dos cursos de Graduação em Pedagogia e demais licenciaturas ou outros campos, não basta considerar conhecimentos, inserção profissional ou mercado. É essencial abertura a mais do que os conteúdos do programa. Podemos articular os objetivos de educar, como comunidade, pessoas chamadas a ensinar, especialmente aquelas que se dispõem a formar os mais vulneráveis e a aceitar a carga de lecionar sobre e no lugar dos ausentes. Buber e Freire compartilham mais do que ideias: trata-se de seu compromisso com o diálogo, incorporado em suas próprias vidas. Seu compromisso com a educação como educadores que são. Buber ensinou e viveu a participação no aprendizado e no ensino como a característica essencial do ser humano, na sua inteireza. Este é o elo compartilhado, especialmente entre professores e seus alunos, numa comunidade de aprendizado compartilhado. Quando os professores estão presentes e se apresentam aos seus alunos também como quem está aprendendo – como educandos, portanto – eles oferecem aos alunos o exemplo proposto por Buber de viver na inteireza.

Atuar nessa direção exige formação e inclusão.

> O trabalho de formação ao que me refiro consiste em conduzir para a realidade e para a realização. O ser humano que irá se formar é o que sabe distinguir aparência e realidade, entre realização aparente e verdadeira realização, o que rechaça a aparência e escolhe e toma a realidade, indiferente da sua visão de mundo. Este trabalho educa os pertencentes a todas as visões de mundo para a justiça e a verdade. Esse trabalho de formação educa a cada

> um para levar a sério sua visão de mundo a partir da seriedade do fundamento e para a realidade da meta. (Buber, 2004, p. 37-38)

Ainda segundo Buber (2004, p. 26), "a relação de duas pessoas que em maior ou menor medida se encontra determinada pela inclusão podemos denominá-la como dialógica". Nesse sentido, a amizade é uma atitude de inclusão, pois é "uma relação dialógica, fundada na experiência concreta e recíproca daquele que inclui o outro" (Buber, 2004, p. 29). Na empatia, a minha participação no acontecimento é sacrificada para sentir o que o outro sente. Na inclusão, eu participo do mesmo acontecimento, simultaneamente, junto com o outro, eu com os meus sentimentos e ele com os dele. A inclusão é um ato de reciprocidade. Com isso, podemos dizer que todo ato educativo é um ato inclusivo, consequentemente, dialógico. Na perspectiva de Buber, sem inclusão, não seria possível a educação.

Da mesma forma, na formação que se volta ao reconhecimento do outro e ao diálogo não basta intenção pedagógica – esforço do educador para obter resultados – mas é preciso encontro pedagógico, que envolve a educação do caráter e diz respeito a uma postura do professor diante das necessidades concretas do aluno, ajudando-o a posicionar-se diante do mundo. Isso implica em responder com responsabilidade, dar uma resposta além da alternativa da pergunta, diante da situação concreta na qual vive o aluno. A missão do professor "não é ditar o que seja bom ou mal de uma forma geral, e sim a de responder, responder a uma pergunta concreta" (Buber, 2004, p. 41). Mais do que intenção pedagógica, a partir de um clima de confiança, o educador participa da vida dos alunos com os quais está em contato, assume a responsabilidade que desse encontro deriva. "Pedagogicamente fértil não é a mera intenção pedagógica, e sim o encontro pedagógico" (Buber, 2004, p. 41).

Outro aspecto se refere ao papel atribuído por Buber à escrita. Segundo Goes (2011, p. 54), pastor berlinense e seu grande amigo, "Buber se considerava totalmente escritor, autor. Ele dava à fala, por assim dizer, seu direito; mas texto, livro, é mais: 'Livro é pura responsabilidade'". Convidar os professores a ler o mundo e os livros, sobretudo literários, para que convidem os jovens e as crianças a serem leitores e a escreverem e partilharem suas histórias, é fundamental no processo de educar os educadores.

Enfim, formação, inclusão, educação considerando os conflitos, amizade, confiança, diálogo, resposta, reciprocidade são elementos do trabalho da educação com pessoas de diferentes religiões. Nesse sentido, as reflexões desenvolvidas neste texto, bem como os comentários sobre eventos, observações ou relatos dos professores convergem para a defesa intransigente dos autores deste texto de que todos – crianças, jovens e adultos – têm direito à expressão de espiritualidade e à religião a que se vinculam por pertencimento familiar ou opção individual, seja por uma, seja por nenhuma religião.

A escola pública brasileira é democrática, gratuita e laica. As aulas de uma religião específica, comum até nas escolas públicas, assim como a imposição de rezas ou orações acabam impregnando de preconceito as interações cotidianas em que determinadas religiões não são consideradas legítimas. Esta questão precisa ser debatida, enfrentada, superada. Para isso, as religiões precisam ser conhecidas tanto no que se refere às práticas quanto aos sentimentos e valores que priorizam, divulgam ou criticam. Defender a laicidade da escola e reconhecer o direito à expressão de religiosidade, por parte de crianças, jovens e adultos, significa aceitar a dimensão de humanidade das pessoas, seu vínculo com questões materiais e também com símbolos e indagações espirituais.

Muitos professores julgam que as crianças precisam aprender a rezar ou orar como a sua religião ou a religião do grupo hegemônico daquela escola, bairro, comunidade. As pessoas costumam rir diante da variabilidade de modos de agir e expressar religiosidade. É preciso abalar este preconceito tão arraigado nos alunos nos professores. É papel da escola – ao lado das demais instâncias da vida social e cultural – garantir este direito.

Cabe, enfim, reafirmar: essas reflexões são movidas pelo respeito às diferenças de todos os tipos: devemos tentar compreender as pessoas e os acontecimentos do mundo, atuar para que atrocidades não se repitam e construir reconhecimento. Toda religião tem inúmeras formas de expressão. O que torna hegemônicas uma religião e um modo específico de professá-la não são razões ou raízes religiosas, mas históricas, políticas e econômicas: colonialismo, dominação, opressão, o autoritarismo, que gera submissão e conversão a uma religião, ao lado de ações de supressão ou proibição de inúmeras religiões, assim como a perseguição aqueles que as professam. Devemos dizer "nunca mais" a essas atrocidades.

O diálogo inter-religioso é uma resposta ao preconceito religioso, que continua se mostrando furioso em várias partes do mundo. Perseguições a cristãos, muçulmanos, judeus, espíritas, a religiões de matriz africana são uma constante e não parece haver muitos indícios do ponto de vista de políticas nacionais e das relações internacionais que tenham mitigado esses conflitos e instaurado contextos de paz. Não nos parece que a paz idealizada será viável num curto espaço de tempo. Mas iniciativas concretas voltadas a ações, projetos e políticas existem e procuram enfrentar a questão. Nesse contexto, as experiências de educação dentro e fora da escola podem e devem dar sua contribuição teórica e prática. Ou seja, podem e devem responder.

PROVÉRBIOS

אַזוי לאַנג דער מענטש לעבט איז אים די גאַנצע וועלט צו קליין;
נאָכן טויט איז אים דער קבֿר גענוג.

Azoy lang der mentsh lebt iz im di gantse velt tsu kleyn; nokhn toyt iz im der keyver genug.

Enquanto o homem vive o mundo é muito pequeno para ele; depois de sua morte o túmulo é suficientemente grande.

contos

A PEDRA PRECIOSA

Um rapaz do interior foi para a cidade grande trabalhar numa fábrica. Quando conseguiu juntar algum dinheiro, comprou roupas novas, sapatos novos e até um anel de ouro com uma pedra preciosa. E voltou para a sua aldeia a fim de exibir seu sucesso.

Chegando à aldeia, foi logo cercado por amigos e conhecidos, ansiosos em saber notícias da cidade. Ele contou sobre as lojas, as roupas, as joias e sobre todas as maravilhas que se pode comprar.

– Meu filho, que utilidade tem essa pedra?, perguntou um sábio.

– Utilidade? Para quê? Ela só é bonita. Isso não é suficiente?

– Eu conheço outra pedra preciosa que, ao mesmo tempo, é útil. Venha, eu lhe mostro.

– Eu quero ver – disse o rapaz duvidando que naquela aldeia pobre pudesse haver tal pedra.

O sábio levou-o até o moinho e mostrou a mó – a pedra do moinho. Com ela moía o trigo e o milho e com isso alimentava a população do lugar.

– Estas são pedras preciosas, não por serem bonitas somente, mas por serem úteis.

RECEITAS

GUEFILTE FISH

Para os judeus ashkenazis, nenhuma comida é mais judaica do que o *Guefilte fish*. Trata-se do mais famoso e representativo dos pratos judaicos, especialmente para o *Shabat* e outras festividades. Com pequenas variações regionais, a receita básica é a mesma de várias gerações. Guefilte significa recheado, em Yiddish, e originalmente a carne fresca do peixe era usada para rechear a pele do peixe, daí o nome, peixe recheado. O peixe é muito importante na cultura judaica: simboliza a fertilidade, a riqueza e a prosperidade.

INGREDIENTES
(para 50 bolinhos):

- 8 kg de peixes variados (de preferência misturar 2 ou 3 peixes, (taínha, pescada, traíra, namorado, etc). Fazer filés mas utilizar as cabeças e espinhas para fazer o caldo onde o peixe será cozido.
- 1 ½ kg de cebola cortadas em cubo
- 1 cebola inteira
- 3 cenouras
- 2 talos de aipo cortados em pedaços
- 8 ovos

MODO DE PREPARO

1. No fundo de uma panela, colocar as cabeças e espinhas, as cenouras, o aipo e uma cebola inteira. Cobrir com água e deixar cozinhar bem.
2. Moer os filés de peixe com as cebolas. Depois de moído, misturar os ovos, temperar com sal, açúcar e pimenta a gosto. Experimentar o tempero. Fazer os bolinhos.
3. Retirar os sólidos do caldo de peixe e coar. Separar o caldo e jogar fora o resto. Deixar ferver novamente o caldo de peixe e ir colocando os bolinhos, em fogo alto. Quando voltar a ferver, abaixar o fogo.
4. Deixar cozinhando por 2 a 3 horas.
5. Retirar os bolinhos do caldo e deixar o caldo cozinhando até reduzir um pouco. Depois de frio guardar na geladeira (depois de frio ele deve ficar com uma consistência gelatinosa).
6. Na hora de servir, coloque uma rodela de cenoura sobre cada bolinho e um pouco do caldo.

CRIANÇAS E ADULTOS:

entre gerações e interações, histórias que contam

SONIA KRAMER

Este texto trata de crianças, adultos e de narrativas que contam. É do escritor Ítalo Calvino, no seu belo e instigante livro *Se numa noite de inverno um viajante*, o sentido de narrativa que move e envolve o texto.

> Você acha que todas as histórias devem ter um princípio e um fim? Antigamente, uma narrativa tinha apenas duas maneiras de acabar: passadas todas as provas o herói e a heroína ou casavam ou morriam. O sentido último para que remetem todas as narrativas tem duas faces: a continuidade da vida e a inevitabilidade da morte. (Calvino, s/d., p. 248)

Histórias que nos contam e que verdadeiramente contam, que se tornam experiência nas palavras de Benjamin (1987a) constituem o que somos, de onde viemos e desenham com a sua força de escrita a nossa presença – no sentido que Martin Buber dá a este conceito (1977) – ou, se quiserem, a nossa continuidade, quando descontinuarmos.

Mais precisamente, o presente texto ressalta a importância de interações entre gerações, com o foco em avós e netos, foco que a vida colocou na minha história. Caminhando para trás e para frente, entrecruzando o tempo da memória e o tempo da escrita, o primeiro momento do texto mostra traços de memórias da infância. O segundo apresenta as concepções de linguagem, infância e educação que orientam os traços e riscos da memória analisados no texto, considerados relevantes à reflexão, à prática e à pesquisa nesse campo. O terceiro assume o risco de (a) bordar a experiência do presente e nela a necessidade de uma relação crítica com a tradição (Konder, 1988), as marcas de um passado que ensinou o valor da tradição e a importância de ter e ser a terceira geração. Nos três momentos, emerge o papel de educar, no sentido de cuidar e ensinar, ser cuidado e aprender. Educar: essa tarefa delicada e forte, sutil e plena de autoridade e subversão, sem as quais não é possível fazer história. Ao final, o texto aponta urgências de políticas públicas que favoreçam a narrativa de histórias de adultos e crianças que contam, que valem e permanecem para além do seu tempo de realização.

NARRATIVA E TRAÇOS DA INFÂNCIA (OU, CRIANÇAS E AVÓS)

Escrever sobre interações e gerações é como voltar à cena básica da minha infância. Nasci e cresci ouvindo histórias e anedotas contadas por meu pai – o riso foi sempre sua marca de interação onde se misturavam personagens de contos e situações vividas por meninas e meninos no cotidiano, em casa, na rua. Essas histórias ensinaram a necessidade do humor no cotidiano e, até hoje, quando me falta o equilíbrio ou a sensatez para enfrentar dificuldades, é a este humor que recorro.

Meu pai contava também as histórias do trabalho escravo que lhe foi imposto, a perseguição e o extermínio em campos de concentração de milhões de deficientes, negros, ciganos, homossexuais, judeus adultos e crianças durante o Holocausto da Segunda Guerra Mundial. Lembro que como criança e depois adolescente ouvia sua sensibilidade, intuição, crítica e indignação presentes naqueles relatos que conciliavam a recusa de se sentir vitimado com a força de um "que nunca mais se repita". Tornei-me atenta e sensível a qualquer situação que expresse preconceito, inquieta diante da manifestação de aversão a alguém diferente de um padrão estabelecido. Meu corpo, afetos e consciência recusam a discriminação de uma marca física, um modo diverso de pensar, crer, agir, numa busca por estar consciente, uma busca por lucidez, uma quase lucidez de prontidão. Escrever sobre infâncias, narrativas e diálogos intergeracionais é para mim falar também de preconceito, inclusive de preconceito contra crianças.

Da infância de meu pai, anos 1920 e 1930, narrada por dentro da minha infância, petelecos, piparotes, pedras atiradas por colegas de escola concretizavam o preconceito contra judeus. Anos depois, com a ocupação da Polônia pela Alemanha nazista, viria a aniquilação. Das lembranças do gueto e campos de concentração de Belzec a Auschwitz, dos 14 a 20 anos de idade, ainda escuto: "*os mais velhos nos davam a sua comida*"; "*davam o pão ou o pedaço de qualquer coisa a nós, os mais jovens, para que pudéssemos sobreviver e contar o que tinha acontecido*". "*Sobreviver e contar*"; "*proteger e cuidar dos mais jovens*" eram falas repetidas, tornando-se de linguagem carne em mim, motivo e motivação da vida pessoal e profissional.

Mas a história do meu pai não é o tema deste texto. Ela está contada, entre outros, em "Resistir, sobreviver e viver para contar o holocausto" (KRAMER, 2014). O convite para compor este livro permite concentrar a narrativa em duas pessoas: minha avó paterna que não conheci, de quem tenho o nome hebraico Chaja Sara e (segundo meu pai) também a determinação; e minha avó materna, Rosa, firme e garbosa como seu nome, apresentada no parágrafo a seguir.

Minha mãe chegou ao Brasil com dois anos de idade, em 1934, antes da guerra, portanto. Veio com minha avó e uma irmã, na época com três anos. Da sua infância vivida no subúrbio do Rio de Janeiro e das histórias de travessuras e invencionices, subindo em árvores, cercada por seus cachorros, aprontando, a que mais me agrada diz respeito a suas professoras de piano, irmãs gêmeas Carolina Ingrácia e Ingrácia Carolina, nomes quase improváveis, que habitaram meus sonhos e devaneios de criança.

Mas há histórias de preconceitos sofridos no Brasil. Num dos relatos, minha mãe lembra que, ainda nos anos 40, depois de chegar da igreja onde não quis rezar de joelhos, foi obrigada pelo diretor da escola em que estudava a se ajoelhar no milho diante de colegas que a ridicularizavam. Filha de migrantes judeus, conta com orgulho que minha avó Rosa vestiu sua melhor roupa de domingo e foi tomar satisfações com o diretor, dedo em riste. Esse aprendizado me acompanha, tornou-se material: o da indignação que gera a ação contra a injustiça, a ferida provocada pelo preconceito, a humilhação.

Lembro dos ombros fortes da minha avó Rosa, que me carregavam para onde fosse. Segundo minha mãe, fui criada por ela até os cinco anos de idade: Como entrei na escola aos três e ela morava longe, julgo que ela criou um elo entre nós, um forte vínculo com gosto de eternidade. Lembro do cheiro do sabonete que usava nas gavetas, da sua elegância, da casa do Engenho de Dentro, uma imensa tartaruga que se submetia às minhas cavalgadas, o galo cantando muito cedo, a cama de madeira, os biscoitos que fazia. Perdera tudo e todos quando veio encontrar meu avô no Brasil, vinda também da Polônia. E partiu muito cedo, quando eu tinha apenas nove anos, deixando-me um anel que deveria ser guardado e me dado de presente quando eu completasse quinze anos. E assim foi feito.

Da mãe de meu pai só ouvi as histórias. Mãe de nove filhos – cinco migraram para o Brasil com a crise econômica dos anos 1920, e três morreram como ela e meu avô em Treblinka. Conheço seu semblante de duas fotos: uma que a revela muito alta, na porta de casa. Dentre as histórias contadas sobre ela, me tocam, de um lado, a ajuda aos miseráveis, toda véspera de sábado, distribuindo comida e roupa, sobretudo a dignidade e o respeito com que o fazia; de outro lado, o valor que tinham os netos para ela. "*Quem tem netos não tem o direito de sentir tristeza*", dizia meu pai evocando sua mãe que se referia aos netos como *papier kinder*, crianças de papel, que ela só conhecera por carta, porque nasceram no Brasil, filhos dos filhos que migraram ainda nos anos 1920 (Kramer, 2014, p. 49). Meu pai veio para o Brasil em 1947; se apaixonou pelo país, a música, a alegria e por minha mãe que conheceu anos depois.

Quanto a mim, nunca em criança fui objeto, alvo ou vítima de preconceito. E não sei quantas crianças por este mundo afora tiveram este privilégio. Contudo, sofri e sofro diante de muitas crianças, jovens e adultos, vítimas de preconceito de raça, gênero, deficiência.

Essas avós, mesmo ausentes, fizeram de mim a pessoa, professora, escritora, mulher, mãe e avó que sou. Filha de sobrevivente. Pois, como diz Vigotski (1984), somos constituídos de linguagem. Tudo o que fazemos, dizemos, os gestos, as ações, valores expressos, comportamentos, práticas são feitos de e se fazem na linguagem. Desde que nascem, as crianças aprendem com adultos, jovens e crianças a ouvir, perceber e sentir o mundo, e vão se expressando, criando e reinventando a cultura ao mesmo tempo em que a cultura as produz.

O mundo social e cultural escreve em nós seus sentidos, nos marca; os sentidos que vão sendo impressos nas práticas e interações formam a consciência, a visão que temos do mundo, da história e dos outros. Os conceitos espontâneos (imprecisos, parciais, subjetivos) circulam no cotidiano em direção aos conceitos científicos (estruturados, coesos, objetivos) que nos são impostos, se misturam aos espontâneos e com eles se confrontam ou conciliam. O caminho do objeto até a criança e desta até o objeto passa através de outra pessoa. Essa estrutura humana está profundamente enraizada nas ligações entre história individual e história social (Vigotski, 1984, p. 33).

Já para Bakhtin (1988a, p. 112-113), a palavra (o discurso) sempre se dirige a um interlocutor. Ao mesmo tempo, o mundo interior e a reflexão de cada pessoa têm um auditório social estabelecido, em que se constroem suas deduções, motivações e apreciações.. A palavra é ponte entre eu e o outro. A atividade mental de toda pessoa – aquilo que ela pensa, julga ou sente – se situa numa dada orientação social. Na medida em que o pensamento é materializado na expressão, e não existe fora dela, "o itinerário que leva da atividade mental (o "conteúdo a exprimir") à sua objetivação externa (a "enunciação") situa-se completamente em território social" (Bakhtin, 1988a, p. 117). Uma vez materializada, a expressão exerce um efeito reversivo sobre a atividade mental, estruturando a vida interior, dando-lhe expressão ainda mais definida e estável. Nosso mundo interior vai dessa forma se adaptando às possibilidades da expressão, suas tendências e orientações, processo que para Bakhtin (1988a, p. 118) "acompanha cada um dos nossos atos ou gestos e cada um dos nossos estados da consciência"

No contexto desta reflexão, posso dizer que a conexão entre avós e netos produziu o valor que têm os netos na minha família. Exemplo, intenção e vínculo entre avós e netos foram uma força e um apoio constantes quando, além de professores e pesquisadores, decidimos nos tornar pai e mãe. Meus pais tiveram participação ativa na educação das nossas filhas: cuidavam, buscavam, levavam, ficavam com os netos desde cedo. Transmitiram afetos, conhecimentos e valores; ensinaram a cantar, a apreciar a música, a jogar cartas. A figura do jogador não era, entre nós, metafórica como em Dostoievski (1998) ou alegórica como em Benjamin (1984). Eram parceiros no jogo, avós e netos.

E como a linguagem é organizadora da ação, relembrando o que éramos e o que fazíamos, podemos repensar a própria narrativa, entendendo-a na história presente, resgatando a história passada e mudando o futuro.

NARRATIVA, REMEMORAÇÃO, INFÂNCIA

A linguagem atravessa a vida e a vida é atravessada pela linguagem, é produção humana acontecida na história (Bakhtin, 2003). Escutar as pessoas e suas histórias de vida é ouvir a sociedade na qual estão inseridas, e que se mostra na mediação do contexto social dos grupos específicos do qual fazem parte (Ferrarotti, 1983). As práticas sociais são mediadoras e reprodutoras ativas da dimensão macro nas microestruturas, em suas linhas de poder e comunicação, suas normas e proibições, suas redes de interações afetivas.

Para Bakhtin (1988a, 1992, 2003), a mediação se dá na linguagem, arena onde os valores fundamentais de uma sociedade se explicitam e se confrontam. A palavra, signo ideológico por excelência, é mediadora do processo dialético entre o individual e o social. Cada época e cada grupo social têm seu repertório de discurso que reflete e refrata o cotidiano das relações sociais: os enunciados se realizam na interdependência da experiência individual com a pressão dos valores sociais que circulam no contexto mais amplo.

Ouvir as narrativas de crianças e adultos é fundamental: o ser humano se faz fazendo o mundo e se fazendo na linguagem. Se no contexto da modernidade, as pessoas são impedidas de deixar rastros, de ver suas marcas, de ser autores, andar a contrapelo significa abrir espaço para as narrativas, para a rememoração que puxa fios de experiências enraizadas nos sujeitos e suas histórias de vida (Kramer, 1993). Ouvir histórias de vida é dar à rememoração um lugar privilegiado.

"Por mais nítida que nos pareça a lembrança de um fato antigo, ela não é a mesma imagem que experimentamos na infância, porque nós não somos os mesmos de então e porque nossa percepção alterou-se e, com ela, nossas ideias, nossos juízos de realidade e de valor" (Bosi, 1993, p. 17). Segundo Benjamin (1987a), a história é entrecruzamento de presente, passado e futuro, o que ajuda a compreender que enfrentar hoje as dificuldades do presente, relacionando-as com seu significado histórico mais amplo, é o que nos constitui como sujeitos históricos. Rememorar o passado significa, pois, desmistificar uma visão de história como continuidade linear e mecânica.

A rememoração coloca o sujeito em confronto com a tradição, ao mesmo tempo em que lhe dá a possibilidade de renovar o velho (Benjamin, 1987a; 1987b). O encontro da história e da cultura exige que uma relação outra seja estabelecida com a tradição, numa relação que não é de aceitação nem de reificação do que foi vivido ou guardado, mas de desconstrução e crítica (Kramer, 1993).

Assim, para Benjamin, a linguagem não é instrumento que comunica ou instrui, ela é expressão. "Quando a linguagem é utilizada de modo a inibir a revelação da essência mais íntima do homem, ela se torna apenas instrumento de uma sociedade que encarcera seus indivíduos, sem que estes, muitas vezes, se deem conta do processo aprisionador do qual são vítimas" (Jobim e Souza, 2009, p. 189).

Rememorar, escovar a história a contrapelo (Benjamin, 1987a) rompe com a condição de autômato e põe no centro da cena a linguagem como narrativa. A história passada e inacabada se abre para outras leituras, numa fusão de tempos e no encontro efêmero do passado com o presente. Benjamin se opõe a uma concepção de linguagem como instrumento do pensamento ou veículo de comunicação. O ser humano não se comunica pela linguagem, mas na linguagem, e possui possibilidades infinitas de significação, de criatividade verbal.

Na tensão constante entre a vida da lembrança e a vida do esquecimento se situa a possibilidade da rememoração (Gagnebin, 2004, p. 74), processo que acontece na inserção histórica desse sujeito. A rememoração não pode ser alcançada somente pela intensidade de lembranças individuais; ela precisa da "densidade de uma memória pessoal e coletiva" (Gagnebin, 2004, p. 77) e da renúncia à comodidade do que se sabe, assumindo a narrativa como ruptura, desvio, construção de uma identidade renovada por um sujeito ético e político.

Também Pollak (1992) considera que a memória não é somente individual, mas construída coletivamente a partir do envolvimento de sujeito com acontecimentos, personagens, lugares. Acontecimentos podem ser vividos pessoalmente ou por outros. A memória é povoada por pessoas que encontramos ou de quem ouvimos falar. Lugares visitados ou presentes na narrativa do outro não estão necessariamente ligados a um tempo cronológico, mas produzem ecos na nossa memória. Pollak (1992) fala, pois, da memória herdada: Lembramos o que vivemos e o que nos é contado sobre nós.

Além disso, a memória é seletiva: "O que a memória individual grava, recalca, exclui, relembra, é evidentemente o resultado de um verdadeiro trabalho de organização" (Pollak, 1992, p. 5). A memória é construída numa disputa de valores, diz o autor, "constituinte do sentimento de identidade tanto individual quanto coletiva". Ao negociar a construção da memória na relação com suas próprias lembranças e com as lembranças de outros, o sujeito muda, pois há uma íntima relação entre memória e identidade.

Rememorar desmistifica a história linear (Kramer, 2014). Voltamos ao passado não só para conhecê-lo, mas para, servindo-se dele, "colocar o presente numa situação crítica" (Konder, 1988, p. 22). A história humana se baseia nesta descontinuidade.

Assim, aquilo que me lembro das minhas avós, da presença de Rosa ao meu lado quando menina ou da sua presença na palavra do outro, meu pai, dá significado à história da nossa família, ensina o papel que deve ser assumido, a cada geração, e as interações necessárias para que se cumpra esse papel. Nesse processo, atuam forças centrípetas e centrífugas, diria Bakhtin (1988b), produzindo franjas de significados que se movimentam para fora e para dentro, alterando os adultos e as crianças.

E como compreender a infância? A infância é possibilidade de fazer história e de mudar a história (Benjamin, 2002). Constituídas a partir de sua classe social, etnia, gênero, das condições em que vivem, as crianças brincam, aprendem, criam, sentem, crescem e se modificam, dão sentido ao mundo, produzem cultura e superam sua condição natural por meio da linguagem. Elas renovam a existência; como um colecionador, vivem na tensão dialética entre polos da ordem e da desordem (Benjamin, 1987b, p. 228).

O desenvolvimento cultural implica construir a história pessoal no âmbito da história social (Vigotski, 2009). Quando interagem, as crianças aprendem, se formam e transformam; ativas, participam e intervêm na realidade. Aos adultos cabe acolher, iniciar, mediar, cuidar, papel fundamental no desenvolvimento e nas aprendizagens das crianças que, desde muito pequenas, criam e imaginam, expressam desejos e emoções, recebem a ação da estrutura social em que estão inseridas e, nas interações com seus pares e com adultos, reelaboram e recriam as culturas em que estão inseridas.

Ao falar das crianças, interessa a Benjamin a linguagem diferente da formalizada e petrificada dos adultos. Assim, ao falar da infância, Benjamin busca no interior da própria linguagem o contato com uma experiência de linguagem (Muricy, 1999). Neste sentido, a infância é uma experiência importante como o amor, o sonho ou a arte, pois é dada à pessoa humana a chance de experimentar a linguagem na sua essência. A infância nos coloca em contato com o problema do passado, com a história, e é na experiência singular com o passado que pode vir à tona algo novo. É no passado que fica reservado o que há de futuro para nós.

A infância, busca de si mesmo, produz releituras da própria vida, uma experiência em aberto, que desloca o adulto das suas certezas. Para Benjamin, a infância é memória coletiva e histórica da humanidade, momento em que se inaugura no homem a necessidade da linguagem que se comunica, que se coloca como expressão da essência do homem. Sendo a infância um momento que se repete constantemente, para o homem se apresenta, também, a chance de se aproximar, nesse retorno, da tentativa de origem da linguagem, da comunicação expressiva (Jobim e Souza, 2009, p.189). Não por acaso, a presença de Rosa e Chaja Sara se tornaram constantes na minha vida quando me tornei avó e da mudança que essa experiência tem me ensinado: o olhar, a escuta, a observação, os gestos e atos da mãe e da professora avó se redefiniram e ampliaram numa outra temporalidade.

Esse modo de ver a infância e as crianças provoca outro modo de olhar e compreender a educação e os adultos e, diria Buber (2003), instiga a mudar nossa cosmovisão e a repensar a noção de tempo. Tempo de vida. Tempo para o outro. Outro tempo para os netos.

NARRATIVA, ENCONTRO E RELAÇÃO DIALÓGICA: OS AVÓS E SEU PAPEL NA FORMAÇÃO

Abordar a experiência do presente e a crítica da tradição implica em rever marcas do passado e, simultaneamente, dimensionar a importância de ter e ser a terceira geração. Nesse momento do texto, dois são os ângulos de abordagem dessa experiência: o primeiro apresenta temas que têm destaque nas pesquisas recentes sobre as relações entre avós e netos; o segundo analisa questões relativas à formação de vínculos em geral, e entre avós e netos em especial.

Pioneira no Brasil nos estudos das relações entre avós e netos, Lins e Barros (1987; 2013) destaca, do ângulo da antropologia, o papel da autoridade e do afeto e questões de gênero e sexualidade em processos de mudança, transmissão de valores e seus conflitos.

Mais recentemente, várias pesquisas sobre relações intergeracionais apontam como as avós ocupam um lugar central na vida dos netos e das suas famílias, participam do seu cotidiano, proporcionam apoio afetivo e, por vezes, financeiro, assumindo as obrigações dos pais e o cuidado no sentido mais amplo. (Alves, 2013; Cardoso e Brito, 2014).

Machado (2009), estudando famílias de camadas populares, mostra como transformações sociais produzem novos arranjos familiares em contextos onde diferentes gerações coabitam o mesmo espaço domiciliar, com trocas e obrigações morais recíprocas. Segundo a autora, relações de gênero e gerações ressaltam o lugar das avós na transmissão de bens materiais e simbólicos, com práticas do cuidado com os netos. Também Oliveira (2011), ao pesquisar famílias com nível de escolaridade e renda altos, registra que sua maior contribuição aos netos é o suporte fornecido por meio da presença e da participação em suas vidas e transmissão de valores morais e de importância da família.

Também segundo Silva (2010), as avós que cuidam dos netos garantem suporte prático para os filhos e afetivo para os netos, embora de acordo com as entrevistadas desempenhem papel secundário na sua educação. E alguns estudos constatam conflitos entre avós e netos, como o de Paula, Silva, Bessa e Marques (2011), em decorrência, segundo os autores, de mudanças na contemporaneidade.

Já pesquisas que escutam as crianças e consideram as produções infantis, como a de Ramos (2014), ressaltam o papel que desempenha o convívio com avós e a proximidade geográfica e afetiva, onde a casa dos avós representam espaço importante de socialização. Em sua tese de doutorado (Ramos, 2011), a autora traz o ponto de vista das crianças e suas narrativas sobre o cuidado, as descobertas e a brincadeira. De acordo com Ramos, o contato intergeracional é um processo interativo e coeducativo, onde mais velhos e mais novos aprendem e ensinam. Os vínculos que os unem são tão fortes que, nas palavras da autora, se mantêm para além da finitude dos avós.

Essas pesquisas, produzidas tanto do ângulo da Psicologia quanto da Sociologia, da Antropologia e da Educação, evidenciam o papel dos avós e a importância das relações construídas com os netos. Esse é também o sentido da reflexão filosófica que permeia o presente texto. É fundamental, nas interações entre avós e netos, a presença, o encontro e vínculo, como parte do processo de formação humana, de educação como prática de liberdade (Freire, 1982) e diálogo (Bakhtin, 1988a; Buber, 2009). Isso abrange relações na família, em creches, pré-escolas ou escolas, bem como políticas públicas nas diversas áreas voltadas a crianças, jovens e adultos, particularmente aos mais novos e aos mais velhos.

Em Buber (2009), toda ação humana se caracteriza pela intenção, invenção e pela intuição: "fazer é criar, inventar é encontro" (Buber, 2009, p. 12). Neste sentido, são urgentes iniciativas que favoreçam o encontro de crianças e adultos responsáveis pelo seu cuidado para rememorarem histórias, seja na esfera pública ou privada, ou em projetos que combinem as duas instâncias. Conhecer as histórias de vida de crianças, suas famílias e professores/as que convivem em creches, pré-escolas e escolas significa reconhecer as marcas que reciprocamente são inscritas pelas narrativas e práticas cotidianas.

Não há responsabilidade sem responsividade: é preciso dar resposta ao outro, com nossas ações e conhecimento, o que requer diálogo e reconhecimento. Mas as pesquisas no âmbito das instituições escolares evidenciam que, com frequência, crianças e jovens não são vistos nas instituições. A marca das interações é a sua invisibilidade (Kramer, 2009a). Para Buber (2009), porém, é preciso tomar contato íntimo, o que exige atenção, presença (a nossa, a das crianças), ou seja, ver, perceber, escutar, sentir, vincular-se nas práticas com crianças, jovens, adultos; disponibilizar-se, acolher, acreditar na humanidade, suas potencialidades e atuar na estreita aresta (Buber, 1977, p. XIX), que liga, conecta. Vincular-se e sustentar os vínculos, com alegria, expressão máxima do ser humano: esses movimentos levam o homem a estabelecer relações.

No aprendizado da vida dialógica, a esfera cognitiva não basta. Este é um aprendizado vivido, para o qual a teoria é importante, mas não suficiente. São necessárias experiências com as crianças, desde pequenas, que podem ser austeras e ásperas ou ternas, desde que plenas de reciprocidade. Para isso, é preciso superar a indiferença em relação ao outro, um dos maiores desafios no mundo contemporâneo (Buber, 2009, p. 57). Interações entre gerações e entre pares alicerçadas no diálogo, em que a escuta e a resposta responsável conduzem a práticas educativas de qualidade, nos humanizam e têm a potência de humanizar (Kramer, 2013a).

Neste sentido, ouvir crianças e adultos tem nesse percurso dialógico, ético, humano, uma ação que perpassa as práticas educativas: o cuidar. Numa sociedade que prioriza a razão em detrimento da emoção, o cuidar estaria no lugar do desprestígio por estar relacionado à emoção. Contudo, não há formação humana se o cuidar é visto como desprestígio.

A Educação Infantil tem, nas últimas décadas, trabalhado com a ideia de que a especificidade dessa etapa educacional é a relação que existe entre cuidar e educar. Tenho assumido a posição (teórica, política, prática) de que não é possível educar sem cuidar. Deixar rastros, estar lá, manifestar-se, opor-se ou concordar, tecer relações de amizade, com emulação mais que competição, com cooperação ou colaboração e não só independência e autonomia, a ação de educar toma seu papel de ensinar e cuidar, expressões presentes no campo da educação infantil, mas essenciais em diversos contextos institucionais da escola e níveis de escolaridade (Kramer, 2003).

A ideia do cuidado está presente em documentos, legislação e pesquisas. Muitas vezes, porém, o cuidado toma dimensão instrumental, voltado à preservação física. Para além dessa perspectiva, Guimarães (2011) propõe requalificar o cuidado nas relações cotidianas: cuidar do outro implica cuidar de si. Essa dimensão ética coloca aquele que cuida num lugar de "estranhamento de si mesmo, um trabalho sobre si, o que envolve indagação permanente" (Guimarães, 2011, p. 193). Cuidar implica ser cuidado.

Também para Buber (1977), o cuidar está relacionado à possibilidade de estabelecer vínculos, laços; substituir o relacionamento Eu-Isso pela relação Eu-Tu, de encontro e diálogo, torna possível humanizar as relações. Buber percebe a capacidade humana de responder ao seu mundo de forma responsável, o que o torna humano, mais próximo do outro: o que faz de alguém uma pessoa é o que ocorre entre as pessoas, o que dá à relação dialógica uma dimensão ontológica. Mas essa proximidade, esse entre fica em questão num mundo cada vez mais de aparências: "a verdadeira problemática no âmbito do inter-humano é a dualidade do ser e do parecer" (Buber, 2009, p. 141). O caminho para que o homem se torne humano: reconhecer o outro como outro que é diferente dele e, nesse reconhecimento, dirigir-lhe uma resposta.

A finalidade de toda ação educativa é a formação humana, que pressupõe a relação dialógica e que deve se dar no lugar onde se está, no cotidiano, na ação concreta; uma ação que auxilia a pessoa no encontro consigo mesma e com o outro. Essa concepção implica uma estreita relação entre formação e responsabilidade (Kramer, 2013a; 2013b). A responsabilidade só existe onde existe o responder verdadeiro diante dos acontecimentos cotidianos; a educação não é ato impositivo, mas relação de abertura e confiança, cujo pressuposto *é* a relação com o outro.

Uma formação que envolve o cuidar e ser cuidado, que implica vínculo, confiança, presença e diálogo visa o pleno desenvolvimento da existência humana. O sujeito pleno, uma formação integral; "uma ação capaz de auxiliar a pessoa no encontro consigo mesmo e com o outro" (Santiago e Röhr, 2008, p. 14).

Esse vínculo que atende à necessidade do outro que está diante dele (Buber, 2009, p. 54) parece ser assumido, estabelecido, vivido pelos avós com os netos. Desempenhando seu papel de avós cada vez com mais presença na sociedade brasileira, esses adultos são, contudo, muitas vezes relegados a situações onde apenas contam consigo mesmos, sua força, coragem e experiência. O agir com os netos se dá e lhes dá outra dimensão de tempo.

Faltam políticas públicas que, ao lado de iniciativas comunitárias, ofereçam condições para interações entre as gerações, garantam aos adultos mais velhos tempo e lugar, que estejam presentes, estabeleçam vínculos de avós com seus netos nos mais diversos modelos e contextos familiares, que resgatem suas histórias, que possam contar histórias que contam. Equipamentos sociais e culturais existentes, inclusive as escolas, precisam se abrir e espaços alternativos precisam ser criados para assegurar que o agir ético, o conhecimento e a arte contribuam para essa formação humana, com presença, vínculo e escuta, tempo e espaço para narrativas de crianças, seus/suas professores/as, seus pais e avós. Para que se possa rememorar e restabelecer vínculos e interações.

NARRATIVA, TRADIÇÃO, RISCOS: AS AVÓS, O VÉU E A *BRACHÁ* ESQUECIDA

A escrita desse texto, a rememoração e o esforço de lembrar das minhas avós foram marcados pela emoção de perceber como suas histórias – a mim contadas – passaram a contar na minha vida. Mas a finalização da escrita foi acompanhada de um certo desconforto porque muito mais podia dizer da avó que não conheci, e menos de Rosa, a que me criou até os cinco anos. As razões estão de certo modo no texto e nas reflexões teóricas apresentadas. Mas o desconforto permanecia.

O texto era para ser enviado numa sexta-feira. Ao entardecer fui à cerimônia judaica de ***Kabalat Shabat*** – que entre os judeus quebra a rotina da semana e estabelece um tempo de introspecção e espiritualidade – na sinagoga que costumo frequentar. Logo de início, me foi pedido para fazer a ***brachá*** das velas, a leitura de uma estrofe de quatro versos, poucas palavras, recitada

KABALAT SHABAT
Literalmente "Recebimento do Shabat". Trata-se do serviço religioso celebrado logo ao anoitecer de sexta-feira.

BRACHÁ
Palavra hebraica, significa oração.

toda sexta feira. Em geral as mulheres, ao fazerem esta reza, cobrem a cabeça com um véu ou uma *kipá* (solidéu). Entre judeus ortodoxos, a *kipá* é usada apenas pelos homens, mas entre reformistas e conservacionistas também pelas mulheres. Dei-me conta de que estava com um lenço fino no pescoço e, para não atravessar a sala, intuitivamente levei o lenço à cabeça como se fosse um véu, gesto da tradição mantido por minha avó e, nos meus anos de criança pequena, também por minha mãe.

Murmurei silenciosamente a estrofe para mim mesma conectando-me com a luz das velas; pensei na minha mãe, nas avós, minhas filhas, neta, minha irmã, primas, uma família de mulheres. As pessoas terminavam de entoar a melodia do texto que precedia a reza das velas e no momento de dizê-la em voz alta, fui tomada por um total esquecimento. Um branco. Comecei e não fui capaz de articular nenhuma palavra. Permaneci ligada em outro tempo. E enquanto as pessoas em conjunto recitavam a *brachá*, queria estar quieta lembrando de coisas, lugares, ações, fotografias que, escritas pela luz, revelavam viagens, parques com seus bancos e balanços, vestidos rodados daquela menina de arco na cabeça e laços enormes na cintura.

Se me permitem evocar "O Narrador" (Benjamin, 1987a) e "Em busca do tempo perdido" (Proust, 2012), o véu colocado na minha cabeça produziu um deslocamento: uma reminiscência emergiu espontânea, involuntária, intuitiva por dentro do trabalho da rememoração intencional e voluntária vivida ao longo das semanas. Inserida em um contexto crítico à tradição, mas coberta pela tradição, disparou-me a memória. O véu trouxe, no tempo redescoberto, cheiros, movimentos, práticas, objetos: tabuleiros cheios de biscoitos sobre a pia da cozinha, antes e depois de irem ao forno; nata de leite dentro de panos de prato amarrados e pendurados na torneira para fazer queijo; o edifício para onde se mudou, azulejos amarelos e o cinema em frente, local da primeira transgressão – anos depois – da neta que anos mais tarde alterou na caderneta escolar uma data de nascimento; minha avó muito doente morando conosco, cama alta, o dia em que me deu o anel, na véspera de ir para o hospital.

Como a madeleine de Proust, poderia agora escrever dezenas de páginas sobre Rosa, mas era mais prudente – agora confiante e confortável – concluir o texto, sem aflição, com serenidade, partilhando com leitores e ouvintes a reflexão de que escutar, ver e lembrar com intenção ou intuição permitem compreender a formulação de Calvino de que as boas histórias remetem à continuidade da vida e à inevitabilidade da morte. E, embora seja usual começar, permito-me terminar com uma epígrafe, retirada das Teses sobre O Conceito de História: "O cronista que narra os acontecimentos, sem distinguir entre os grandes e os pequenos, leva em conta a verdade de que nada do que um dia aconteceu pode ser considerado perdido para a história".

PROVÉRBIOS

קיינער זעט ניט זײַן אייגענעם הויקער.
Keyner zet nit zayn eygenem hoyker.
Ninguém enxerga sua própria corcunda.

אַז מ´ע זײַט געלט וואַקסן נאַרונים.
Az m´e zait guelt vaksn narunim.
Quem planta dinheiro colhe bobos.

contos

A SIRENE

Certa vez um homem do interior foi visitar a cidade grande.

De repente surgiu um incêndio; ouviu uma sirene tocando e logo apareceram carros de bombeiros com escadas e mangueiras.

Feliz, ele comprou uma sirene e voltou para sua cidade contando a todos que trouxera a solução para qualquer incêndio.

Passados alguns dias, um incêndio começou a se alastrar e o bom homem acionou a sirene. Esperou, esperou e nada. Todos aguardavam ansiosos para ver como funcionava a grande invenção. Mas nada!!! Foi responsabilizado pelos danos causados.

Voltou, então, à cidade a fim de reclamar do defeito da sirene.

Nesta hora o homem da cidade explicou: a sirene é só um sinal. Sem preparar um Corpo de Bombeiros, nada iria funcionar!

AFETO, EDUCAÇÃO, RESPONSABILIDADE:

a articulação entre escola e comunidade

JULIA BAUMANN CAMPOS

Reconhecer a comunidade como importante no processo de formação de crianças e jovens no contexto escolar tem sido um caminho potente e presente em diversas experiências pelo mundo. O presente texto apresenta as possibilidades de uma relação forte entre escola e comunidade e as consequências dessa articulação. Trata-se de um texto reflexivo que envolve mais questionamentos do que respostas, justamente para abrir espaço ao encontro do diálogo, troca, possibilidades e novas ideias para o vínculo entre a instituição escolar e o seu entorno. Essa relação, quando próxima, pode fortalecer a comunidade ao redor, provocar sentido às experiências compartilhadas entre crianças, jovens e profissionais dentro da escola e trazer para a atualidade e dinâmica do cotidiano as questões presentes na vida de quem participa desses espaços.

Além disso, atuar de forma estreita nesta relação possibilita que responsabilidade, autonomia, sentimento de pertencimento e identidade sejam trabalhados, envolvendo alunos e professores, pais e filhos, avós e netos: diferentes gerações que convivem diariamente em um mesmo local. Comunidade, educação e responsabilidade aparecem como conceitos caros ao presente texto, mas, além deles, o afeto percorre as relações, caminhando e costurando entre os nós e tensões, entre laços e desenlaces, percursos e percalços. O afeto é fio que conduz, que conecta, inspira e faz com que o outro seja visto como relevante e responsável pelo cuidado com a comunidade.

Assumir responsabilidade na e com a comunidade é assumir a presença do outro, tendo respeito por ele como pessoa e cidadão. Estar diante de seres humanos requer a construção de um vínculo de confiança e afeto, postura de presença, reconhecimento do outro e de sua alteridade.

Um autor que traz importantes contribuições para este texto é Martin Buber, que se refere a essa atitude do reconhecimento do outro como engajamento responsável, ato ético singular e irrepetível (Kramer, 2013). Segundo Buber (1977) só há responsabilidade onde há o responder verdadeiro diante dos acontecimentos do cotidiano. Estar presente supõe que os sujeitos estejam envolvidos com compromisso no instante atual, que estejam abertos para o outro. Portanto, afeto, partilha, responsabilidade, educação, escola e comunidade se entrelaçam, se vinculando, se conectando e possibilitando uma estreita e rica articulação.

BUBER E O CONCEITO DE COMUNIDADE

Comunidade, segundo Buber (2009), se diferencia de sociedade ou coletividade. Coletividade não é uma ligação, é apenas o estar-um-ao-lado-do-outro, estar atados um indivíduo junto ao outro visando um mesmo objetivo. Na sociedade, as pessoas estão juntas com uma finalidade, em prol de um interesse, em uma relação utilitária. Já a comunidade envolve uma experiência de dirigir-se-um-ao-outro, "um face-a-face dinâmico, um fluir do Eu para o Tu" (Buber, 2009, p. 66).

> Não há grupo humano que possa ser descrito pura e simplesmente como comunidade ou como sociedade. Há sempre elementos

contratuais nas comunidades assim como elementos comunitários na sociedade (Buber, 1987, p. 131).

Para o autor (1977), as atitudes princípios são maneiras do homem de se relacionar com o mundo – Eu-Tu e Eu-Isso. A primeira atitude (Eu-Tu) consiste no encontro, diálogo, presença e totalidade. A atitude Eu-Isso consiste na objetividade, atitude de utilização, em uma relação superficial em que o mundo é objeto de uso. O Eu só existe com um Tu na medida em que o aceito em sua totalidade, em sua inteireza, de forma que ele se torne presença para mim.

Buber (1977, 2009) afirma que só é possível compreender o homem na relação com o outro. Em uma relação, há a confirmação da existência do outro e o diálogo constitui o ser humano. A relação Eu-Tu reflete a atitude do encontro com o outro na reciprocidade, isto é, o encontro é uma relação e só ocorre quando há uma relação viva entre indivíduos, quando há o reconhecimento mútuo, de si e do outro. O que conduz a dizer Tu é a necessidade dos homens de estabelecerem vínculos. Assim, a relação com o outro faz parte do sentido humano. A relação Eu-Isso é também necessária ao homem, porém se torna prejudicial quando essa atitude se apresenta como a principal e mais presente do que a relação Eu-Tu (Buber, 1977).

Comunidade é "um tipo de vivência em conjunto, uma vida em comum em que os indivíduos se mantem unidos, apesar dos fatores desagregatórios" (Buber, 1987, p. 17). Ela é orgânica, é real, diferente da sociedade que seria algo mecânico, artificial e utilitário. A comunidade tem a finalidade em si mesma, a própria comunidade, a sua interação viva entre homens íntegros. Além disso, a nova comunidade tem como finalidade a Vida, mas aquela vida que liberta de limites e conceitos. "A comunidade é somente uma expressão de transbordante anseio pela Vida em sua totalidade. Toda vida nasce de comunidades e aspira comunidades" (p. 34).

Buber (1987) distingue a nova e a antiga comunidade. Comunidades baseadas em laços sanguíneos são apenas um dos tipos de comunidade nomeada pelo autor de antiga. A nova forma de comunidade é denominada por ele de "pós-social", comunidades baseadas no "princípio criativo e em relações emanadas da livre-escolha das pessoas" (1987, p. 17). Na nova comunidade estamos unidos não por uma concepção comum, mas por uma vivência comum.

A sociedade possibilita certo esgotamento e silenciamento da espontaneidade da pessoa, da relação com seus próprios sentimentos, da ação dialogal. É possível, inclusive, resultar na negação da responsabilidade do agir em comum e recíproco, do diálogo, da unicidade e singularidade da pessoa. Na comunidade, porém, há lugar para a personalidade de cada um. Comunidade é uma pluralidade, e por isso, não há a redução do comum a uma unidade. Ela comporta tensões e conflitos, abarca as diferenças e a alteridade; há abertura. As pessoas não precisam concordar com as mesmas coisas. "Na comunidade a pessoa não é reduzida à mera função de uma "massa", a um papel numa classe" (Buber, 1987, p. 133).

Para ultrapassar esse esfacelamento da pessoa pelo mecanismo da sociedade de interesses, Buber afirma que é preciso investir e explorar o espaço público do "entre-dois" e não mergulhar em si mesmo, no privado. "A comunidade exige o espaço comum da ação recíproca" (Buber, 1987, p. 133). O "entre-dois" é o espaço que reúne as ações recíprocas sem fundir uma na outra. É o "entre-dois" que possibilita o espaço público como lugar comum, permitindo o face a face direto e impedindo o anonimato. O homem se torna Eu na relação com o Tu. A personalidade ou o caráter da pessoa caracteriza a identidade, a qual só é possível no comum do diálogo, do "entre-dois".

A comunidade se origina, pois, nessa relação dual e recíproca do "entre-dois" e sua força será possível nesse encontro, na confirmação do outro que resultará a identidade pessoal e a distinção entre os membros da comunidade. O que a movimenta é o desejo de comunidade, é a afirmação do outro. Entretanto, segundo o autor, a grande força que deseja a comunidade parece estar escassa no nosso tempo. Apesar dos homens desejarem e aspirarem à comunidade, parecem não ter forças para criá-la. Visando um retorno dessa força, quem pode conduzi-la é o "espírito da mudança" (Buber, 1987, p. 59-60).

Fica, portanto, ressaltada a importância da reflexão na mudança, na flexibilidade, no movimento. A educação se apresenta como um caminho potente para a construção de novas comunidades e para o investimento nas forças e desejos de uma relação dual, recíproca e dialógica.

EDUCAÇÃO E RESPONSABILIDADE

Segundo Buber (1987), a verdadeira comunidade nasce do fato de as pessoas estarem em relação viva e mútua com um centro vivo e de estarem unidos uns aos outros, em uma relação recíproca, de pertença.

> A redescoberta do comum passa pela revolução no pensamento do comunitário (...) A comunidade é seu próprio fim, assim como a finalidade da relação Eu-Tu é a própria relação. Quando pessoas se inter-relacionam no diálogo e todos estão integrados num centro ativo, aí surge a comunidade (Buber, 1987, p. 132 -134).

Uma comunidade é construída sobre um relacionamento recíproco, mas o construtor é o centro vivo e ativo. Afirma

Guilherme (2015) que relaciona o construtor de comunidades com o professor, que possibilita relações dialógicas (Eu-Tu) entre ele e os alunos e, os alunos entre si. Entretanto, o centro não é fixo e pode se movimentar pela comunidade, tornando outras pessoas construtoras também, e justamente por isso se trata de uma educação dialógica (Guilherme, 2015).

Nesse centro vivo, diz Guilherme (2015), não só o professor estaria presente, mas também o aluno, portanto, os dois estão no centro do processo. O professor tem o papel responsável de formação de caráter. Para Buber (2003), a educação é sempre para o caráter; o professor possui uma experiência diferente da criança além da força educativa, mas os dois estão no centro, juntos. A criança, por sua vez, possui a força criadora e autoral. No encontro entre educador e criança, as forças criativas e educativas se vinculam, assim como professor e aluno. A relação Eu-Tu na educação é essencial (Guilherme, 2015), porém, há intenção na educação, há também a dimensão Eu-Isso, necessária para a construção de uma educação visando o caráter e uma formação humana.

Além disso, Buber, ao falar sobre educação, diferencia o encontro pedagógico que envolve presença e relação Eu-Tu, da intenção pedagógica, que abarca a relação superficial e a objetivação. Os conceitos das atitudes princípios perpassam a obra de Buber e é impossível excluir uma delas, ou reduzi-las como positiva ou negativa. É fundamental a composição das duas.

Os conceitos de educação e responsabilidade se entrelaçam e sempre envolvem o outro, a confirmação e reconhecimento da existência do outro e a preparação para o sentido de comunidade. Educação e responsabilidade caminham juntas e são fundamentais para a construção e fortalecimento das relações.

Ainda segundo Buber (2009), o homem tem a capacidade de responder de forma responsável diante de seu mundo, de forma verdadeira, e isso o torna mais humano, mais próximo do outro. Além disso, a educação é sempre para a comunidade e só pode acontecer através da comunidade, "é a preparação para o sentido de comunidade" (Buber, 1987, p. 89), é uma relação que exige abertura e requer confiança. A liberdade é o seu ponto de partida e possibilidade para existir vínculos, estar engajado na relação com o outro. A finalidade de toda ação educativa é a formação humana, que pressupõe a relação dialógica.

Pena, Castro e Souza (2014) mostram que a filosofia de Buber situa a educação como responsabilidade com o mundo em que vivemos. É preciso reconhecer o outro como um outro que é diferente de si e diante deste reconhecimento é necessário dirigir ao outro uma resposta que atenda a sua necessidade, é preciso que respondamos ao que nos acontece. Assim se constitui uma vida dialógica, respondendo à presença do outro. "O movimento básico da vida dialógica consiste no voltar-se para o outro, percebê-lo e aceita-lo na sua inteireza, se libertar da indiferença" (Kramer et al., 2016, p. 138).

Entretanto, se não há esse reconhecimento, não há a responsabilidade com o mundo e com o outro, não há a possibilidade de se relacionar de maneira Eu-Tu e isso rompe a possibilidade humana de diálogo. "A relação Eu-Tu se vincula à presença e possibilita a visibilidade das crianças – desafio das instituições educacionais -, onde, muitas vezes, elas se tornam invisíveis" (Kramer et al., 2016, p. 138).

Pensar em crianças e adultos remete a pensar a pluralidade, a lidar com as diferenças e vê-las como marcas de nossa condição humana (Nunes, 2009). O embate de diferentes maneiras de ver o mundo torna possível o diálogo. São as diferenças que apontam a pluralidade nas expressões das relações sociais, nos modos de vida e nas múltiplas culturas.

Cabe refletir, como fomentar, em uma comunidade, a partilha entre as diferentes gerações? Será garantir a participação mais ativa de crianças e jovens e a maior articulação entre as escolas da região? Será a responsabilidade relevante para o fortalecimento da comunidade? Serão o afeto, a escuta, a presença, a disponibilidade e o diálogo, essenciais para o reconhecimento do outro e o engajamento na e com a sua comunidade?

Após ler os autores apresentados e perceber a relevância desses conceitos para a forte articulação entre escola e comunidade, parece simples responder as perguntas acima. Entretanto, cabe a seguinte reflexão: se a educação tem um importante papel na construção de comunidades, na transformação da vida de crianças e jovens, no alargamento da visão de mundo e na contribuição para que os envolvidos ampliem seus repertórios e pensem em novas possibilidades, por que ainda é tão difícil a mudança dentro dos espaços escolares? Por que ainda temos tanta dificuldade na transformação de nossas práticas e na abertura para o novo?

As indagações trazem reflexões positivas para a prática dos professores dentro das escolas. Falar de comunidade, responsabilidade, afeto e uma educação que possa contribuir com todo esse cenário é investir na abertura dos portões das escolas, acionar a sensibilidade para o que acontece ao redor dos muros e grades em que crianças, jovens e muitos profissionais passam grande parte de seus dias.

PROFESSORES, CRIANÇAS E JOVENS: CENTRO VIVO

O centro vivo, apresentado por Guilherme (2015), não é fixo, pode se movimentar na comunidade, tornando outras pessoas construtoras também. A construção conjunta faz com que a educação seja dialógica. Professores e alunos estão juntos no centro, constroem juntos o cotidiano escolar possibilitando a conexão entre os assuntos debatidos nas salas de aula e os acontecimentos presentes no entorno, na comunidade. Incluir as crianças na construção das dinâmicas escolares é ir ao encontro da Sociologia da Infância.

Neste contexto, a criança é compreendida como ator social, sujeito pleno, histórico, de direitos, competente, participante, que tem um papel ativo nas relações sociais e provoca mudanças no grupo em que se insere (Corsaro, 2005, 2011). A educação pode se beneficiar, assim, caminhando junto das reflexões da Sociologia da Infância que busca conhecer a criança na relação, como participante social e não como sujeito passivo. A criança cria na sua participação na sociedade, produz cultura e, nas suas interações, aperfeiçoa e amplia seus conhecimentos e competências culturais em desenvolvimento. A partir das relações que as crianças têm com o mundo, elas vão se reinventando, se apropriando do novo, conhecendo.

> Trata-se de levar a sério a voz das crianças, reconhecendo-as como seres dotados de inteligência, capazes de produzir sentido e com o direito de se apresentarem como sujeitos de conhecimento ainda que o possam expressar diferente de nós, adultos (Ferreira, 2002, p. 5).

As crianças revelam novos olhares e dão visibilidade ao não visto. Atuam, criam e produzem nas dobras, afirma Benjamin (2012, p.235): "Crianças dispõem da renovação da existência através de uma centena de práticas diferentes".

> A concepção de infância, presente nos texto de Benjamin, não infantiliza a criança. Criadora de cultura, colecionadora (como um historiador) rastreadora. (...) a criança subverte a ordem e, com seu olhar, revela outra maneira de enxergar o real. Infância remete à fantasia, imaginação, criação, sonho coletivo, a história

presente, passada e futuro e aí reside a sua especificidade (Kramer, 2010, p. 190).

Tornar crianças e jovens construtoras do espaço escolar e da comunidade, participantes ativas do contexto em que vivem e produtoras de cultura traz um olhar revelador, que conduz a enxergar o não visto, as novas possiblidades de relação. Para que aconteça uma formação humana e dialógica é importante valorizar as interações humanas no espaço escolar e as diferentes perspectivas existentes.

O trabalho do professor é um "trabalho interativo" (Tardif e Lessard, 2005, p. 19); além de mobilizar e mediar saberes, ele, também mobiliza relações, disponibiliza-se, entrega-se, reconhece o outro, escuta, abre-se para o novo e aprende, é pura troca. Assim como o aluno, que leva para a escola a sua história, os seus conhecimentos cotidianos e a sua trajetória, entra em contato com diferentes perspectivas e modos de vida.

A valorização das interações humanas presentes na escola e na comunidade é parte do processo desta articulação que tanto pode fortalecer, ensinar, contribuir e abrir caminhos para uma educação mais viva, coerente, potente, humana. É necessário o reconhecimento do outro, a inteireza na relação, entrega, disponibilidade, responsabilidade, participação ativa de todos, escuta, presença, relação com o contexto e o entorno e a partilha entre as diferentes gerações. É preciso equilíbrio; onde houver liberdade também deve haver a intenção e a orientação; onde houver o conhecimento carregado e ensinado pelo mais velho deve também haver escuta do que os mais novos sabem e propõem. Escola é espaço de conexão, encontro, criação, invenção, abertura, relação. É espaço de interações humanas, de transformação visando o conhecimento não só científico, mas também cultural e artístico. A formação estética em busca da dimensão sensível e humana tem importante papel.

Esse movimento tem intensa relação com um currículo vivo, aberto, flexível, que conta com a diversidade cultural "com interesses que surjam do próprio estudante, (...) um currículo que seja um conjunto de experiências de aprendizagem, que gira em torno do conhecimento escolar e que contribui para a formação de identidades" (Moreira, 2008).

O presente livro – *Trajetórias judaicas* – dá pistas e contribui com diversos temas que podem e devem entrar nas escolas. É só a partir desta entrada que será possível a conexão com o que acontece lá fora, com as experiências singulares, e com os desafios e questões do mundo contemporâneo. A interdisciplinaridade do livro também desperta e inspira para novas práticas que contribuem para a aproximação e a visibilidade da articulação entre escola e comunidade

"COMEÇAR CONSIGO, MAS NÃO TERMINAR CONSIGO"

Buber (2011) afirma que o caminho aponta para um movimento, e esse percurso é o engajamento onde o destino não está claro. Nesse caminho, é necessária a autocontemplação, a tomada de consciência, o pensamento no "eu próprio". É importante se ver, encontrar o seu caminho, cultivar a solidão, mas não acabar consigo mesmo e sim na relação, com o outro, com a comunidade. A condição para entrar no diálogo é encontrar o eu, mas o eu que está em relação. "Começar consigo, mas não terminar consigo; partir de si, mas não ter a si mesmo como fim" (Buber, 2011, p. 38).

Assim finaliza esse texto, com a reflexão de Martin Buber a respeito do caminho que devemos percorrer para chegar à comunidade. Repensar as práticas escolares é caminhar ao encontro do dinamismo da vida, das minúcias do encontro com o outro e do que se produz nessas relações. Cultivar a solidão e se encontrar é preciso, para que a vida dialógica seja possível. A partir da autocontemplação há o encontro a comunidade. A necessidade de um olhar de estranhamento acerca do que é feito dentro das escolas pode ser um bom começo. Desta forma, o que já é conhecido pode se transformar em novo, foco importante de questionamentos e criticidade. Desenvolver um olhar mais sensível onde se possam perceber e provocar mudanças é ponto de partida para a abertura de uma articulação mais rica e potente.

> Renovar o velho (...) procurar o conhecido e descobrir o novo parecem ser práticas necessárias à história e à educação, que podem nos ajudar a desconhecer o mundo em que vivemos e a nós mesmos (Kramer, 2010, p. 191).

O texto é um convite para se pensar em novas práticas, ideias e reflexões no âmbito da educação, além da relação entre escola e comunidade. O convite abre espaço para a reinvenção, para o encontro de diferentes perspectivas e, principalmente, o anseio pela mudança.

RECEITAS

TORTA DE UVAS PRETAS DE PURIM

Tudo o que possui sementes evoca a rainha Ester, a personagem principal da festividade de Purim, o dia mais alegre do calendário judaico. Em Purim celebra-se a milagrosa salvação dos judeus da Pérsia, que lá foram exilados após a destruição do Primeiro Templo. Essa torta deve ser preparada apenas na época das uvas pretas, geralmente no auge do verão.

INGREDIENTES

- 1 copo de leite
- 100 gr.de amido de milho
- 2 xícaras de açúcar
- 3 xícaras de farinha de trigo
- 4 ovos
- 1 colher de sopa de fermento em pó
- 1 kg de uvas pretas lavadas, escorridas e passadas em um pouco de farinha de trigo

MODO DE PREPARO

Separar as claras e a gemas. Bater as claras em neve.

Misturar todos os ingredientes, exceto as claras e as uvas. Envolver a massa com as claras em neve e colocar a mistura numa assadeira untada e polvilhada com farinha. Por cima da massa, espalhar as uvas e levar a torta para assar em temperatura média em forno pré-aquecido por cerca de 45 minutos. Depois de fria, cortar em quadradinhos e servir com creme chantilly (opcional)

REFERÊNCIAS E SUGESTÕES BIBLIOGRÁFICAS

Referências bibliográficas e sugestões de leitura e pesquisa, por capítulo.

Judeus e cristãos-novos: artífices da nacionalidade brasileira

Referências bibliográficas

ANTONIL, André João. *Cultura e opulência do Brasil*. Rio de Janeiro: Biblioteca Nacional/UNESCO, 2015.

BENCHIMOL, Samuel. *Eretz Amazônia. Os Judeus na Amazonas*. Manaus: Editora Valer, 1998.

COSTA, Emília Viotti. *Da senzala à colônia*. São Paulo: Difusão Europeia do livro, 1966.

FEITLER, Bruno. Um conflito de identidades: Judeus e Cristãos novos no Brasil Holandês. In: LEWIN, Helena (Org.) *Identidade e Cidadania: como se expressa o judaísmo brasileiro*. Rio de Janeiro: Programa de Estudos Judaicos/UERJ, 2005.

FERNANDES, Neusa. *A Inquisição em Minas Gerais, no século XVIII*. 3.ed. Rio de Janeiro: Mauad, 2014.

GONSALES DE MELLO, J. A. O domínio holandês na Bahia e no Nordeste. In: HOLANDA, Sergio Buarque de. (Org.) *História Geral da Civilização Brasileira*. São Paulo: Difusão Europeia do Livro, 1960.

GORENSTEIN, Lina. Um Brasil subterrâneo: cristãos-novos no século XVIII. In: GRIMBERG, Keila (Org.). *Os judeus no Brasil: Inquisição: imigração e identidade*. Rio de Janeiro: Civilização Brasileira, 2005.

LEVIN, Orna Messer. As sinagogas cariocas na visão de João do Rio. In: *Devarim*, Rio de Janeiro, ARI, 2005.

LEWIN, Helena. Brasil: *Terra da Promissão – Estudo sobre Imigração Judaica*. Relatório de Pesquisa de Pós-Doutorado. Rio de Janeiro: Programa de Pós-Graduação em História – UERJ, 2016.

LIPINER, Elias. *Os judaizantes das Capitanias de Cima: estudos sobre cristãos-novos no Brasil, nos séculos XVI e XVII*. São Paulo: Brasiliense, 1969.

LOREDO, Isaac. *Memórias de um Viejo Tangerino*. Madri: C. Barrejo Imprensa, 1935.

NOVINSKY, Anita. A pesquisa histórica sobre o cristão novo no Brasil. In: *Revista de História*, vol. XLIII, n. 88, São Paulo, 1971.

Sugestões de leitura e pesquisa

RODRIGUES, José Honório. A historiografia colonial. In: RODRIGUES, José Honório. *História da história do Brasil*. Rio de Janeiro: Ed. Cia Nacional, 1979.

JOÃO DO RIO. As religiões do Rio: as sinagogas cariocas. In: *Gazeta de notícias*, Rio de Janeiro, 22/2/1904.

Da praça à praia: os judeus do Rio de Janeiro

Referências bibliográficas

CARNEIRO, Maria Luiza Tucci. *O anti-semitismo na Era Vargas: fantasmas de uma geração*. São Paulo: Brasiliense, 1996.

LEWIN, Helena (org.). *Identidade e cidadania. Como se expressa o judaísmo brasileiro*. Rio de Janeiro: Centro Edelstein de Pesquisas Sociais, 2009, p. 131-149.

LIMONCIC, Flávio. *Dois judeus, três opiniões: sionismo e memórias*. Trabalho de final de curso da disciplina História do Brasil na Primeira República. Programa de Pós-Graduação em História Social da Universidade Federal do Rio de Janeiro. Rio de Janeiro: novembro de 1994.

MALAMUD, Samuel. *Recordando a Praça Onze*. Rio de Janeiro: Kosmos Editora, 1988.

SCHNEIDER, Abraham Josef. Praça Onze, um shtetl em miniatura. *Boletim ASA, Judaísmo e progressismo*, n.56, jan-fev./1999.

Sugestões de leitura e pesquisa

ABREU, Marcelo de Paiva (Org.). *A ordem do progresso: cem anos de política econômica republicana: 1889-1989*. Rio de Janeiro: Campus, 1992.

ABREU, Mauricio de. *Evolução urbana do Rio de Janeiro*. Rio de Janeiro: Jorge Zahar Editor/IplanRIo, 1987.

ALMEIDA, Roberto S. de. A promoção imobiliária no Município do Rio de Janeiro: aspectos espaciais do fim da década de 70 e tendências futuras. *Revista do Rio de Janeiro*, v.1, n.4, setembro/dezembro de 1986, Niterói, EdUFF, p. 67-86.

BERMAN, Marshall. *Tudo que é sólido desmancha no ar:* a aventura da modernidade. São Paulo: Companhia das Letras, 1987.

BLAY, Eva Alterman. Inqusição, Inquisições: aspectos da participação dos judeus na vida sócio-política brasileira nos anos 30. *Tempo*

Social, Revista de Sociologia d USP. São Paulo: Vol. 1, nº1, primeiro semestre de 1989, p. 123.

BRENNA, Giovanna Rosso Del. O Rio de Janeiro de "Pereira Passos". In: *O Rio de Janeiro de Pereira Passos: uma cidade em questão II*. 2.ed. Rio de Janeiro: Editora PUC-Rio, 2008.

CYTRYNOWICZ, Roney, Além do Estado e da ideologia: imigração judaica, Estado-Novo e Segunda Guerra Mundial. *Revista Brasileira de História*, v. 22, n. 44, 2001, p. 393-423.

DECOL, René Daniel. Judeus no Brasil: explorando os dados censitários. *Revista Brasileira de Ciências Sociais*, v. 16, n. 46, jun./2001, p. 147-160.

EARP, Fabio Sá; FRIDMAN, Fania. Prestamistas judeus no Rio de Janeiro (1920-1960). In: FAUSTO, Boris (Org.). *Fazer a América*. São Paulo: Edusp, 2000.

FAUSTO, Boris. *Historiografia da imigração para São Paulo*. São Paulo: Fapesp, 1991.

________. *Negócios e Ócios: histórias da imigração*. São Paulo: Companhia das Letras, 1995.

FRIDMAN, Fania. *Paisagem estrangeira: memórias de um bairro judeu no Rio de Janeiro*. Rio de Janeiro: Casa da Palavra, 2007.

GOMES, Ângela de Castro. (Org.). *Histórias de imigrantes e de imigração no Rio de Janeiro*. Rio de Janeiro: 7Letras, 2000.

GRIN, Mônica; VIEIRA, Nelson H. (Orgs.) *Experiência cultural judaica no Brasil: recepção, inclusão e ambivalência*. Rio de Janeiro: Topbooks, 2004.

________; SORJ, Bernardo. *Judaísmo e modernidade: metamorfoses da tradição messiânica*. Rio de Janeiro: Imago, 1993.

GRINBERG, Keila (Org.). *Os judeus no Brasil*. Rio de Janeiro: Civilização Brasileira, 2005.

HOBSBAWM, Eric. *A era das revoluções*. Rio de Janeiro: Paz e Terra, 1977.

KOSELLECK, Reinhardt. *Futuro Passado: contribuição à semântica dos tempos históricos*. Rio de Janeiro: Editora PUC-Rio/Contraponto Editora, 2006.

KUSHNIR, Beatriz. *Baile de Máscaras: mulheres judias e prostituição*. Rio de Janeiro: Imago, 1996.

LUIS EDMUNDO. *O Rio de Janeiro do meu tempo*. Rio de Janeiro: Imprensa Nacional, 1938.

MIZRAHI, Rachel. *Imigrantes judeus do Oriente Médio: São Paulo e Rio de Janeiro*. São Paulo: Ateliê Editorial, 2003.

OLIVEIRA, Lucia Lippi. *O Brasil dos Imigrantes*. Rio de Janeiro: Jorge Zahar Editor, 2001.

RATTNER, Henrique. *Tradição e mudança: a comunidade judaica em São Paulo*. São Paulo: Ática, 1977.

SASSON, Daniel. Censo 2002. Um perfil da comunidade judaica do Rio. In: LEWIN, Helena (Org.). *Identidade e cidadania. Como se expressa o judaísmo brasileiro*. Rio de Janeiro: Centro Edelstein de Pesquisas Sociais, 2009, p. 598-611.

SORJ, Bila (Org). *Identidades judaicas no Brasil Contemporâneo*. Rio de Janeiro: Imago, 1997.

SUKMAN, Márcio André. Os judeus da Leopoldina. In: LEWIN, Helena (Org.). *Identidade e cidadania. Como se expressa o judaísmo brasileiro*. Rio de Janeiro: Centro Edelstein de Pesquisas Sociais, 2009, p. 150-159.

VAINFAS, Ronaldo (Org.). *Brasil: 500 anos de povoamento*. Rio de Janeiro: IBGE, 2000.

WOLFF, Egon; WOLFF, Frieda. *Judeus no Brasil Imperial*. São Paulo: Centro de Estudos Judaicos/ USP, 1975.

WORCMAN, Susane (Org.). *Heranças e lembranças: imigrantes judeus no Rio de Janeiro*. Rio de Janeiro: Ari/CIEC/MIS, 1991.

Judaísmo e religiosidade: entre a tradição e a renovação

Referências bibliográficas

BECKER, Ester Abramento; FELZEN, Sandra (ilustrações). *Festas da tradição judaica: olhar o passado para enxergar o futuro*. Rio de Janeiro: Jaguaritica, 2016.

BONDER, Nilton. *Exercícios d`alma: A Cabala como sabedoria em movimento*. Rio de Janeiro, Rocco. 2000.

OZ, Amos; OZ-SALZBERGER, Fania. *Os judeus e as palavras*. São Paulo: Companhia das Letras. 2015.

Sugestões de leitura e pesquisa

BONDER, Nilton; SORJ, Bernardo. *Judaísmo para o século XXI*. Rio de Janeiro: Jorge Zahar Editor, 2001.

EPSTEIN, Isidore. *Breve história do judaísmo*. São Paulo: Sefer, 2010.

GOLDBERG, David J.; RAYNER, John D. *Os judeus e o judaísmo*. Rio de Janeiro: Xenon, 1989.

GORODOVITS, DAVID. *Na espiral do tempo: uma viagem pelo calendário judaico*. São Paulo: Sefer, 2008.

HAZAN, Gloria M. *Filosofia do judaísmo em Abraham Joshua Heschel: consciência religiosa, condição humana de Deus*. São Paulo, Perspectiva, 2008.

HESCHEL, Abraham Joshua. *O Schabat: seu significado para o homem moderno*. São Paulo: Perspectiva, 2000.

KESSLER, Edward. *Em que acreditam os judeus*. Rio de Janeiro: Civilização Brasileira, 2010.

LEONE, Alexandre G. *Mística e razão: dialética no pensamento judaico*. São Paulo: Perspectiva, 2011.

REHFELD, Walter. *Introdução à mística judaica*. São Paulo: Ícone, 1986.

Judeus e relações internacionais: questões e tensões

Referências bibliográficas

ANDERSON, Benedict. *Comunidades imaginadas: reflexões sobre a origem e a difusão do nacionalismo*. Rio de Janeiro: Companhia das Letras, 2008.

BBC (2001). "The Balfour Declaration". Disponível em: http://news.bbc.co.uk/2/hi/in_depth/middle_east/israel_and_the_palestinians/key_documents/1682961.stm .Acesso em 05/06/2016

BIERSTEKER, Thomas; WEBER, Cynthia. *State Sovereignty as Social Construct*. Cambridge: Cambridge University Press, 1996.

GIDDENS, Anthony. *As consequências da modernidade*. São Paulo: Unesp, 1991.

Sugestões de leitura e pesquisa

B'TSELEM – O Centro de Informações Israelense sobre Direitos Humanos nos Territórios Ocupados: http://www.btselem.org/

SCALÉRCIO, Márcio. *Oriente Médio: uma análise reveladora sobre dois povos condenados a conviver*. Rio de Janeiro: Campus, 2003.

SHLAIM, Avi. *A muralha de ferro: Israel e o mundo árabe*. Rio de Janeiro: Fissus Editora, 2004.

UZIEL, Eduardo. Guerra, Paz e Mediação no Oriente Médio. *BPC PolicyBrief*, v.5, fev-mar./2015. Rio de Janeiro. PUC. BRICS Policy Center.

Anne Frank, uma conversa infinita

Referências bibliográficas

ADORNO, Theodor. *Minima Moralia: reflexões a partir da vida danificada*. Trad. Luiz Eduardo Bica. 2.ed. São Paulo: Ática, 1992.

ANTELME, Robert. *A espécie humana*. Trad. Maria de Fatima Coutto. Rio de Janeiro: Record, 2013. Originalmente publicado em 1957.

CALVINO, Italo. *Por que ler os clássicos*. Trad; Nilson Moulin. São Paulo: Companhia das Letras, 2007.

CHALLENGER, Melanie; FILIPOVIC, Zlata (Orgs.). *Vozes roubadas: diários de guerra*. Trad. Augusto Pacheco Calil. São Paulo: Companhia das Letras, 2008.

FRANK, Anne. *Diário de uma jovem*. Trad. Yolanda Steidel de Toledo. Belo Horizonte/São Paulo: Itatiaia, 1972.

PROSE, Francine. *Anne Frank: a história do diário que comoveu o mundo*. Trad. Maria Luiza X. de A. Borges. Rio de Janeiro: Jorge Zahar Ed., 2010.

Sugestões de leitura e pesquisa

BEAH, Ishmael. *Muito longe de casa. Memórias de um menino-soldado*. Tradução de São Paulo: Companhia das Letras, 2015. (Relato de experiências extremas vividas por Ishmael Beah, recrutado aos doze anos pelo exército do governo de Serra Leoa).

BOYNE, John. *O menino do pijama listrado*.Tradução de Augusto Pacheco Calil. São Paulo: Cia das Letras, 2006 (Narrativa ficcional, que alude aos campos de concentração sob o ponto de vista de um menino de nove anos, foi transformada em filme em 2008).

EGLANDER, Nathan. *Do que a gente fala quando fala de Anne Frank*. Tradução de Claudio Marcondes. São Paulo: Companhia das Letras, 2013 (O primeiro conto desta coletânea aborda com ironia crítica a paranoia de um novo holocausto, tema de conversas acaloradas numa reunião social entre amigos).

GIES, Miep; GOLD, Alison Leslie. *Anne Frank Unbound: Media, Imagination, Memory*. New York: Simon & Schuster, 2011.

IWEALA, Uzodinma. *Feras de lugar nenhum*. Tradução Christina Baum, Rio de Janeiro: Nova Fronteira, 2006

KONIG, Nanette Blitz. *Eu sobrevivi ao Holocausto*. São Paulo: Universo EBook, 2015

LINDWER, Willy. *Os Sete Últimos Meses de Anne Frank*. São Paulo: Universo dos Livros, 2015.

OZ, Amós; OZ-SALZBERGER, Fania. *Os judeus e as palavras*. Trad. George Schlesinger. São Paulo: Companhia das Letras, 2015

ROTH, Philip. *Zuckerman acorrentado (três romances e um epílogo)*. Tradução de Alexandre Hubner. São Paulo: Companhia das Letras, 2011

SCHOLL, EVA. *A história de Eva*. Tradução de Vitor Paollozi, Rio de Janeiro: Editora Record, 2010.

SPIEGELMAN, Art. *Maus: a história de um sobrevivente*. Trad. Antonio de Soares Macedo. São Paulo: Companhia das Letras, 2005.

VAN DER MOLEN, Janny. *O mundo de Anne Frank*. Trad. Alexandra de Vries. Rio de Janeiro: Rocco, 2015.

O fascínio e a força da palavra

Referências bibliográficas

AGAMBEM, Giorgio. *O que é o contemporâneo? e outros ensaios*. Chapecó: Editora Argos, 2009.

BLANCHOT, Maurice. *O livro por vir*. São Paulo: Martins Fontes, 2005.

DERRIDA, Jacques. Edmond Jabès e a questão do livro. In: DERRIDA, Jacques. *A escritura e a diferença*. São Paulo: Perspectiva, 1971, p. 53-81.

JACOBSEN, Rafael Bán. *Notas sobre o judaísmo em Clarice Lispector*, 2016. Disponível em https://seer.ufrgs.br/webmosaica/article/viewFile/71155/40387 Acesso em: 04 abril 2019.

LAUB, Michel. *Diário da queda*. São Paulo: Companhia das Letras, 2011.

LEVY, Tatiana Salem. *A chave de casa*. Rio de Janeiro: Record, 2007.

LISPECTOR, Clarice. *A paixão segundo G.H*. Rio de Janeiro: José Olympio,1974.

________. *Laços de família*. Rio de Janeiro: Rocco, 2009.

LOWIN, Joseph. The Literature of the Jewish Idea. In: FRANK, Ruth; WOLLHEIM, W. (Orgs.). *The Book of Jewish Books. A Reader´s Guide to Judaism*. São Francisco: Harper & Row, 1986, p. 195-196.

OZ, Amos.; OZ-SALZBERGER, Fania. *Os judeus e as palavras*. São Paulo: Companhia das Letras, 2015.

RANCIÈRE, Jacques. A partilha do sensível: estética e política. São Paulo: Editora 34, 2009.

WALDMAN, Bertha. Clarice e Elisa Lispector: caminhos divergentes. *WebMosaica*, Porto Alegre, v. 6, n. 1, pp. 10-17, jan-jun 2014.

WROBEL, Ronaldo. *Traduzindo Hannah*. Rio de Janeiro: Record, 2011.

Sugestões de leitura e pesquisa

DELEUZE, Gilles. *Crítica e clínica*. São Paulo: Editora 34, 1997.

KRISTEVA, Julia. Étrangers *à nous-mêmes*. Paris: Gallimard, 1996.

LISPECTOR, Clarice. *Água viva*. São Paulo: Círculo do Livro, 1976.

________. *Felicidade clandestina*. Rio de Janeiro: José Olympio,1975.

RANCIÈRE, Jacques. *A partilha do sensível: estética e política*. São Paulo: Editora 34, 2009.

VAITSMAN, H. Aspectos judaicos de Clarice Lispector. *Museublog*, Rio de Janeiro, 21 out. 2009. Disponível em: http://museujudaicorj. blogspot.com.br/2009/10/aspectos-judaicos-de-clarice-lispector. html. Acesso em: 04 abril 2019.

WALDMAN, Bertha. O estrangeiro em Clarice Lispector. In: WALDMAN, Bertha. *Entre passos e rastros. Presença judaica na literatura brasileira contemporânea*. São Paulo: Perspectiva, 2003.

Diálogos entre filosofia e judaísmo: crítica e renovação da tradição

Referências bibliográficas

DEUTSCHER, Isaac. *O judeu não-judeu*. Trad. Moniz Bandeira, Rio de Janeiro: Civilização Brasileira, 1970.

ESPINOSA, Baruch. Ética demonstrada segundo a ordem geométrica. Ed. bilíngue. Trad. Tomaz Tadeu. Belo Horizonte: Editora Autêntica, 2008.

________. *Tratado teológico-político*. Trad. Diogo Pires Aurélio. São Paulo: Editora Martins Fontes, 2003.

GLEIZER, Marcos André. Spinoza e a dessacralização do Judaísmo. In: Tribunal da História, volume II: Processos de formação da identidade judaica e do antissemitismo, Rio de Janeiro: Imago, 2008.

GUTTMANN, Julius. *A filosofia de judaísmo*. Trad. Jacob Guinsburg, São Paulo: Perspectiva, 2003.

MAIMÔNIDES, Moisés. *O guia dos perplexos (parte 1)*. Trad. Uri Lam. São Paulo: Ed. Landy, 2004.

________. *O guia dos perplexos (parte 2)*. Trad. Uri Lam. São Paulo: Ed. Landy, 2003.

MENDELSSOHN, Moisés. *Jérusalem ou Pouvoir religieux et judaïsme*. texte traduit par Dominique Bourel avec préface d'Emmanuel Levinas. Paris: Gallimard, 2007.

________. *Jerusalem o acerca del poder religioso y judaísmo*. Barcelona: Editorial Anthropos, 1991.

NADLER, Steven; RUDAVSKY, Tamar M. *The Cambridge History of Jewish Philosophy: From Antiquity through the Seventeenth Century*. Cambridge: Cambridge University Press, 2009.

POLIAKOV, Léon. *História do Antissemitismo*. Campinas: Ed. Perspectiva, 1985.

SCHOLEM, Gershom. *As grandes correntes da mística judaica*. São Paulo: Perspectiva, 1972.

Sugestões de leitura e pesquisa

ARKUSH, Allan. *Moses Mendelssohn and the Enlightenment*. New York: State University of New York Press, 1994.

BOURETZ, Pierre. *Testemunhas do futuro: filosofia e messianismo*. São Paulo: Perspectiva, 2011.

FRANK, Daniel; LEAMAN, Oliver. (Orgs.). *History of Jewish Philosophy*. London: Routledge, 1997.

GLEIZER, Marcos André. *Espinosa e a afetividade humana*. Rio de Janeiro: Zahar, 2011.

GLEIZER, Marcos André. Espinosa, sua vida e filosofia. In: *Humanismo Judaico na Literatura, na História e na Ciência*, volume 2. Rio de Janeiro: Verve, 2013.

GUINSBURG, Jacob. *O judeu e a modernidade*. São Paulo: Editora Perspectiva, 1970.

HADDAD, Gérard. *Maimônides*. São Paulo: Estação Liberdade, 2003.

HAYOUN, Maurice-Ruben. *Les Lumières de Cordoue à Berlin: une histoire intellectuelle du judaïsme*, tome 2. Paris: éditions JC Lattès, 1998.

MORGAN, Michel L; GORDON, Peter Eli.(Orgs.). *The Cambridge Companion to Modern Jewish Philosophy*. Cambridge: Cambridge University Press, 2007.

NADLER, Steven. *Um livro forjado no inferno: o tratado de Espinosa e o nascimento da era secular*. São Paulo: Três Estrelas, 2013.

RUDERMAN, David B. *Jewish Intellectual History: 16th to 20th Century*. curso editado em CD pela The Teaching Company, Chantilly: 2002.

SINGER, Issac Bashevis. O Spinoza da rua do mercado. In: *47 contos de Issac Bashevis Singer*. Trad. José Rubens Siqueira. São Paulo: Companhia das Letras, 2004.

SORKIN, David. *Moses Mendelssohn and the Religious Enlightenment*. London: Peter Halban Publishers, 1996.

Museu, patrimônio, memória, história e a dinamização da cultura judaica

Referências bibliográficas

BANNELL, Ralph et al. *Educação no século XXI: cognição, tecnologias e aprendizagens*. Petrópolis / Rio de Janeiro: Vozes/Editora PUC-Rio, 2016.

BARRANHA, Helena. Arquitetura de museus e iconografia urbana: concretizar um programa/construir uma imagem. In: SEMEDO, Alice; LOPES, João Teixeira (Coords.). *Museus, discursos e representações*. Porto: Afrontamento, 2006.

CARVALHO, Cristina. *Quando a escola vai ao museu*. Campinas: Papirus, 2016.

________; PORTO, Cristina Laclette. Crianças e adultos em museus e centros culturais. In: KRAMER, Sonia; NUNES, Fernanda; CARVALHO, Cristina (Orgs.). *Educação infantil: formação e responsabilidade*. Campinas: Papirus, 2013.

CAZELLI, Sibele. *Ciência, cultura, museus, jovens e escolas: quais as relações*. Tese (Doutorado) - Departamento de Educação, PUC-Rio, 2005.

KRAMER, Sonia; CARVALHO, Cristina. Dentro e fora do museu: de ser contemplador, colecionador, mediador. In: SANCHES, J.; ALMEIDA, R.; FERREIRA-SANTOS, M. (Orgs.). *Artes, museu e educação*. Curitiba: CRV, 2012.

LOEWY, Hanno. Diasporic Home or Homelessness: The Museum and the Circle of Lost and Found. In: Bulletin. Volume XXXIV, n. 1. London: German Historical Institute London, 2012, p. 41-58.

MACHADO, Ana Maria. Cultura, ciência e política: olhares sobre a história da criação dos museus no Brasil. In: FIGUEIREDO, Betânia; VIDAL, Diana (Orgs.). *Museus: dos gabinetes de curiosidades à museologia moderna*. Belo Horizonte: Argvmentvm; Brasília: CNPq, 2005.

MANOEL-CARDOSO, Pedro. O que é museologia. *Cadernos do CEOM*, ano 27, n. 41. Museologia Social, 2014.

MARTIN-BARBERO, JESUS. Tecnicidades, identidades, alteridades: mudanças e opacidades da comunicação no novo século. In: MORAES, Dênis de. (Org.) *Sociedade midiatizada*. Rio de Janeiro: Mauad, 2006.

MOHEN, Jean-Pierre. *Les Sciences du patrimonie: identifier, conserver, restaurer*. Paris: Editions Odile Jacob, 1999.

VARINE, Hugues de VARINE. *As raízes do Futuro. O patrimônio a serviço do desenvolvimento local*. Trad. Maria de Lourdes Parreira Horta. Porto Alegre: Medianiz, 2012.

VAZ, Hugo Miguel Sacramento. *Museu Judaico Barros Basto: A Concepção de Coleção Visitável da Comunidade Israelita do Porto*. (Mestrado) em Museologia. Faculdade de Letras. Universidade do Porto, 2012.

Sugestões de leitura e pesquisa

ASENSIO, Mikel; POL, Elena. *Nuevos escenarios en educación. Aprendizaje informal sobre el patrimonio, los museos y la ciudad*. Argentina/ Buenos Aires: Aique, 2002.

INSTITUTO BRASILEIRO DE MUSEUS. *Guia dos Museus Brasileiros*. Brasília: IBRAM, 2011.

Tolerância, religião e escola numa perspectiva da ética intercultural

Referências bibliográficas

ADLER, Laure, *Nos passos de Hannah Arendt*. São Paulo: Record, 2007

ANDRADE, Marcelo. *Tolerar é pouco? Pluralismo, mínimos éticos e pratica pedagógica*. Rio de Janeiro: DP&A, 2009.

________; TEIXEIRA, Pedro Pinheiro. A escola num mundo secular e religioso: poderia ser a tolerância uma alternativa? *Teias*. Rio de Janeiro, v. 14, 2014.

AUGRAS, Monique. Tolerância: os paradoxos. In: TEIXEIRA, Faustino (Org.) *O diálogo inter-religioso como afirmação da vida*. São Paulo: Paulinas, 1997.

CAMPS, Victoria; VALCÁRCEL, Amélia. *Hablemos de Dios*. Madrid: Taurus, 2007.

CANDAU, Vera Maria. *Didática crítica intercultural: aproximações*. Petrópolis, RJ: Vozes, 2012.

CORTINA, Adela. *Ética civil e religião*. São Paulo: Paulinas, 1996.

ECO, Umberto. *Cinco escritos morais*. Rio de Janeiro: Record, 2001.

HABERMAS, Jürgen. *Fé e saber*. São Paulo: Editora Unesp, 2013.

LARROSA, Jorge. Notas sobre experiência e o saber da experiência. *Revista Brasileira de Educação*, n. 19, Rio de Janeiro, abr./2002.

MENEZES, Paulo. Tolerância e religiões. In: TEIXEIRA, Faustino (Org.) *O diálogo inter-religioso como afirmação da vida*. São Paulo: Paulinas, 1997.

Sugestões de leitura e pesquisa

ANDRADE, Marcelo. *Tolerar é pouco? Pluralismo, mínimos éticos e práticas pedagógicas*. Rio de Janeiro: DP&Alli, 2009

ARENDT, Hannah. *A condição humana*. Rio de Janeiro: Ed. Forense Universitária, 2007.

BRUHEL, Elizabeth Young. *Hannah Arendt por amor ao mundo*. Rio de Janeiro, Relume Dumará, 1997.

SOUZA, Herbert. *Ética e cidadania*. Rio de Janeiro: Ed. Moderna, 1994.

Religiões, religiosidade e diálogo: Martin Buber e a ética da escuta

Referências bibliográficas

BAKHTIN, Mikhail (Voloshinov). *Marxismo e Filosofia da Linguagem*. São Paulo: Hucitec, 1988.

________. *Estética da criação verbal*. Tradução de Maria Ermantina Pereira. São Paulo: Martins Fontes, 1992.

BARTHOLO Jr., Roberto. *Eu e você: Martin Buber presença palavra*. Rio de Janeiro: Garamond, 2001.

BUBER, Martin. *Eu e Tu*. Tradução do alemão, introdução e notas ZUBEN, N. 2.ed. São Paulo: Moraes, 1974.

________. *Do diálogo e do dialógico*. São Paulo: Perspectiva, 2009.

________. *El caminho del ser humano y otros escritos*. Salamanca: Kadmos, 2004. [Original em espanhol; as citações foram traduzidas pelos autores deste texto.]

BUBER, Martin. *O socialismo utópico*. São Paulo: Perspectiva, 2007.

________. *Sobre Comunidade. Tradução Newton Aquiles von Zubem*. Introdução Marcelo Dascal e Oscar Zimmermann. Campinas: Perspectiva, 2012.

COQUET, Eduarda. (org). *Anne Frank: uma história para hoje*. Braga, Barbosa e Xavier Ltda Artes Gráficas, Governo Civil de Braga, 1998.

CORSARO, Willian. *Friendship and peer culture in the early years*. Norwood: Ablex, 1985.

GOES, Albrecht. Ayeka: Posfácio. In: BUBER, Martin. *O caminho do homem segundo o ensinamento hassídico*. São Paulo: Realizações Ed., 2001. (p. 50-56)

KRAMER, Sonia. *Infância, educação e crítica da cultura em Walter Benjamin*. In: Regina Leite Garcia. (Org.). Diálogos Cotidianos. 1ed.Petrópolis, RJ/ Rio de Janeiro: DP et alli/ FAPERJ, 2010, p. 187-194.

SCHOLEM, Gershom. A concepção de Martin Buber do Judaísmo. In: ____. *O Golem, Benjamin, Buber e outros justos: Judaica I*. Campinas: Perspectiva, 1994. p. 129-180.
ZUBEN, Newton Aquiles Von. Introdução (p.I-LXXIII) e Notas do Tradutor. In: BUBER, Martin. *Eu e Tu*. 2.ed. São Paulo: Moraes, 1974.

Sugestões de leitura e pesquisa

ASSIS, Machado. A igreja do diabo. In: ASSIS, Machado. *Contos/Uma Antologia*. Seleção, introdução e notas John Gleidson, São Paulo: Companhia das Letras, 1998, volume II, p. 11-19.
LENDAS DOS ORIXÁS. *Coleção Lendas em Cartão Postal*. Belo Horizonte: Autêntica, s/ano.
FREIRE, Paulo. *Educação como prática da liberdade*. Rio de Janeiro: Paz e Terra, 1979.
________. *Pedagogia da autonomia*. 37.ed. São Paulo: Paz e Terra, 1996.
FREIRE, Paulo. *Pedagogia do oprimido*. Rio de Janeiro: Paz e Terra, 1987.
HESCHEL, Abraham J. No religion is an island. In: *Abraham Joshua Heschel and interreligious dialogue*. Edited by Harold Kasimow and Byron L. Sherwin, Orbis Books, Maryknoll, 1991, p. 3-22. https://www.cs.auckland.ac.nz/~alan/chaplain/Heschel.html. [Original em inglês; as citações foram traduzidas pelos autores deste texto.]

Crianças e adultos: entre gerações e interações, histórias que contam

Referências bibliográficas

ALVES, Samea Moreira. *Cuidar ou ser responsável? Uma análise sobre a intergeracionalidade na relação avós e netos*. Dissertação de Mestrado. Universidade Estadual do Ceará, Centro de Estudos Sociais Aplicados, Mestrado em Políticas Públicas e Sociedade. Fortaleza, 2013. 188 páginas.
BAKHTIN, Mikhail. *Marxismo e filosofia da linguagem*. São Paulo: Hucitec, 1988a.
BOSI, Ecléa. *Memória e sociedade: lembrança de velhos*. São Paulo: Companhia das letras, 1979, 1983.
CALVINO, Ítalo. *Se numa noite de inverno um viajante*. Lisboa: Vega, s/data.
BAKHTIN, Mikhail. *Questões de literatura e de estética*. São Paulo: Hucitec, 1988b.

BENJAMIN, Walter. *Obras escolhidas I, Magia e técnica, arte e política*. São Paulo: Brasiliense, 1987a.

_______. *Obras Escolhidas II, Rua de mão única*. São Paulo: Brasiliense, 1987b.

_______. *Origem do drama barroco alemão*. São Paulo: Brasiliense, 1984.

BOSI, Ecléa. *A pesquisa em memória social*. *Psicologia USP*, São Paulo, 4(1/2), 1993.

_______. *Memória e sociedade: lembrança de velhos*. São Paulo: Companhia das letras, 1979, 1983.

BUBER, Martin. *Do diálogo e do dialógico*. São Paulo: Perspectiva, 2009.

_______. *El camino del ser humano y otros escritos*. Salamanca: Kadmos, 2003.

_______. *Eu e Tu*. Trad. Newton Aquiles Von Zuben. São Paulo: Moraes, 1977.

CALVINO, Ítalo. *Se numa noite de inverno um viajante*. Lisboa: Vega, s/data.

CARDOSO, Andrea Ribeiro; BRITO, Leila Maria. *Ser avó na família contemporânea*: que jeito é esse? Psico-USF, Bragança Paulista, v. 19, n. 3, p. 433-441, set./dez 2014.

FERRAROTTI, Franco. *Historie et histoires de vie*. Paris: Des Méridiens, 1983.

FREIRE, Paulo. *Educação como prática de liberdade*. 6.ed. Rio de Janeiro: Paz e Terra, 1982.

GAGNEBIN, Jean Marie. *História e narração em Walter Benjamin*. São Paulo: Perspectiva, 2004.

GUIMARÃES, Daniela. *Relações entre bebês e adultos na creche: o cuidado como ética*. São Paulo: Cortez Editora, 2011.

JOBIM E SOUZA, Solange. Walter Benjamin e a infância da linguagem: uma teoria crítica da cultura e do conhecimento. In: KRAMER, S.; JOBIM e SOUZA. S. (Orgs.). *Política, Cidade e Educação: itinerários de Walter Benjamin*. Rio de Janeiro: Contraponto/Editora PUC-Rio, 2009, p. 185, 204.

KONDER, Leandro. *Walter Benjamin: o marxismo da melancolia*. São Paulo: Campus, 1988.

KRAMER, Sonia. Resistir, sobreviver e viver para contar o holocausto. In: SOUZA, Elizeu Clementino; BALASSIANO, Ana Luiza Grillo; OLIVEIRA, Anne-Maria Milon. (Orgs.). *Escrita de si, resistência e empoderamento*. v.1. Curitiba: CRV, 2014.

_______. Formação e responsabilidade: escutando Mikhail Bakhtin e Martin Buber. In: KRAMER, Sonia; NUNES, Maria Fernanda; CARVALHO, Maria Cristina. (Orgs.). *Educação infantil: formação e responsabilidade*. Campinas: Papirus, 2013a, p. 309-329.

_______. Educação como resposta responsável: apontamentos sobre o outro como prioridade. In: FREITAS, Maria Teresa (Org.). *Educação, vida e arte em Bakhtin*. Belo Horizonte: Autêntica, 2013b, p. 29-46.

_______. (Org.). *Retratos de um desafio: crianças e adultos na educação infantil*. São Paulo: Ática, 2009.

LINS E BARROS, Myriam. *Autoridade e afeto: avós, filhos e netos na família brasileira*. Rio de Janeiro: Zahar, 1987.

MACHADO. Selma. Suely Lopes. Gênero, geração e o legado das avós: estudo com famílias de camadas populares em Belém-Pará. In: *IV Jornada Internacional de Políticas Públicas*. São Luís, 2009.

MURICY, Kátia. *Alegorias da dialética: imagem e pensamento em Walter Benjamin*. Rio de Janeiro: Delume-Dumará, 1999.

OLIVEIRA, Maíra Ribeiro. *As relações intergeracionais e a participação dos avós na família dos filhos*. Tese de Doutorado. Instituto de Psicologia UNB, Brasília, 2011.

POLLAK, Michel. Memória e Identidade Social. *Estudos Históricos*, Rio de Janeiro, v. 5, n.3, 1992, p. 200-212.

PROUST, Marcel. *Em busca do tempo perdido*. São Paulo: Globo, 2012.

RAMOS, Anne Carolina. *Meus avós e eu: as relações intergeracionais entre avós e netos na perspectiva das crianças*. Doutorado em Educação. Universidade Federal do Rio Grande do Sul, Porto Alegre, 2011, 460 f.

SANTIAGO, Maria Betânea; RÖHR, Ferdinad. Formação e diálogo nos discursos de Martin Buber. 29ª *Reunião Anual da Anped*, Caxambu, 2008.

VIGOTSKI, Lev. *Imaginação e criação na infância*. São Paulo: Editora Ática, 2009.

VIGOTSKI, Lev. *Formação social da mente*. São Paulo: Martins Fontes, 1984.

Sugestões de leitura e pesquisa

BENJAMIN, Walter. *Reflexões sobre a criança, o brinquedo e a educação*. São Paulo: Duas Cidades, 2002.

BAKHTIN, Mikhail. *Estética da criação verbal*. São Paulo: Martins Fontes, 2003.

JOBIM E SOUZA, Solange; KRAMER, Sonia. Experiência humana, história de vida e pesquisa: um estudo da narrativa, leitura e escrita de professores. In: JOBIM E SOUZA, Solange; KRAMER, Sonia. (Orgs.). *História de professores: leitura, escrita e pesquisa em educação*. São Paulo: Ática, 1996.

MONTENEGRO, Teresa. *O cuidado e a formação moral na educação infantil*. São Paulo: EDUC, 2001.

RAMOS, Anne Carolina. Sobre avós, netos e cidades: entrelaçando relações intergeracionais e experiências urbanas na infância. *Educação e Sociedade*, Campinas, v. 35, n. 128, jul.-set./2014.

SILVA, Ana Paula Gomes da. *Percepções de avós cuidadoras maternas sobre a criação e educação dos netos*. Dissertação de Mestrado. Programa de Pós-Graduação em Psicologia da Universidade Federal de Juiz de Fora, 2010.

TIRIBA, L. Educar e cuidar: buscando a teoria para compreender os discursos e as práticas. In: KRAMER, S. (Org.) *Profissionais de educação infantil: gestão e formação*. São Paulo: Editora Ática, 2005.

Afeto, educação, responsabilidade: a articulação entre escola e comunidade

Referências bibliográficas

BENJAMIN, W. *Obras escolhidas II – Rua de Mão Única*. São Paulo: Brasiliense, 2012.

BUBER, M. *Do diálogo e do dialógico*. Trad. Marta. E. S. Queiroz e Regina Weinberg. São Paulo: Perspectiva, 2009.

_______. Discursos sobre Educación. [1936] In: BUBER, M. *El caminho del ser humano y otros escritos*. Salamanca: Kadmos, 2003.

BUBER, M. *Eu e Tu*. Trad. Newton Aquiles von Zuben. São Paulo: Moraes, 1977.

BUBER, M. *O caminho do homem segundo o ensinamento chassídico*. [1948] São Paulo: Realizações, 2001.

_______. *Sobre comunidade*. Trad. Newton Aquiles Von Zuben. Campinas: Perspectiva, 1987. CORSARO, W. Sociologia da infância. 2.ed. Penso Editora, 2011.

CORSARO, W. *Sociologia da infância*. 2.ed. São Paulo: Penso Editora, 2011.

FERREIRA, M. *"A gente aqui o que gosta mais é de brincar com outros meninos!"*: as crianças como actores sociais e a (re)organização social do grupo de pares no quotidiano de um Jardim de Infância. Portugal, 2002. 736p. Tese (Doutorado em Ciências da Educação) – Universidade do Porto.

GUILHERME, A. Reflexions on Buber's 'living-centre': Conceiving of the teacher as 'the builder'and teaching as a 'situational revelation'. Studies in Philosophy and Education, v. 34, n. 3, p. 245-262, 2015.

KRAMER, Sonia et al. Encontros e desencontros de crianças e adultos na Educação Infantil: uma análise a partir de Martin Buber. *Pro-Posições* [online]. 2016, vol. 27, n. 2, p. 135-154. Disponível em: <http://dx.doi.org/10.1590/1980-6248-2014-0113>. Acesso em: set./2016.

________. Formação e responsabilidade: escutando Mikhail Bakhtin e Martin Buber. In: KRAMER, S.; NUNES, M. F.; CARVALHO, M. C. *Educação infantil: formação e responsabilidade*. Campinas: Papirus, 2013.

MOREIRA, 2008. Currículo: conhecimento e cultura. *Salto para o futuro*, TV Escola. Entrevista disponível em: <http://tvescola. mec. gov.br/tve/salto-acervo/interview;jsessionid=778582389D182 6ED 5567F9BF7CBoD8FB?idInterview=8151>, acesso em dez. 2016.

NUNES, M. F. R. *Educação infantil: instituições, funções e propostas. Educação infantil: cotidiano e políticas*. Campinas: Autores Associados, 2009.

PENA, A.; CASTRO, L.; CASTRO; SOUZA, M. "Quem falar vai sentar no chão frio!". Coação, comunhão, liberdade e formação na educação infantil: uma análise a partir da filosofia de Martin Buber. In: *Endipe*, 2014.

Sugestões de leitura e pesquisa

CORSARO, W. A Entrada no campo, aceitação e natureza da participação nos estudos etnográficos com crianças pequenas. *Educação & Sociedade*, v. 26, n. 91, 2005.

KRAMER, S. Infância, educação e crítica da cultura em Walter Benjamin. In: GARCIA, R. L. (Org.) *Diálogos cotidianos*. Rio de Janeiro: FAPERJ, 2010.

TARDIF, M.; LESSARD, C. *O trabalho docente: elementos para uma teoria da docência como profissão de interações humanas*. Petrópolis: Vozes, 2005.

SOBRE OS AUTORES

◆ ◆ ◆

CRISTINA CARVALHO

Professora do Departamento de Educação da PUC-Rio, Vice-decana do Centro de Teologia e Ciências Humanas da PUC-Rio. Mestre (1999) e Doutora (2005) em Educação pela PUC-Rio. Coordena o Curso de Especialização em Educação Infantil e o Grupo de Pesquisa em Educação, Museu, Cultura e Infância/GEPEMCI. Tem experiência e pesquisa nas áreas de: educação não formal, museus, cultura, educação infantil, formação de professores. Professora do Curso de Pós-Graduação em Estudos Judaicos da PUC-Rio.

ELIANE PSZCZOL

Mestre em Sociologia pela Universidade de Cornell, EUA (1974). Coordenadora da Judaica no MAR (2015 - ...). No Ministério da Cultura foi Coordenadora Nacional do Programa Nacional de Incentivo à Leitura/PROLER (2007-2009) e do Setor de Divulgação Internacional (1992-1995) da Fundação Biblioteca Nacional. E Diretora da Fundação Nacional de Artes/Funarte, responsável pela implantação das políticas nacionais para áreas de música e artes visuais (1999-2003). No Ministério da Educação foi Vice-Delegada no Rio de Janeiro (1995-1998), Assessora da Reitoria da UFRJ (2005-2006) e Coordenadora do Fórum de Ciência e Cultura/UFRJ (2006-2007). Professora do Departamento de Sociologia da PUC-Rio (1975/1991), da Fundação Getúlio Vargas (1978) e da Faculdade de Educação Jacobina (1975-1977).

FLAVIO LIMONCIC

Professor do Departamento de História e do Programa de Pós-Graduação em História da UNIRIO. Mestre (1997) e Doutor (2003) em História Social pela UFRJ, com bolsa sanduíche (1999-2000) na Universidade de Maryland. Pós-Doutorado (2011-2012) na Universidade de Michigan. Principais áreas de interesse: história dos Estados Unidos no século XX, movimento sindical norte-americano, sionismo norte-americano, Oriente Médio contemporâneo. Convidado a realizar palestra no Curso do MAR.

HELENA LEWIN

Doutora em Sociologia pela USP (1981); Pós–Doutora, Instituto de Filosofia e Ciências Humanas, UERJ (2015); Chair Helena Lewin: Latin American Studies, Haifa University, Israel (1998); Diretora do Programa de Estudos Judaicos/UERJ (desde 2003); Jornada Interdisciplinar Educando para a Cidadania e Democracia, Secretaria Municipal de Educação/UERJ, 2005/ 2011; Secretaria Estadual de Educação Jornada Interdisciplinar sobre ensino do Holocausto UERJ/B´nai Brith, 2008/2013. Docência: PUC-Rio (1964/2009); UFF (1980/ 2016).

JANA TABAK

Pesquisadora de pós-doutorado vinculada ao Instituto de Relações Internacionais/PUC-Rio. Mestre (2009) e Doutora (2014) em Relações Internacionais pelo Instituto de Relações Internacionais da PUC-Rio, com pesquisa sobre a participação de crianças-soldado em conflitos armados internacionais. Suas pesquisas são direcionadas aos seguintes temas: Política Internacional, Organizações Internacionais, Segurança Internacional e Infância. Professora do Curso de Pós-Graduação em Estudos Judaicos da PUC-Rio.

JOSÉ LONDON

Professor de Estudos Judaicos da Congregação Judaica do Brasil (desde 2001) e do Centro Cultural Midrash. Graduado em Ciências Biológicas e Biologia pela Faculdade de Filosofia Ciências e Letras Souza Marques (1982). Principais áreas de interesse: liturgia judaica, leitura e interpretação de textos sagrados, celebração de festas judaicas, religiosidade e cultura judaica.

JULIA BAUMANN CAMPOS

Graduada em Psicologia pela UFF (2014), Especialista em Educação Infantil pela PUC-Rio (2016), Mestre em Educação pela PUC-Rio (2018), onde é doutoranda em Educação. Assistente de Coordenação (2018) do curso Trajetórias Judaicas no MAR, realizado em parceria com a PUC-Rio. Interesse e experiência nos estudos da infância, cultura, memória, diálogo e educação infantil. Atua como psicóloga escolar e em atendimento clínico.

JULIO CESAR VALLADÃO DINIZ

Professor do Departamento de Letras da PUC-Rio. Graduado em Letras (UFRJ, 1981); Mestrado (1987) e Doutorado (1995) em Literatura Brasileira pela PUC-Rio e Pós-Doutorado (2000) na Universidad de Salamanca/Espanha, onde foi professor visitante. Decano do Centro de Teologia de Ciências Humanas da PUC-Rio, coordena projetos do Núcleo de Estudos em Literatura e Música/NELIM na PUC-Rio, com pesquisas relacionadas a: Poéticas da Canção; Música Popular Brasileira e Literatura; Cultura Contemporânea; Poesia Brasileira; Poesia Brasileira Contemporânea; Modernismo. Professor do Curso de Pós-Graduação em Estudos Judaicos da PUC-Rio.

MARCELO GUSTAVO ANDRADE DE SOUZA

Professor do Departamento de Educação da PUC-Rio. Licenciado em Filosofia (1995), Sociologia (1996) e História (1996), Mestre em Educação (2000) e Doutor em Ciências Humanas/Educação (2006) pela PUC-Rio, com bolsa sanduíche (2005) na Universitat de València, Espanha. Foi professor de ensino fundamental, médio e superior e educador popular e coordenador do Grupo de Estudos sobre Cotidiano, Educação e Culturas/GECEC. Temas de pesquisa: Didática, Ensino e Aprendizagem, Currículo, Multiculturalismo e Interculturalidade, Ética, Diferença e Tolerância, Educação em Direitos Humanos. Foi professor do Curso de Pós-Graduação em Estudos Judaicos da PUC-Rio.

MARCOS ANDRÉ GLEIZER

Professor da Faculdade de Filosofia da UERJ. Mestre em Filosofia (1987) pela UFRJ, Doutor em Filosofia pela Université de Paris IV - Sorbonne (1992), com Pós-Doutorado em Filosofia pela Princeton University (2002). Membro do corpo editorial da Revista Analytica. Tem experiência na área de Filosofia, com ênfase em Filosofia Moderna, atuando principalmente nos seguintes temas: conhecimento, metafísica, ética, Espinosa e Descartes. Convidado a realizar palestra no Curso do MAR.

MONICA HERZ

Professora do Instituto de Relações Internacionais/PUC-Rio. Vice-decana do Centro de Ciências Sociais da PUC-Rio. Doutora em Relações Internacionais (1994) pela London School Of Economics and Political Science. Tem experiência e pesquisa em Relações Internacionais, ênfase em Segurança Internacional. Atua com: Política Internacional, Organizações Internacionais, Segurança Internacional, Relações Internacionais da América Latina, Política Externa Brasileira. Professora do Curso de Pós-Graduação em Estudos Judaicos da PUC-Rio.

ROSANA KOHL BINES

Professora do Departamento de Letras/PUC-Rio. Mestre em Letras pela UFRJ (1992), Doutora em Literatura Comparada pela Universidade de Chicago (2001), com Pós-Doutorado pela PUC-Rio (2005).. Sua atuação acadêmica incide sobre os temas: figurações da infância em teorias e práticas contemporâneas; o livro infantil e juvenil no campo expandido da literatura e das artes; dimensões estéticas e políticas em escritas de experiências-limite; narrativas do refúgio e do deslocamento; catástrofe, memória e escrita. É pesquisadora do CNPq e Professora do Curso de Pós-Graduação em Estudos Judaicos da PUC-Rio.

SONIA KRAMER

Professora do Departamento de Educação da PUC-Rio. Graduada em Pedagogia (1975), Mestre (1981) e Doutora (1992) em Educação pela PUC-Rio, pós- doutora pela New York University. Coordena o Curso de Especialização em Educação Infantil da PUC-Rio, o Curso de Pós-Graduação em Estudos Judaicos da PUC-Rio, o Grupo de Pesquisa sobre Infância, Formação e Cultura/INFOC. Tem experiência e pesquisa em: Educação Infantil e primeiros anos do Ensino Fundamental; Infância, Formação e Histórias de Professores; Políticas Públicas; linguagem, Leitura, escrita e literatura; Judaísmo e Cultura. Coordena o Grupo Viver com Yiddish/Lebn far Yiddish e o projeto "Aprender e ensinar Yiddish como resistência e experiência identitária" que desenvolvem ações de ensino, pesquisa e extensão.

Este livro foi composto em Chaparral Pro c.11/16,2
e impresso em papel Pólen 80 g/m^2 pela Eskenazi Gráfica,
em outubro de 2020.